한국사를 보다

한국사를 보다 2

1판 1쇄 발행 2011년 8월 24일
1판 14쇄 발행 2020년 3월 27일

지은이 박찬영, 정호일 **펴낸이** 박찬영 **편집** 안주영, 황민지, 이호영
그림 문수민 **마케팅** 조병훈 **디자인** 이재호, 박시내, 김선주, 한은경
발행처 (주) 리베르스쿨 **주소** 서울시 성동구 왕십리로 58 서울숲포휴 11층
등록번호 제2013-16호 **전화** 02-790-0587, 0588 **팩스** 02-790-0589 **홈페이지** www.liber.site
커뮤니티 blog.naver.com/liber_book(블로그), cafe.naver.com/talkinbook(카페)
e-mail skyblue7410@hanmail.net **ISBN** 978-89-6582-010-9(세트), 978-89-6582-012-3(04900)
Copyright ⓒ PCY

리베르(Liber 전원의 신)는 자유와 지성을 상징합니다.

한국사를 보다

2

남북국
후삼국
고려

㈜리베르스쿨

머리말

스토리텔링으로 풀어 쓴 초중고 한국사의 모든 것!
－역사가 깨어나 말을 하다

『한국사를 보다』에는 초등학교와 중학교 교과서는 물론 고등학교 교과서의 내용까지 충실히 반영돼 있습니다. 풍부한 이미지와 다양한 스토리텔링으로 우리 역사를 소개하고 있어 교과서만으로 이해할 수 없는 내용도 쉽고 재미있게 공부할 수 있을 것입니다.

초·중등 교과서에는 주요한 역사적인 사실들이 교과 과정에 따라 분산되어 실려 있는 경우가 많습니다. 많은 내용을 소개하려다 보니 교과서의 내용이 간략해져 전체적인 흐름을 파악하기도 쉽지 않습니다. 또한 교과서에는 서술의 특성상 배경이 되는 내용이 빠져 있는 경우가 많아 그 자체만으로는 이해하기 어렵습니다.

고등학교 역사 교과서가 재미없게 느껴지는 이유는 어려운 용어가 많이 나오기 때문입니다. 하지만 고등학교 역사 교과 과정도 결국 초등학교와 중학교 교과 과정에서 배우지 않은 새로운 내용이 일부 추가된 것에 불과합니다. 어려운 용어는 다양한 배경지식과 역사적 의미를 제시해 누구나 쉽게 이해할 수 있도록 구성했습니다.

시대별로 주제를 정해 통사적으로 접근한 이 책에는 역사적 사실과 관련된 일화와 인물들이 빠짐없이 소개되어 있고 분야별로 정리돼 있어 교과서

속 배경지식에 쉽게 접근할 수 있습니다. 게다가 초·중등 교과서의 내용을 면밀하게 분석해 선택적으로 선행 학습을 하며 읽을 수 있도록 했습니다. 특히 '이것만 알면 시험 걱정 끝'에서는 꼭 알아야 할 본문 내용을 체계적으로 정리해 내신과 수능 대비에도 도움이 되도록 했습니다. '생각해 보세요'에서는 논술 시험과 수행 평가에 도움이 될 수 있도록 역사적 문제의식을 일깨우는 데 초점을 맞추었습니다.

이 책에는 초·중등 한국사 교과서의 모든 것이 스토리텔링 방식으로 녹아 있습니다. 하지만 교과서의 내용뿐 아니라 앞으로 교과서에 꼭 수록해야 할 우리의 잃어버린 역사를 소개하는 작업도 게을리하지 않았습니다. 단군 조선, 랴오허 문명 등이 그러합니다. 고인돌, 한사군의 위치, 광개토호태왕릉비와 칠지도, 신라의 한반도 남부 통일, 화랑 제도, 위화도 회군, 이순신의 죽음 등 논란이 많은 내용도 고증 자료와 유물에 근거해 새롭게 서술했습니다.

이 책은 잃어버린 우리의 역사를 유물과 유적을 통해 복원하고, 역사의 고비마다 담겨 있는 의미를 재해석하는 데 주안점을 두었습니다. 역사는 암기하는 과목이 아니라 생각하는 과목이기 때문입니다. 유물과 유적은 오늘날까지 살아 있는 역사적 증거입니다. 그래서인지 최근에는 체험 학습이 강조되고 있고, 각종 시험에서도 유물과 유적 사진을 제시하는 문제가 자주 출제되고 있습니다.

유물과 유적을 바로 눈앞에서 보듯이 되살리기 위해 수년 동안 전국을 누비며 확인한 역사의 현장을 사진과 글로 생생하게 담았습니다. 관련 사진은 현장에서 직접 찍은 수만 컷의 사진 중에서 선별하거나 여러 기관의 도움을 받아 수록한 것입니다. 그동안 학교에서 한국사 공부를 하면서 머리로만 생각했던 것을 이 책에서는 눈으로 확인하는 기쁨을 누릴 수 있을 것입니다. 최근의 시험 경향이 자료 분석에 있다는 점을 감안할 때 이런 방식의 학습 습관은 초등학교 때부터 길러야 합니다.

사진과 그림은 내용의 이해를 도울 뿐 아니라 역사의 현장을 재현하는 복원도 역할을 합니다. 또한 시각적으로 한국사의 주요 사항을 정리할 수 있습니다. 역사의 현장을 여행할 때는 이 책의 이미지들을 떠올리며 '온 세상이 공부의 마당'이라는 깨달음을 얻을 수도 있을 것입니다.

이 책에서는 역사적 사건이 일어난 장소의 위치를 확인하기 위해 매 과마다 지도를 실었습니다. 한국사를 세계사와 연계해 파악할 수 있도록 세계사 개요와 함께 당시의 세계사 지도도 함께 실었습니다. 주요 사건이 일어난 장소와 연도를 지도에서 확인하면 관련 내용을 정확하게 떠올릴 수 있을 것입니다.

지도는 단지 독서의 효율성 때문에 활용하는 것이 아닙니다. 지도를 통해 우리가 살고 있는 이 땅에서 무슨 일이 일어났는지 반추해 볼 수 있습니다. 역사적 장소에 대해 미리 알고 찾아간다면 유적 하나하나가 좀 더 현실감 있게 다가올 것입니다. 바로 이것이 살아 있는 한국사 여행이 아닐까요?

이 책에 한국사의 모든 것을 담기 위해 노력했지만 접근하기 힘든 유물도 간혹 있었습니다. 하지만 많은 기관이 자료 협조에 흔쾌히 도움을 주셨습니다. 이 지면을 빌려 관계자들에게 깊은 감사를 드립니다. 독자들이 다양한 자료를 보며 우리의 유물·유적에 대한 이해와 관심을 높이고 현장을 직접 방문하는 계기로 삼기를 바랍니다. 또한 『한국사를 보다』 시리즈를 우수 저작 당선작으로 뽑아 주신 문화부 산하 한국간행물윤리위원회의 심사 위원들에게도 감사의 마음을 전합니다.

이 책은 초등학생부터 일반인까지 누구나 즐길 수 있는 '한국사의 모든 것' 일 뿐 아니라 다양하고 알찬 현장 학습 자료라고 자부합니다. 한국사를 공부하는 학생은 물론, 한국사를 새로운 시각으로 바라보고자 하는 일반 독자들에게도 많은 도움이 되기를 기대합니다.

지은이 씀

차례

 ## 4장 고려 시대

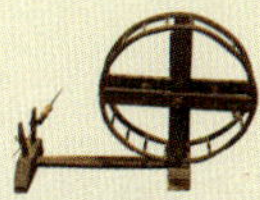

 남북국 시대와 후삼국 시대

676년 신라는 당을 대동강 이북으로 몰아내고 삼국을 통일합니다. 698년 대조영은 동모산에 정착해 발해를 건국하지요. 이로써 한반도에는 남북국 시대가 형성됐어요. 7, 8세기경 유럽에는 프랑크 왕국과 비잔티움 제국이 대립하고 있었고, 중동 지역에서는 이슬람 제국이 무섭게 성장하고 있었지요.

그러나 이슬람 세력은 비잔티움 제국과 프랑크 왕국에 가로막혀 더 이상 서쪽으로 나아갈 수 없게 되자 중앙아시아 동쪽으로 눈길을 돌려 당과 마주쳤습니다. 751년 고구려 유민 출신의 고선지 장군이 이끄는 당의 군대를 맞이해 탈라스 전투에서 승리한 이슬람 제국은 이후 중국과 유럽을 잇는 비단길을 이용해 막대한 이익을 챙겼습니다. 당 또한 유럽과 문물을 교환하면서 대제국의 찬란한 문화를 꽃피울 수 있었지요.

서양은 게르만 족의 이동으로 고대 사회에서 중세 사회로 전환했어요. 프랑크 왕국의 샤를마뉴 대제는 유럽의 대부분을 정복했습니다. 그가 오늘날 서유럽의 기반을 닦은 셈이지요. 서로마 제국이 멸망한 뒤에도 비잔티움 제국은 약 1,000년 동안 지속됐어요. 고대 로마 제국의 문화를 그대로 계승한 비잔티움 제국은 아시아와 유럽, 흑해, 에게 해의 무역로에 위치한 지중해의 중심 국가로서 경제 대국으로 성장할 수 있었습니다. 또한 유럽을 페르시아와 아랍, 오스만 제국의 침략으로부터 보호하는 방파제 역할을 하기도 했습니다.

-500
0
500
프랑크
왕국
위구르
발해
상경
거란
신라
금성
콘스탄티노플
비잔티움 제국
장안
당
바그다드
토번
라사
대화성
이슬람
제국
남조
카나우지
참파
바르다나 왕조
진랍
7세기경의 세계

1 반쪽짜리 삼국 통일과 당의 축출 |
고구려 · 백제 · 신라의 결집

수에 이어 등장한 당은 고구려를 침략했으나 연개소문의 등장으로 실패하고 맙니다. 이에 당은 신라와 연합해 660년에 백제를, 668년에 고구려를 멸망시키고 아예 삼국을 지배하기 위한 야욕을 드러냅니다. 이는 백제의 옛 땅에 웅진 도독부, 고구려의 옛 땅에 안동 도호부, 신라에 계림 도독부를 설치한 것을 통해 알 수 있지요. 하지만 백제와 고구려에서 부흥 운동이 일어나면서 신라와 백제, 고구려의 유민은 단합해 당 축출 운동을 벌입니다. 이런 외중에 670년 3월 신라 장군 설오유와 고구려 장군 고연무가 압록강을 건너 당의 군대를 공격하지만 실패하고 맙니다. 이 패배로 압록강을 넘어서지 못하고 전선이 대동강 이남으로 설정된 거예요. 이로써 드넓었던 고구려의 강역은 우리에게서 멀어지게 되었지요.

- **670년** 신라 장군 설오유와 고구려 장군 고연무가 압록강을 건너 당군을 공격했으나 실패하고 전선이 대동강 이남으로 설정되다.
- **675년** 신라가 당의 장수 이근행의 20만 대군과 맞선 매소성 전투에서 승리를 거두다.
- **676년** 신라가 당을 대동강 이북으로 몰아내고 삼국을 통일하다.

나당 전쟁과 신라의 삼국 통일

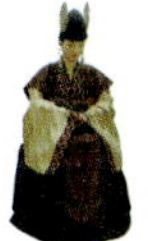

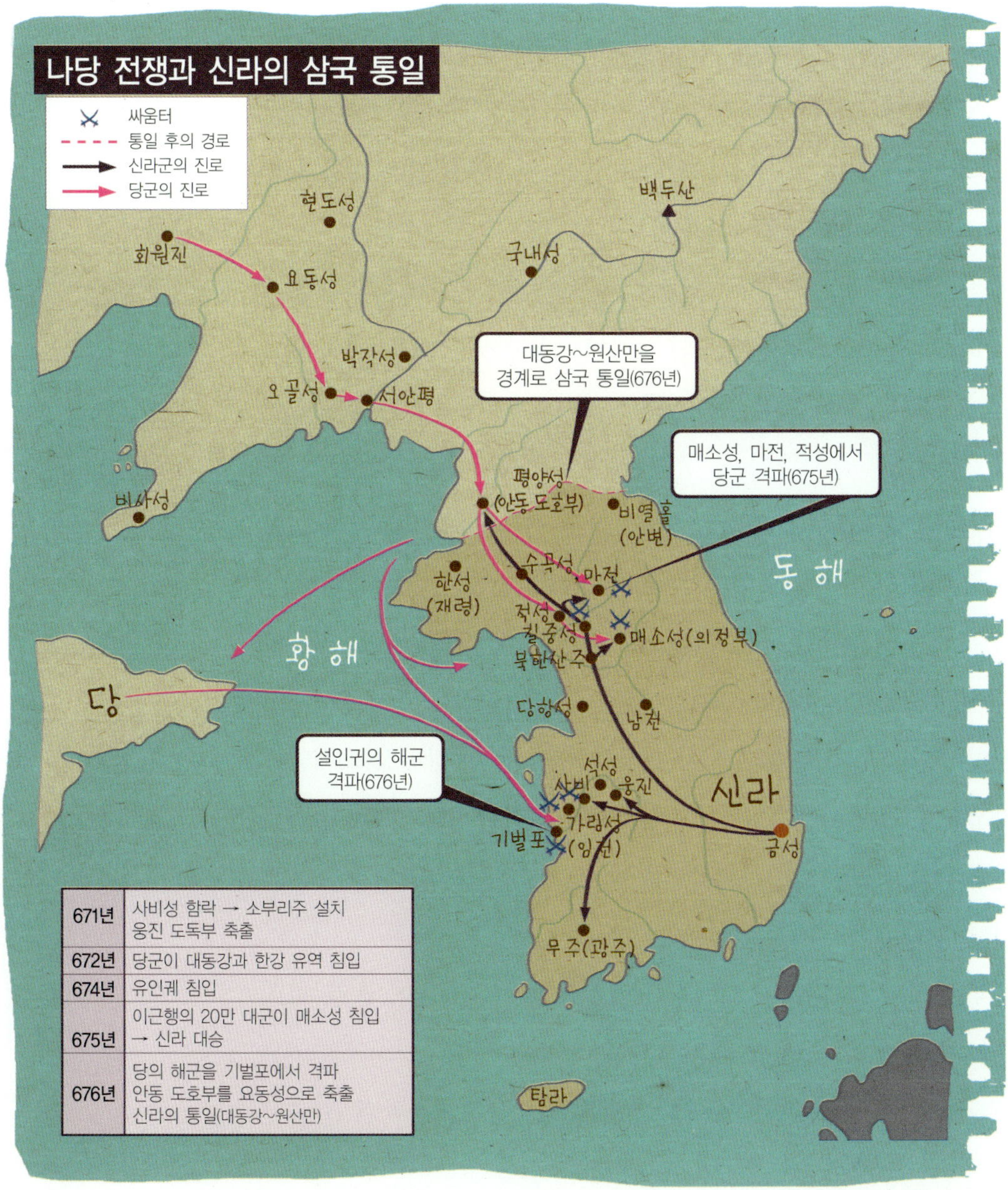

671년	사비성 함락 → 소부리주 설치 웅진 도독부 축출
672년	당군이 대동강과 한강 유역 침입
674년	유인궤 침입
675년	이근행의 20만 대군이 매소성 침입 → 신라 대승
676년	당의 해군을 기벌포에서 격파 안동 도호부를 요동성으로 축출 신라의 통일(대동강~원산만)

누구를 위한 반쪽짜리 삼국 통일인가

충청도 논산에는 황산벌이라고 불리던 곳이 있습니다. 이 평화로운 들판에서 신라의 김유신(595~673년) 장군과 백제의 계백(?~660년) 장군이 최후의 결전을 벌였어요. 660년 나당 연합군은 지금의 부여인 백제의 사비성으로 향했습니다. 당의 군대는 바다를 건너 금강 기슭에 상륙했고, 신라는 탄현을 지나 황산벌에 도착했지요.

백제의 계백 장군은 결사대 5,000여 명을 이끌고 5만여 명이나 되는 신라군을 막으러 나갑니다. 계백은 결전에 나서기 전 아내와 자식을 불러 작별 인사를 나누었어요.

계백은 "포로로 잡혀 적의 노예가 돼 욕을 보느니 차라리 죽는 게 낫지 않겠소."라고 말하며 아내와 자식의 목을 베었습니다. 백제가 승리할 수 없다는 것을 직감하고 있었던 것이지요. 이러한 계백의 정신력에 신라군은 주춤했습니다.

이래서는 안 되겠다고 판단한 신라 장군 김흠순은 화랑인 아들 반굴을 불러 나가 싸우도록 했지만 죽고 말지요. 김품일 장군 역시 화랑인 관창을 내보내지만 사로잡히고 맙니다. 계백이 관창의 투구를 벗기자 앳된 소년의 얼굴이 드러났어요. 계백은 관창을 돌려보냈지만 관창이 또다시 결투를 하러 오자 관창의 목을 벤 뒤 말안장에 매달아 신라군에게 되돌려 보냅니다. 관창과 반굴이 임전무퇴의 화랑정신을 실현하고 죽자 신라군은 분기충천해 백제를 공격했어요. 김흠순과 김품일이 의도한 바가 바로 이것이었지요.

결국 백제의 결사대는 모두 전사했고 황산벌은 이들이 흘린 피로 붉게 물들었어요. 그리고 사비성은 함락되고 맙니다. 의자왕(재위 641~660년)은 미리 웅진성으로 피난했지만 미처 피난가지 못한 삼천

궁녀는 낙화암 아래 강물로 우수수 몸을 던졌어요.

의자왕은 즉위 초기에 아버지인 무왕에게 효도하고 형제 사이에는 우애가 있어 '해동의 증자' 로 불렸습니다. 즉위한 이듬해에는 신라를 공격해 40여 개의 성을 함락시켰고, 신라의 주요 거점인 대야성도 함락시켜 남녀 1만 명을 붙잡아 오기도 했지요. 655년에는 고구려, 말갈과 동맹을 맺어 신라의 30여 개 성을 쳐부수었어요.

이렇게 계속되는 전쟁 속에서 의자왕은 주색에 빠져들었습니다. 의자왕의 태도도 백제가 멸망한 이유 가운데 하나였어요. 또한 나당 연합군이 쳐들어오는 긴급한 상황에서도 신하들은 논쟁만 일삼았지요. 충신 성충이 대비책을 내놓았지만 소용이 없었어요. 이 와중에 태자의 아들이 성문을 열고 도망쳐 철옹성이었던 웅진성까지 함락됩니다. 나라든 사람이든 외부의 적 때문이 아니라 내부의 적 때문에 무너지는 것이 역사의 법칙인가 봅니다.

　의자왕은 항복의 표시로 당의 장수 소정방에게 술을 따라 올렸습니다. 왕을 비롯한 신하와 백성 1만 2,000여 명이 당으로 끌려갔어요. 백제의 700년 역사는 이렇게 막을 내리게 됩니다.

　화랑 관창의 이야기는 우국충절의 모범으로 사람들의 입에 오르내리고 있습니다. 그렇지만 관창과 반굴은 아버지의 명예와 신라 조정의 안녕을 위한 희생양이 아니었을까요? 앳된 소년이었던 관창이 노련한 장수인 계백 앞에 섰을 때 얼마나 두려웠을까요? 김흠순과 김품일이 아들을 사지로 내몬 것이지요. 사랑하는 아들을 내버린 이들은 진정으로 나라와 민족을 위해 충성을 한 것일까요?

　나라에 대한 충성과 정권에 대한 충성은 다를 수 있습니다. 나라에 대한 충성은 무엇이 옳은가를 놓고 판단하고, 정권에 대한 충성은 정권의 이해관계에 부합하느냐를 놓고 판단하는 경우가 많아요. 따라서 정권에 대한 충성이 나라에 충성하는 것이라고 단정 지을 수는 없습니다.

　신라의 경우도 마찬가지예요. 신라는 단군 조선의 유민이 세운 나라이므로 단군족의 단합을 위한 방향으로 나아가야 했어요. 단지 영

김유신 묘의 십이지 신상
자(子, 쥐)
축(丑, 소)
인(寅, 호랑이)
묘(卯, 토끼)
진(辰, 용)
사(巳, 뱀)
오(午, 말)
미(未, 양)
신(申, 원숭이)
유(酉, 닭)
술(戌, 개)
해(亥, 돼지)

토를 확장하는 것은 신라 왕의 이익에 부합하는 것이지 진정으로 국익에 부합하는 것은 아니에요.

당시 열국으로 분립된 상황에서 신라는 단군족의 통합을 목적으로 삼을 수 있었고, 통일 전쟁을 통해 땅을 넓힐 수도 있었을 것입니다. 하지만 단군족이 아닌 외세를 끌어들인다거나 단군족의 통합을 포기하는 것은 신라 왕을 포함한 몇몇 사람의 이익에 불과한 것이지요. 단군 조선의 유민이 세운 신라 왕조의 궁극적 이해와 상반되는 시각인 것이지요.

이렇게 본다면 화랑 출신인 김유신은 풍류 사상과 정신을 저버렸다고 볼 수 있습니다. 그가 진정한 충신이었다면 외세를 끌어들이거나 고구려를 포기하는 정책에 반대했을 것입니다. 하지만 김유신은 김춘

태종무열왕릉비(국보 제25호) 경상북도 경주시 서악동에 있는 무열왕릉의 왼쪽에 있다. 신라인의 진취적인 기상을 잘 보여주고 있다. 표현이 사실적이고 생동감이 있어 동양권에서 가장 뛰어난 걸작이라 일컬어지는 비석이다.

추와 함께 당을 끌어들이고 고구려의 옛 강역을 포기했어요. 이는 민족의 미래를 생각하기 전에 자신의 욕심을 먼저 채운 것이지요.

그러므로 막연히 왕조나 왕의 충복이 되는 것을 참다운 충신이라고 평가할 수는 없을 것입니다. 결국 당을 끌어들인 신라는 당의 야욕으로부터 벗어날 수 없었고, 당과 필연적으로 대결할 수밖에 없었어요. 이 과정을 겪으면서 신라는 결국 같은 민족인 백제, 고구려 유민의 도움을 받아야 했지요. 그들의 도움이 아니었다면 반쪽짜리 통일이라도 이끌어 낼 수 있었을지 의문입니다.

끌어들인 당에게 이용당하다

같은 민족끼리 오랫동안 전쟁을 하다 보면 전쟁을 단번에 끝내기 위해 외세를 끌어들이는 경우가 종종 있습니다. 이는 수단과 방법을 가리지 않고 무조건 이겨야 한다는 이기적인 사고방식에서 비롯된 것입니다. 하지만 어떤 외세도 공짜로 도움을 베풀지는 않습니다. 누구나 도움에 대한 대가를 바라기 마련이고, 무리한 요구를 하는 경우도 많습니다. 이런 요구가 한 번으로 그친다면 다행이지만 그렇지 않은 경우가 더 많지요. 요구는 꼬리에 꼬리를 물고 조금씩 커지다가 힘이 약해지면 상대를 통째로 집어삼키려고 할 거예요.

우리의 역사 속에서 외세를 끌어들여 국내의 문제를 해결하려고 했던 사례를 찾기란 결코 어려운 일이 아닙니다. 백제가 수에 사신을 보내 고구려를 공격해 달라고 요청했던 일이나 신라가 김춘추를 당에 보내 백제와 고구려를 공격해 달라고 요청했던 일을 아시나요? 이처럼 자신의 문제를 타인의 힘으로 해결하려는 사람이 한둘이 아닙니다.

이제 우리는 외세의 힘을 빌렸을 때 어떤 결과가 초래되는지 꼼꼼히 따져 보아야 합니다. 그래야 오욕의 역사를 되풀이하지 않을 테니까요. 그동안 우리의 역사 속에서 외세를 끌어들여 모든 것을 빼앗길 뻔한 상황이 여러 번 있었어요. 대표적인 예로 신라가 당을 끌어들여 백제와 고구려를 멸망시킨 일이 있지요.

당은 백제와 고구려를 무너뜨린 뒤 백제에 웅진 도독부를, 고구려에 안동 도호부를 세웠습니다. 백제와 고구려를 직접 다스리려고 했던 거예요. 하지만 이것이 전부가 아니었습니다. 당은 신라까지 집어삼키려고 신라에 계림 도독부를 설치했어요. 이 사실은 약육강식의 원리가 지배하는 엄연한 역사의 한 과정입니다. 결국 신라와 당은 싸움을 피하기 어려운 상황이 됐고, 당은 신라만 무찌른다면 한반도를 발아래에 둘 수도 있었지요.

사실 이런 징조는 당이 군사를 파견할 때부터 보였어요. 당은 신라와 협공해 백제를 공격할 때 신라군을 수하처럼 부리려고 했습니다. 그리고 백제가 멸망하자 앞서 말했듯이 곧바로 웅진 도독부를 설치했어요.

하지만 백제의 복신과 흑치상지, 도침 등은 왕자 풍을 왕으로 추대하고 주류성과 임존성을 거점으로 군사를 일으켰습니다. 이들을 중심으로 부흥 운동이 거세게 일어나니까 신라와 협력할 필요가 있었지요. 그래서 야욕을 노골적으로 드러내지 않았던 거예요. 하지만 복신이 도침을 죽이고, 또 왕자 풍이 복신을 죽이는 등 백제의 부흥 운동이 결렬되자 665년에 백제 왕자 부여융(夫餘隆)을 다시 데려다가 웅진 도독으로 임명했어요. 그리고 신라의 왕과 동맹해 서로의 영토를 침범하지 않도록 요구합니다.

이미 신라와 협력할 때 대동강 이남의 땅은 신라가 차지하기로 했는데, 백제 왕자 부여융을 웅진 도독으로 임명해 놓고 서로의 영토를 침범하지 말라고 요구한 까닭은 무엇일까요? 신라와의 약속을 지키지 않고 백제 땅을 모조리 차지하겠다는 의도였던 거예요. 그것도 백제 왕자 부여융을 이용해서 말이에요. 이것이 바로 이이제이의 방식입니다. 끌어들인 외세에 의해 동족이 서로 다투게 된 거지요.

이렇듯 당과 신라의 갈등이 있었지만 신라로서는 고구려를 공격해야 하는 처지였기 때문에 더 따지지 못했습니다. 하지만 고구려가 멸망해도 달라질 것은 아무것도 없었지요. 결국 고구려가 멸망하자 당은 고구려에 안동 도호부를 설치하고 신라에까지 계림 도독부를 설치하면서 속셈을 노골적으로 드러냈어요. 이렇게 되자 피차 싸움을 피할 수 없게 됐습니다.

여기서 한 가지 눈여겨봐야 할 사실은 고구려를 멸망시키는 과정에서 당군의 역할이 변변치 않았다는 거예요. 전황이 크게 바뀐 것은 고

이이제이(以夷制夷)
오랑캐로 오랑캐를 무찌른다는 뜻으로, 한 세력을 이용해 다른 세력을 제어함을 뜻한다.

구려에서 망명한 남생의 반역 행위 때문이었습니다. 또한 668년 7월 16일 문무왕(재위 661~681년)은 한성에 이르러 여러 총관들에게 당의 군대와 회합하라고 명했는데, 이 명으로 문영 등이 사천 벌판에서 고구려 군사와 싸워 승리함으로써 평양성으로 진격하게 됐어요. 당군도 뒤이어 평양성을 포위합니다. 즉, 신라는 고구려를

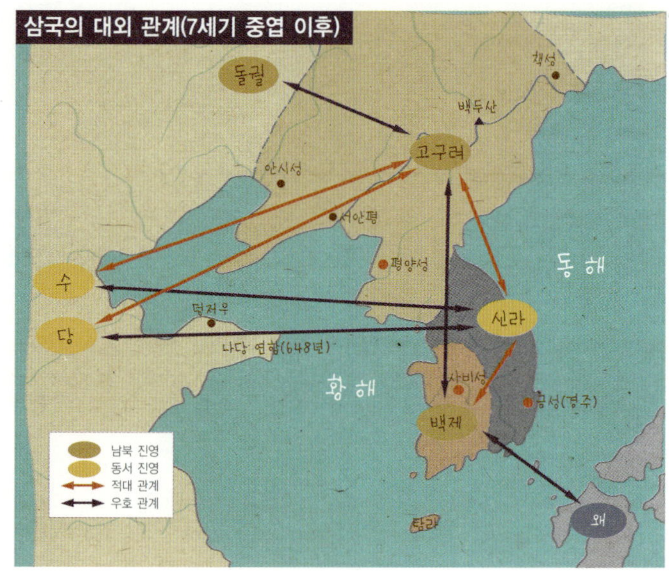

멸망시키기 위해 죽기 살기로 싸운 거예요. 이 사실은 당이 싸움에 이기고 돌아갈 때 당의 이적과 신라의 각간 김인문, 대아찬 조주 등이 함께했다는 것에서도 확인할 수 있어요.

김인문(629~694년)
태종 무열왕의 둘째 아들이다. 당에 가서 나당 연합군 조직에 성공한 후 소정방과 연합해 백제와 고구려를 멸망시키는 데 큰 역할을 했다.

한민족 역사의 결정적 순간

이렇게 싸워서 얻은 결과는 무엇이었을까요? 고구려가 사라지자 당은 신라를 삼키려는 속셈을 드러냈습니다. 이런 상황에서 고구려 부흥 운동 세력만이 힘을 실어 주었어요. 백제의 부흥 운동 세력은 약해졌고, 이이제이 방식을 취하던 당이 도리어 신라의 적이 됐기 때문입니다. 백제 유민은 당의 앞잡이가 된 백제 왕자 부여융을 위해 적극적으로 나설 수 없었고 신라에 도움을 준다고 해도 개별적인 지원에서 벗어나지 못했어요. 즉, 적극적인 지원 세력이라고 보기 어려웠지요. 결국 신라는 고구려 부흥 운동 세력과 손을 잡고 당과 전쟁을 치러야 했습니다.

고구려의 부흥 운동은 평양 이남 지역과 영주 등 곳곳에서 벌어졌습니다. 당이 고구려의 성을 모두 점령한 것이 아니어서 건재한 성이 많이 남아 있었지요. 이런 상황에서 신라는 압록강부터 대동강 이남 지역에 걸친 부흥 운동 세력과의 협력이 절실했습니다. 이에 신라에서도 이들 세력을 지원하게 되지요. 결국 외세가 모든 것을 집어삼키려고 할 때 단합할 수 있는 세력은 동족밖에 없었던 것입니다.

드디어 670년 3월 신라의 설오유 장군과 고구려 유민을 이끄는 고연무 장군이 연합해 당의 군사를 공격합니다. 처음에는 승리를 거두었으나 나중에는 당의 반격에 밀려 전선이 압록강을 넘지 못하고 대동강 이남으로 설정됐지요. 아울러 이 전투로 인해 압록강 이남의 고구려 부흥 운동 세력이 신라로 귀부하게 됩니다.

한편 평양성에서 고구려 부흥 운동을 이끌었던 검모잠 부대는 670년 6월 남쪽으로 내려와 대동강 이남에 있던 당의 군사를 섬멸했어요. 그리고 이미 669년 신라로 귀부한 왕족 안승을 고구려의 왕으로 받들어 모신 뒤 한성을 근거지로 항쟁을 지속해 나갔습니다. 여기에는 고연무도 힘을 보탰지요. 하지만 이 부흥 운동 세력도 끝내 내분이 일어나 안승이 검모잠을 죽이고 신라로 달아나면서 끝이 납니다.

이렇듯 신라는 고구려 부흥 운동 세력과 힘을 합쳐 당의 군사를 물리쳤습니다. 그리고 670년 7월 당의 침략군과 부여융의 군대를 물리치고 63개의 성을 빼앗았어요. 마침내 671년 6월에는 백제의 옛 수도인 사비성을 함락해 소부리주로 개편하면서 옛 백제 땅에 대한 지배권을 장악합니다. 이렇게 신라가 백제에 대한 지배권을 분명히 하면서 고구려 유민을 받아들여 당과 일전을 치르려고 하자 당 고종은 674년 초 아예 신라를 집어삼키려고 합니다.

매소성 전투 기록화(전쟁기념관)
675년(문무왕 15년) 신라는 경기도 연천의 매소성에서 당의 20만 대군을 거의 전멸시킴으로써
한반도 남부에서 당의 세력을 몰아냈다.

이 속내는 신라에 문무왕이 있는데도 당에 가 있던 김인문을 신라의 왕으로 삼는다고 선포하면서 절정에 이르지요. 또다시 이이제이의 방식으로 신라를 제압하려고 한 것이에요. 따라서 신라도 결전에 대비할 수밖에 없었습니다. 그리고 이 시기에 내부 분열로 인해 힘이 약해진 고구려군이 신라군에 편입됩니다.

그 후로 신라는 오랫동안 당과 전투를 치르는데, 675년 매소성 전투가 분수령이 됩니다. 이 전투에서 신라군은 당의 20만 대군을 무찌르고 말 3만여 필과 수많은 무기를 노획하는 전과를 올리지요. 이에 당은 매소성 전투의 참패를 해전에서 만회하고자 합니다.

676년 11월 설인귀가 이끄는 함선이 기벌포(충청남도 서천군 장항읍 일대)를 침범하자 신라 수군은 시득의 지휘하에 22차례에 걸친 결전을 치릅니다. 결국 신라 수군은 당 수군 4,000명을 무찌르고 승리를 이끌어 내지요. 물론 이때의 전투에는 백제와 고구려 유민까지 합세했어요. 어쨌든 신라와 고구려, 백제의 유민이 강력히 저항해 안동 도호부는 676년 평양성을 버리고 요동의 고군성으로 물러날 수밖에 없었습니다.

그런데 왜 신라는 안동 도호부가 요동 지방으로 물러나는 상황에서 더 진격하지 않았을까요? 해답은 신라가 외세를 끌어들인 이유에서 찾을 수 있습니다. 신라는 민족의 정통사적인 관점에서 통일을 추구한 것이 아니라 단지 영토를 넓히는 데만 목적이 있었어요. 뿐만 아니라 고구려를 계승한 발해와의 관계 개선을 위해 아무런 노력도 기울이지 않았지요. 결국 신라가 외세를 끌어들여 고구려와 백제를 멸망시킨 것은 민족사적 계통과 뿌리를 생각하지 않고 자기만의 이익에 안주해 정책을 추진한 결과라고 볼 수 있습니다.

3-1 고구려 · 백제 · 신라의 결집

1 고구려와 백제의 부흥 운동

· 백제와 고구려의 멸망 수에 이어 등장한 당은 고구려를 침략했으나 연개소문의 등장으로 실패 → 당과 신라가 연합 → 660년에 백제 멸망 → 668년에 고구려 멸망

· **백제의 부흥 운동** 웅진 도독부 설치 → 복신, 도침(서천의 주류성), 흑치상지(예산의 임존성)는 왕자 풍을 왕으로 추대하고 군사를 일으켜 사비성을 공격 → 복신이 도침을 죽이고 왕자 풍이 복신을 죽임 → 당은 왕자 부여융을 웅진 도독으로 재임명(665년) → 당은 고구려에 안동 도호부, 신라에 계림 도독부 설치

· **고구려의 부흥 운동** 보장왕의 아들 안승을 왕으로 받든 검모잠(황해도 재령의 한성)과 고연무(압록강변의 오골성)가 고구려의 유민을 모아 부흥 운동 전개 → 검모잠, 평양성 탈환 → 설인귀의 안동 도호부, 고구려 부흥군에게 밀려 요동성으로 후퇴 → 대동강 이남의 당군 일부 축출(670년) → 안승이 검모잠을 죽이고 신라로 달아나면서 실패로 끝남

2 고구려 · 백제 · 신라의 당 축출

· **대동강 이남으로 전선 설정** 670년 3월 신라 장군 설오유와 고구려 장군 고연무가 압록강을 건너 당군을 공격하지만 실패 → 압록강을 넘어서지 못하고 그 전선이 대동강 이남으로 설정됨

· **신라의 승리** 신라는 매소성 전투(675년)에서 승리 → 676년 11월 설인귀의 당 수군이 금강 하류 기벌포로 침략 → 신라 수군은 22차례의 결전 끝에 승리

· **남북국 시대 개막** 당은 안동 도호부를 요동으로 옮기고, 신라는 대동강 이남을 확보 → 698년 발해 건국

· **후기 신라의 한계** 삼국 통일이 대동강 이남 지역에 한정됨으로써 불완전한 통일을 이룸. 삼국의 국토가 3분의 1로 축소됨. 남북국 시대가 개막됐으나 신라의 편협함이 발해의 멸망을 초래

한반도 남부를 통합한 신라와
고구려의 영토를 되찾은 발해를 비교해 보세요

신라는 고구려, 백제 유민과 협력해 대동강 이남에서 당의 세력을 몰아냈습니다. 하지만 이들은 단군 조선이 다스렸던 드넓은 영토를 회복하기 위해 더 이상 진군하지 않았습니다. 반면에 고구려 유민 대조영은 영주 지역에서 고구려 부흥 운동을 일으켜 당을 몰아내고 발해를 건국했어요. 신라는 넓은 영토를 회복할 노력을 하지 않았는데, 왜 발해는 고구려를 계승해 건국했을까요? 아울러 이런 결과가 우리 민족사의 발전에 어떤 영향을 끼쳤을까요?

한 국가로 존재하는 것과 그렇지 않은 것에는 커다란 차이가 있습니다. 이런 점에서 보면 대조영이 이끄는 고구려 부흥 운동 세력은 신라에 비해 불리한 상황에 처해 있었어요.

그러나 무엇보다 중요한 요인은 객관적인 조건이 아니라 의지의 차이였습니다. 물론 신라가 고구려의 영토를 차지하지 못한 이유는 신라의 역량이 부족했기 때문이라고 볼 수도 있어요. 하지만 이보다는 고구려의 영토를 수복해 단군족을 통합하려는 의지가 없었던 것으로 보는 것이 타당합니다. 분명한 의지가 있었다면 최소한 힘이 닿는 데까지 고구려의 부흥 운동 세력을 지원했을 것이고, 일정한 영향력을 행사했을 것입니다. 하지만 신라는 대동강 이남의 땅을 장악한 후 고구려의 부흥 운동 세력과 협력하기보다 당과 화해 관계로 나아갔어요. 다시 말하면 단군족을 통합하려는 의지가 없었던 것입니다.

이것은 대동강 이남의 통합을 달성했던 문무왕의 유언에서도 확인할 수 있습니다. 그는 용이 되어 나라를 지키겠다는 유언을 남겼어요. 이것은 어찌 보면 호국 정신의 발로로 보이지만 그 내용을 보면 동해를 지키겠다는 것으로 해석됩니다. 이것은 결국 왜구의 침략을 막겠다는 뜻이지요. 다시 말해 고구려 땅과 백성을 하나로 통합해 민족 통일을 완성하기보다는 대동강 이남의 땅을 지키는 것에만 관심이 있었던 것입니다.

반면에 대조영은 당과 혈전을 치르며 고구려 부흥 운동을 전개했습니다. 강력한

고구려의 영토를 되찾은 발해와는 달리 신라는
고구려의 땅을 되찾겠다는 의지가 없었어요.

의지가 없었다면 건국은커녕 부흥 운동도 힘들었을 것입니다. 고구려 유민 출신인 대조영의 입장에서는 고구려의 정신과 뿌리를 그대로 유지하는 것이 더 쉬웠을 거예요. 강인한 의지와 노력이 없었다면 고구려를 계승한 발해를 건국하지 못했을 것입니다.

여기에서 우리는 자신의 뿌리와 전통을 지키려는 노력이 무엇보다 중요하다는 사실을 알 수 있습니다. 이런 점에서 볼 때 신라의 국경을 대동강 이남으로 설정한 것은 우리 민족사의 발전에 큰 해악을 가져왔다고 볼 수 있어요.

2 고구려의 옛 땅 대부분을 차지하다 | 발해의 역사

발해는 건국된 698년부터 926년 멸망하기까지 옛 고구려의 영토를 대부분 회복해 대내외적으로 고구려를 계승한 국가임을 분명히 천명했습니다. 이로써 우리나라의 역사를 시기상으로 구분할 때 삼국 시대 다음을 후기 신라 시대로 보는 것이 아니라, 신라를 남국(南國)으로 하고 발해를 북국(北國)으로 하는 남북국 시대로 설정해야 한다는 주장이 제기됐습니다. 이 주장은 후기 신라의 정당성이 부족하다는 사실에 근거해 조선 후기 실학자들이 처음으로 제기했어요. 더욱이 발해 왕이 일본에 보낸 국서에 스스로를 '고(구)려 국왕'이라 칭하고, 발해의 역대 사신들이 대부분 고씨(高氏)였던 점을 감안하면 발해사를 한국사에 넣는 것이 마땅합니다. 중국은 우리와 달리 발해사를 중국의 지방사로 다루고 있다는 점을 잊지 말아야 해요.

- **698년**   고구려의 유민 대조영이 고구려의 부흥 운동을 전개해 동모산 기슭에 발해를 건국하다.
- **719년경**   발해의 제2대 왕인 무왕은 인안이라는 독자적인 연호를 세우고, 영토를 확장하는 일에 힘을 쏟다.
- **818년경**   발해의 제10대 왕인 선왕은 발해국을 중흥시켜 해동성국이란 칭호를 받으면서 전성기를 누리다.
- **926년**   9세기 말부터 국력이 약화된 발해가 거란의 공격으로 멸망하다.

잃어버린 발해사

발해사를 보면 역사책을 편찬할 때 역사 인식이 얼마나 중요한지 알 수 있습니다. 『삼국사기』를 지은 김부식은 「김유신전(金庾信傳)」에서 신라의 삼국 통일을 '삼한위일가(三韓爲一家)'라고 표현했어요. 이 말은 삼한이 결합해 한집이 된다는 뜻입니다. 이런 역사 인식 때문에 『삼국사기』에서는 발해에 관한 기록을 찾아볼 수 없어요.

그렇다면 신라는 대다수 고구려 유민을 포섭하는 데 성공했을까요? 그렇게 판단할 만한 근거가 부족함에도 불구하고 신라가 삼국을 통일했다는 생각이 자리 잡고 있습니다.

신라가 진정으로 삼국 통일을 바랐다면 드넓은 고구려의 옛 땅을 되찾기 위해 노력했을 것입니다. 그랬다면 발해를 바라보는 그들의 태도 또한 달라졌겠지요. 하지만 그렇지 못했기 때문에 결국 발해는 잃어버린 땅이 되었고, 발해사는 조선 후기에 이르러서야 일부 실학자들에 의해 연구되기 시작했습니다. 안정복이나 유득공 등이 남북국이라는 이름으로 발해를 바라보기 시작했고, 구한말에는 신채호 등에게로 발해사 연구가 이어졌지요.

하지만 신라가 삼국을 통일했다는 관점이 오늘날에까지 확산돼 있어 발해사는 대부분 그늘에 가려져 있습니다. 이런 상황에서 중국과 일본은 앞다투어 발해사를 왜곡하고 있지요. 후손들이 어리석으면 제 나라의 역사조차 제대로 지킬 수 없다는 사실을 보여 주는 사례입니다. 이런 점에서 발해사를 연구하는 것은 우리 민족사를 바로 세우는 밑바탕이 될 거예요.

하지만 안타깝게도 발해인이 기록한 역사책이 오늘날에는 전해지지 않습니다. 고구려인이 저술한 역사책이 전해지지 않는 것과 마찬가지예요. 다만 대조영의 아우인 대야발이 지었다는 『단기고사(檀奇古史)』가 전해지지만, 후대에서 윤색된 관계로 전적으로 신뢰하기는 어렵습니다. 그래서 발해사는 주로 『구당서』나 『신당서』 등의 일부 국서나 유물을 통해 간접적으로 파악할 수밖에 없는 실정이에요. 하지만 위의 자료를 통해서도 발해가 고구려를 계승한 나라라는 사실을 얼마든지 확인할 수 있습니다.

발해의 토제 인물상
(8~9세기, 러시아과학원)
연해주의 절터에서 발견된 발해의 인물상이다.

발해의 건국 과정

당은 668년에 고구려를 멸망시킨 후 고구려가 다시 일어서지 못하도록 약 20만 명의 사람들을 당으로 끌고 갔어요. 하지만 고구려 유민은 부흥 운동을 벌이며 항거하다가 마침내 676년 안동 도호부를 평양 지역에서 요동 지역으로 쫓아냈습니다. 그래서 당의 영향력은 주로 요동 지역에 한정될 수밖에 없었지요.

한편 요서의 영주에는 수많은 고구려 백성이 당에 의해 강제로 이주해 살고 있었습니다. 물론 거란족과 말갈족도 상당수 거주하고 있었지요. 즉, 이곳은 동북 지역에 살고 있는 이민족을 효과적으로 다스리기 위한 집합 장소였던 셈이에요.

그런데 당시 당은 측천무후가 다스리고 있었으므로 지방관에 대한 통제가 제대로 이루어지지 못했습니다. 지방관들의 탐욕과 횡포가 심했는데, 특히 영주 도독 조홰는 가렴주구를 일삼았어요. 이에 불만을 품은 거란족 출신의 이진충이 696년에 난을 일으키지요. 이들은 영주성을 함락한 뒤 조홰를 죽이고 독립을 선포합니다.

이 사건은 고구려 유민의 부흥 운동에 도화선 역할을 했어요. 바로 이 부분에서 한때 고구려 장군이었다가 영주로 끌려와 살고 있던 걸걸중상과 그의 아들 대조영이 등장하지요. 이들은 말갈족 장수인 걸사비우와 함께 영주 동쪽의 여러 성을 차지한 뒤 안동 도호부를 공격해 타격을 입혔습니다. 말갈족은 수와 당의 이이제이 정책의 대상이었어요. 하지만 오랫동안 고구려의 속국으로 살아오면서 고구려와 동맹 관계가 형성돼 이런 연합 전선이 가능했던 거예요.

당은 티베트 정벌로 인해 반란에 적극 대처하지 못했고, 1년이 넘도록 방치됐습니다. 그러다가 이이제이로 북쪽의 돌궐족을 끌어들이지요. 돌궐의 추장 묵철은 당과 연합해 반군에 큰 타격을 입혔습니다.

이때 걸걸중상과 걸사비우는 영주 동쪽과 안동 도호부를 공략했던 경험을 바탕으로 랴오허 강을 건너 동쪽으로 향합니다. 이 사실을 알아차린 당은 걸사비우에게 허국공, 걸걸중상에게 진국공을 책봉하며 이들을 회유하고자 하지요. 하지만 고구려 부흥과 새로운 국가 건설이 목표였던 이들은 제의를 받아들이지 않았습니다. 이에 당은 거란

동모산
만주 길림성 돈화현에 있는 동모산은 698년 대조영이 발해를 건국한 뒤 성을 쌓고 도읍으로 정한 곳이다. 제3대 문왕 때 상경 용천부로 도읍을 옮기기까지 56년간 발해의 수도였다. 양시은 사진 제공

족 장군 출신인 이해고에게 10만의 군대를 보내 이들을 진압하게 합니다.

이 과정에서 걸사비우가 죽고 걸걸중상도 병으로 사망하자, 대조영이 이들을 대신해 모든 군사를 지휘하게 됩니다. 이 과정에서 수많은 고구려 유민이 부흥군에 합류했어요. 결국 대조영은 백두산 아래 밀림 지대인 천문령에서 이해고의 10만 대군을 전멸시켜 버립니다.

이 승리를 계기로 대조영은 군사를 이끌고 동모산에 이르러 698년 동방의 나라라는 뜻으로 진(震)이라는 나라를 세웁니다. 고구려가 멸망한 지 30년 만의 일이었지요. 713년에 진은 나라의 이름을 발해라고 고칩니다.

한편에서는 발해의 건국으로 남북조 시대가 성립됐다고 주장합니다. 이에 대해 다른 한편에서는 발해의 소수 지배층만이 고구려인이었고, 주민의 대다수는 말갈족이므로, 발해사를 당의 지배를 받은 소수 민족의 역사로 바라보아야 한다고 주장하기도 합니다. 이 주장의 첫 번째 근거는 대조영이 고구려인이 아니라 말갈족 출신이라는 거예요.

발해 석등(상경 돌등)

발해의 수도이자 5경 가운데
하나였던 상경 용천부지에 있는
거대한 현무암 석등이다. 발해
의 조각 예술을 보여 주는 대표
적인 작품이다. 고구려 미술 특
유의 강건함이 살아 있어 발해
가 고구려를 계승했음을 알 수
있다.

『구당서』에는 대조영을 '고구려의 별종'
이라고 해 고구려인으로 서술했지만 『신당
서』에는 '속말말갈(粟末靺鞨)로서 고구려에
부속돼 있던 사람'으로 기록돼 있습니다.
『삼국유사』와 『제왕운기』에는 '고구려의 옛
장수'라고 기록돼 있지요.

이처럼 대조영의 출신이 서로 다르게 기
록돼 있기 때문에 대조영이 어디 출신인지
확정하기는 어려워요. 하지만 난을 일으켰
던 대조영이 궁극적으로 어디로 향했는지
살펴보면 추론이 가능합니다. 강제 이주와
같은 불가피한 상황이 아니라면 자기 땅으
로 가서 나라를 세우려고 하는 것이 당연한
이치이기 때문이에요. 대조영은 바로 영주

에서 랴오허 강을 건너 요동으로 갔고, 거기서도 계속 동쪽으로 향했
습니다. 처음부터 그가 지향한 곳은 고구려 땅이었어요. 그러므로 대
조영을 고구려인으로 보는 데 큰 무리가 없습니다.

게다가 소수의 지배층만이 고구려인이라는 주장 또한 설득력이 없
어요. 발해의 건국 과정에서 그들이 거쳐 온 영토는 모두 고구려 땅이
었습니다. 따라서 고구려 유민의 수가 가장 많았을 것입니다. 고구려
인의 대다수가 지배층이었을 것이라는 추측은 말갈족이 고구려의 속
국이었다는 점에 근거해 유추할 수 있어요. 그렇다면 말갈인을 피지
배층으로 보는 것이 맞겠지요. 일본의 『유취국사』에는 다음과 같은
기록이 있습니다.

발해국은 고구려의 옛 땅이다. 그 넓이는 2,000리이고, 주·현의 숙소나 역은 없으나 곳곳에 마을이 있는데, 대다수가 말갈의 마을이다. 백성은 말갈인이 많고 원주민은 적다. 모두 원주민을 마을의 우두머리로 삼는데, 큰 마을은 도독이라고 하고 그다음 마을은 자사라 한다. 백성들은 마을의 우두머리를 수령이라고 부른다.

발해 영역에 말갈족이 다수 거주하고 있었던 것은 사실이에요. 하지만 일본에 보낸 국서에 고려 또는 고려 국왕이라는 명칭을 사용했다든지 문화의 유사성을 볼 때 발해는 고구려를 계승한 국가였음을 알 수 있습니다.

고구려 영토의 대부분을 차지하다

고구려의 유산을 계승한 발해는 건국된 지 불과 몇 년 만에 나라의 기틀을 탄탄하게 세웠습니다. 물론 여기에는 당시의 유리한 정세도 작용했어요. 당시 당과 연합했던 돌궐의 묵철은 거란족을 진압한 뒤, 당의 북방 23성을 공략해 당이 발해로 가는 길목을 막고 있었지요. 이런 상황에서 대조영은 나라를 세운 후 곧바로 돌궐에 사신을 보내 연합 전선을 제의했습니다. 당으로서는 발해와 돌궐이 손을 잡고 반격할 가능성을 염두에 두어야 했으므로 발해를 무력으로 제압하는 것을 포기할 수밖에 없었어요. 그로부터 2년 후 당은 발해에 화친을 제의합니다. 이로써 발해는 단기간에 안정을 이룩할 수 있었지요.

하지만 발해가 고구려를 계승하지 않았거나, 자주독립의 의지 또한 없었다면 독자적인 연호를 사용하지 않았을 것이고 옛

발해 무사의 투구
(개성 고려박물관)

정혜 공주 묘의 벽화 시위군(전쟁기념관)
정혜 공주(737~777년) 묘 벽화에 그려진 시위 군인의 모습을 복원한 것이다. 정혜 공주는 발해 제3대 문왕(재위 737~793년)의 둘째 딸이다.

땅을 회복하려고 하지도 않았겠지요. 대조영은 나라를 세우면서 천통(天統)이라는 연호를 사용했고, 뒤를 이은 무왕은 인안(仁安)이라는 연호를 사용했어요. 다시 말해 발해의 왕은 단군 조선과 고구려의 옛 땅을 되찾아 천손의 나라를 만들겠다는 강력한 의지를 드러낸 것입니다.

이에 당은 바짝 긴장하며 송화강과 흑룡강에 살고 있던 흑수부 말갈과 내통해 발해의 분열을 유도했어요. 이에 무왕은 산둥 반도의 덩저우를 공격해 지방관을 살해하는 등 공격적인 자세를 취합니다. 더 이상 분열 정책이 먹혀들지 않자 당은 신라를 움직여 양면에서 협공하는 전략을 폅니다. 하지만 727년에 이미 일본과 화친 정책을 맺은 발해는 733년에 마수산에서 당의 주력군을 격파합니다. 신라 또한 추위와 폭설로 인해 철군할 수밖에 없었으므로 당의 작전은 실패로 돌아갔지요.

발해는 돌궐, 일본 등과 함께 당과 신라를 견제해 동북아시아에서 세력 균형을 유지할 수 있었습니다. 결국 3대 문왕 때 당은 발해에 대해 친선 정책을 쓰며, 산둥 반도의 덩저우에 신라관이 있었던 것처럼 발해관을 설치하지요. 3대 문왕의 둘째 딸인 정혜 공주 묘는 1949년에 발견됐는데 전체적인 구조는 고구려 후기의 양식을 반영하고 있어요. 또 넷째 딸 정효 공주 묘에서는 벽화와 묘지 등이 발굴되어 발해의 높은 문화 수준을 보여 줍니다.

발해의 지식인은 당에 유학해 외국인을 대상으로 실시한 빈공과에 응시해 신라인과 수석을 다투기도 했어요.

물론 신라와의 관계는 좋지 않았지만 항상 적대적인 관계는 아니었습니다. 상설 교통로를 개설해 대립 관계를 해소하려 했거든요. 이 교통로를 신라도라고 불렀는데 발해의 상경을 출발해 동경과 남경을 거쳐 동해안을 따라 신라에 이르렀습니다. 8세기 초에 개설된 것으로

정효 공주 묘(국립민속박물관)
문왕의 넷째 딸인 정효 공주
(757~792년)의 묘다. 고증을
거쳐 실제 크기로 제작한 것이
다. 실제 묘에서는 공주 부부의
유골이 수습됐고, 12명의
인물 벽화와 묘지, 인형 조각이
발견됐다.

추정하고 있지요. 또한 신라의 국경 도시인 천정군에서 발해의 동경 용원부까지 39개의 역이 개설돼 있었다는 것을 보면 한때는 교류가 빈번했음을 알 수 있습니다.

발해는 이런 성과를 바탕으로 9세기 초 선왕(재위 818~830년) 시기에 해동성국이라는 칭호를 받으면서 전성기를 누렸습니다. 선왕은 대부분의 말갈족을 복속시키고 요동 지역으로 진출했지요. 사실상 요동의 일부를 제외한 대부분의 고구려 영토를 회복한 셈입니다. 이를 보면 발해는 처음부터 고구려를 계승하려는 의지를 갖고 있었고, 또 실질적으로 그렇게 움직였다는 것을 알 수 있어요. 이것은 발해의 통치 방식과 유물에서도 확인됩니다.

발해는 일본에 보낸 국서에서 "고구려의 옛 땅을 수복하고 부여의 전통을 계승했다."라고 했으며, 일본도 발해에 보낸 국서에서 발해 왕을 고(구)려 왕이라고 불렀습니다.

이를 통해 발해가 고구려를 계승한 나라라는 것을 확인할 수 있습니다. 이것은 요동과 만주를 호령한 우리 민족의 역사가 고구려에서 끝난 것이 아니라 발해로 연장된 것을 의미합니다. 즉, 발해는 단군 조선과 고구려처럼 동북아시아의 강자로 뚜렷한 족적을 남긴 것이지요. 그러나 10세기 초에 이르러 부족을 통일한 거란이 동쪽으로 세력을 확대하고, 발해 내부에서도 귀족의 권력 싸움이 심해져 국력이 크게 쇠퇴했습니다. 결국 발해는 926년 거란의 침략을 받아 멸망합니다.

발해의 제도와 경제

발해는 중앙의 통치 방식으로 당의 제도인 3성 6부제를 실시했지만 독자성을 유지하며 통치했어요. 정당성의 장관인 대내상이 국정을 총괄했고, 그 아래에 있는 좌사정이 충·인·의 3부를, 우사정이 지·예·신의 3부를 각각 나누어 관할하는 이원적인 통치 체계를 구성했습니다. 또 지방의 통치 방식으로 5경 15부 62주를 두었는데, 여기에서 5경은 고구려의 5부제에 기초한 것입니다. 전략적 요충지에는 5경을 두었고 지방 행정의 중심에는 15부를 두었으며, 그 아래에 주와 현을 두고 지방관을 파견했어요. 발해의 군사 조직은 중앙군으로 10위를 두어 왕궁과 수도의 경비를 맡겼고, 지방 행정 조직에 따라 지방군을 편성해 지방관이 지휘하게 했습니다.

발해의 수취 제도는 신라와 마찬가지로 조·콩·보리 등의 곡물을 거두는 조세와 베·명주·가죽 등의 특산물을 거두는 공물, 궁궐·관청 등

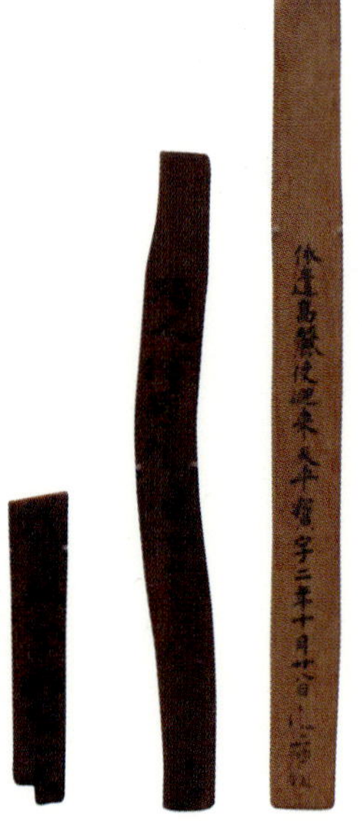

발해의 견고려사 목간
(국립중앙박물관)
발해는 당을 견제하면서도 당의 선진 문물을 적극적으로 받아들이고, 신라에 전파하기도 했다. 일본에서는 발해와의 활발한 교류를 보여 주는 목간(木簡)과 외교 문서 등이 확인되고 있다.

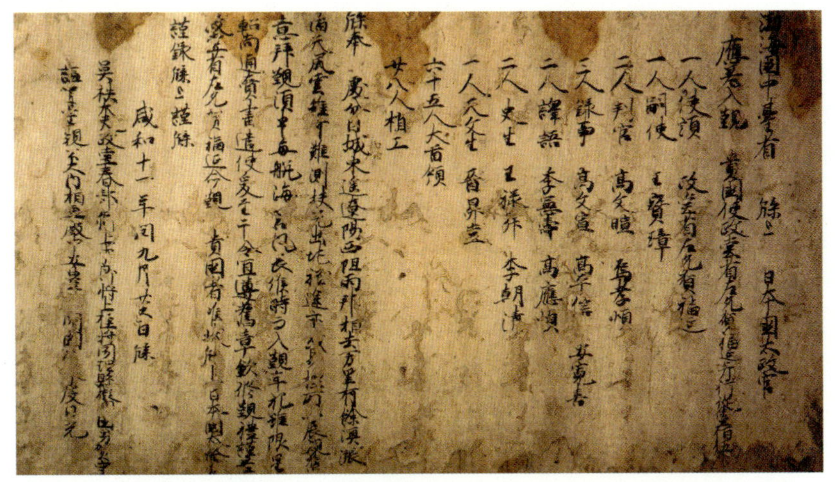

의 건축에 백성을 동원하는 부역이 있었어요. 신라의 귀족처럼 발해의 귀족도 대토지를 소유했고 당으로부터 비단과 서적 등을 수입해 화려한 생활을 했지요.

발해는 9세기에 이르러 사회가 안정되면서 농업, 수공업, 상업이 고루 발달했습니다. 농업은 기후 조건 때문에 콩, 조, 보리, 기장 등을 재배하는 밭농사가 중심이 됐어요. 철제 농기구가 널리 사용되고 수리 시설이 확충되면서 일부 지역에서는 벼농사도 지었습니다. 특히 목축이 발달해 돼지, 말, 소, 양 등을 길렀는데, 말은 주요한 수출품이었어요. 수렵으로 얻은 모피, 녹용, 사향 등도 주요 수출 품목이었지요.

발해는 당, 신라, 거란, 일본 등 주변국과 무역을 했는데, 당과는 해로와 육로를 이용한 무역이 성행했습니다. 당은 산둥 반도의 덩저우에 발해관을 설치해 발해 사람들이 이용하게 했지요. 발해는 일본과 활발하게 무역을 했는데, 한 번에 수백 명이 오갈 정도였습니다. 발해의 수출품은 주로 모피, 인삼 등 토산물과 불상, 자기 등 수공업품이었고 수입품은 귀족의 수요품인 비단과 책이었어요.

발해의 건축

상경 용천부의 궁궐은 중심부와 동·서·북부로 나뉘어 있는데, 중심부에 궁궐의 공식적인 시설을 두었다. 상경 용천부 부근의 사찰 터 10여 곳에서 발견된 기와나 전돌의 문양에는 고구려적인 요소가 많다. 특히 수막새 기와의 연화문은 고구려의 것과 비슷하다.

치미(발해 8~9세기, 평양 조선중앙력사박물관)
전각이나 문루 등 전통 건물의 용마루 양쪽 끝머리에 얹는 장식 기와를 치미라고 한다. 이 치미는 8~9세기 무렵 발해의 치미로 두 날개 사이로 주둥이를 쑥 내민 형상이 힘 있고 세련된 느낌을 준다.

짐승 얼굴 기와(발해 8~9세기,
일본 동경대학교)
헤이룽장성 닝안시 상경성에서 출토된 8~9세기 무렵 발해의 짐승 얼굴 기와다. 사납고 험상궂은 짐승 얼굴의 형상에 짙푸른 녹색 유약을 입혀 기괴한 느낌을 준다.

용머리는 집의 합각(지붕 위의 양옆에 'ㅅ' 자 모양을 이루고 있는 각)머리에 얹는 물건이다.
발해인들은 생동감 넘치는 용의 모습을 형상화해 건축의 장식물을 예술의 경지로 끌어올렸다.

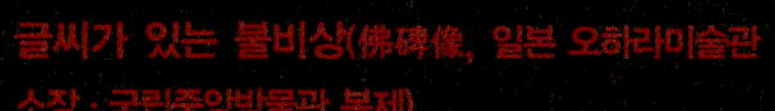

고구려 불상 양식을 계승한 불상이다.
발해가 함화(咸和)라는 독자적인 연호를 사용했고
허왕이 관할하던 관청이 있었으며, 허왕 위에
발해 황제가 있었다는 사실을 확인할 수 있다.

석가여래와 다보여래가 나란히 앉아 있는 독특한 모습이다.
이런 모습의 불상을 '이불병좌상(二佛竝坐像)'이라고도 한다.
부처 뒤의 광배에는 연꽃에서 태어나는 동자 5구를
돋을새김(부조)으로 표현했다.

3-2 발해의 역사

1 발해의 고구려 계승

· **대조영(재위 698~719년, 고왕)** 거란의 추장이 반란을 일으킨 틈을 타 요서 지방에 있던 대조영이 고구려 유민(지배층)과 말갈족(피지배층)을 이끌고 동쪽으로 이동 → 당군을 격파하고 길림성의 기슭에 진을 건국 → 천통이라는 연호를 사용하고 진을 발해로 개칭

· **고구려 계승 의식** 발해는 926년 멸망하기 전까지 옛 고구려의 영토를 대부분 회복해 고구려를 계승한 나라임을 분명히 함. 일본에 보낸 외교 문서에서 발해 왕을 고려 왕이라고 표현

· **유물** 온돌 장치, 모줄임천장 구조, 불상(이불병좌상), 기와와 벽돌 무늬

· **발해사의 의미** 조선 후기에 이르러 일부 실학자를 중심으로 삼국 시대 다음을 후기 신라가 아니라 남북국 시대로 설정해야 한다는 주장이 제기됨

2 발해의 발전과 멸망

· **제2대 무왕(재위 719~737년)** 정복 대왕으로서 인안(仁安)이라는 독자적인 연호를 세우고, 산둥 성을 공격하는 등 영토를 확장(719년경) → 돌궐, 일본과 친교를 맺고 당과 신라를 견제함

· **제3대 문왕(재위 737~793년)** 당과 친선 관계, 당의 3성 6부제 도입 → 상경 용천부에서 신라에 이르는 교통로인 신라도 개설 → 중경에서 상경으로 천도하고 대흥이라는 연호를 사용

· **제10대 선왕(재위 818~830년)** 건흥이라는 연호를 사용 → 요동 지방까지 진출해 남으로는 신라와 국경을 접함 → 옛 고구려 영토의 대부분을 차지 → 해동성국(海東盛國, 동쪽의 융성한 나라)으로 불림

· **발해의 통치 조직** 중앙은 3성 6부, 지방은 5경 15부 62주(5경은 상경 용천부, 중경 현덕부, 동경 용원부, 남경 남해부, 서경 압록부임)

· **당과 교류** 유학승과 유학생 파견 → 육로로 연결된 영주도와 해로로 연결된 조공도를 이용해 교역 → 덩저우에 발해 사신들이 머물던 발해관 설치

· **멸망** 9세기 말부터 내분으로 국력이 약화됨 → 거란의 공격으로 멸망(926년)

요동과 만주의 발해 유민은
모두 어디로 사라졌을까요?

단군 조선의 유민들은 부여와 고구려, 백제, 가야, 신라 등으로 흩어졌습니다. 이 가운데 고구려의 유민 일부는 당이나 신라로 흘러 들어갔지만 대부분 발해에 머물렀어요. 하지만 발해의 유민에 대해서는 그 일부가 고려로 귀속했다는 사실 외에는 아무것도 알려진 것이 없습니다.

그렇다면 나머지 유민은 어디로 사라진 것일까요? 결론부터 말하자면 발해 유민은 사라져 버린 것이 아닙니다. 그렇다면 발해 유민이 모두 사라진 것처럼 생각되는 까닭은 무엇일까요? 고구려를 계승해 발해가 세워졌지만, 발해가 멸망한 이후에는 그 뒤를 이은 나라가 없었기 때문이에요. 이처럼 지속적으로 자신들의 뿌리와 전통을 지키기 위해 노력하지 않는다면 결국 다른 민족에 융화될 수밖에 없습니다.

하지만 민족적 정체성을 지키지 못하는 것을 순전히 개인적인 탓으로만 돌릴 수 있을까요? 아무리 개인적으로 노력해도 민족적이고 국가적인 차원에서 해결되지 않으면 지난한 과정을 겪을 수밖에 없습니다.

발해의 상황만 봐도 그렇습니다. 발해가 멸망한 이후 발해 유민 모두가 바로 거란족의 요구에 순응한 것은 아니었어요. 도리어 정안국을 세워 항거하고 송과 협력해 거란을 치려고 했으니까요. 하지만 이런 노력이 실패하고 난 후 일부 발해 유민은 단군 조선의 후손이라는 동질 의식에 기초해 고려에 귀속했습니다. 반면에 남아 있던 발해 유민은 약 200여 년에 걸쳐 발해 부흥 운동을 벌였지만 이 또한 실패합니다. 결국 발해의 유민들은 오랜 세월이 흐르는 동안 다른 민족에 융화되면서 사라지게 된 것이지요.

그러면 이렇게 된 원인은 무엇일까요? 일차적으로는 발해 유민이 자신의 영토와 민족적 정체성을 지키지 못했기 때문입니다. 하지만 약 200여 년에 걸쳐 부흥 운동을 벌인 발해 유민에게만 그 책임을 물을 수는 없어요. 그렇다면 그 시기 같은 단군족의 후손으로 남쪽에 존재했던 신라에게 책임을 묻게 됩니다.

동족이 어려움을 겪을 때 돕지 않고 외면하는 태도는 우리 민족의 영역을 축소시키고 약화시키는 길입니다. 발해의 멸망 이후 요동과 만주 땅이 우리 민족의 활동 영역에서 멀어지게 된 것도 이 때문입니다. 그러므로 신라에게는 당을 끌어들여 고구려를 멸망시키고 그 뒤를 계승한 발해까지 멸망하게 한 책임이 있다고 볼 수 있지요.

결론적으로 발해 유민은 사라진 것이 아니라 자신의 영토를 고수하지 못하고 이민족의 지배를 받는 과정에서 다른 민족에 융화된 것입니다.

3 당에 의존한 신라를 어떻게 봐야 하나
후기 신라의 성립

외세의 도움을 받아 고구려, 백제, 신라를 하나의 국가로 통일한 신라를 놓고 한 쪽에서는 통일 국가로 인정하지만 다른 한쪽에서는 이를 인정하지 않습니다. 이런 관점을 받아들여 통일 신라라는 용어 대신 후기 신라라는 용어를 사용하기도 해요. 삼국을 하나의 국가로 통일한 신라는 제한적인 의미에서 발전을 거듭했지만 크고 작은 혼란을 겪어야 했습니다. 후기 신라 초기에는 집사부가 설치되고 시중의 권한을 강화해 상대등의 권한이 약화됐어요. 하지만 말기에 이르러 왕권이 약화되면서 상대등이 정치적 실권을 장악하자 왕위 쟁탈전이 벌어졌습니다. 신문왕(재위 681~692년)은 왕권을 강화하기 위해 녹읍을 폐지하고 관료전을 도입했어요.

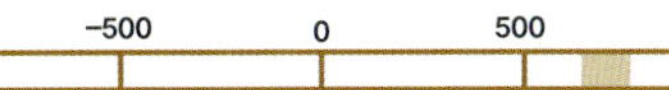

- **651년** 진덕 여왕 때 왕의 직속 행정 관부를 품주에서 집사부로 개편하고 집사부의 장을 시중으로 칭하다.
- **685년** 신문왕이 지방 행정 구역으로 전국을 9주로 나누고 특수 행정 구역으로 5소경을 두다.
- **733년** 발해의 무왕이 당의 산둥 성을 공격하자 신라가 당과 연합해 발해를 공격했으나 폭설로 물러나다.
- **757년** 경덕왕 때 중앙 관료의 칭호와 지방 군현의 이름을 모두 중국식으로 고치다.
- **788년** 원성왕 4년에 독서의 성적에 따라 3등급으로 나누어 관리를 채용하는 독서삼품과를 도입하다.

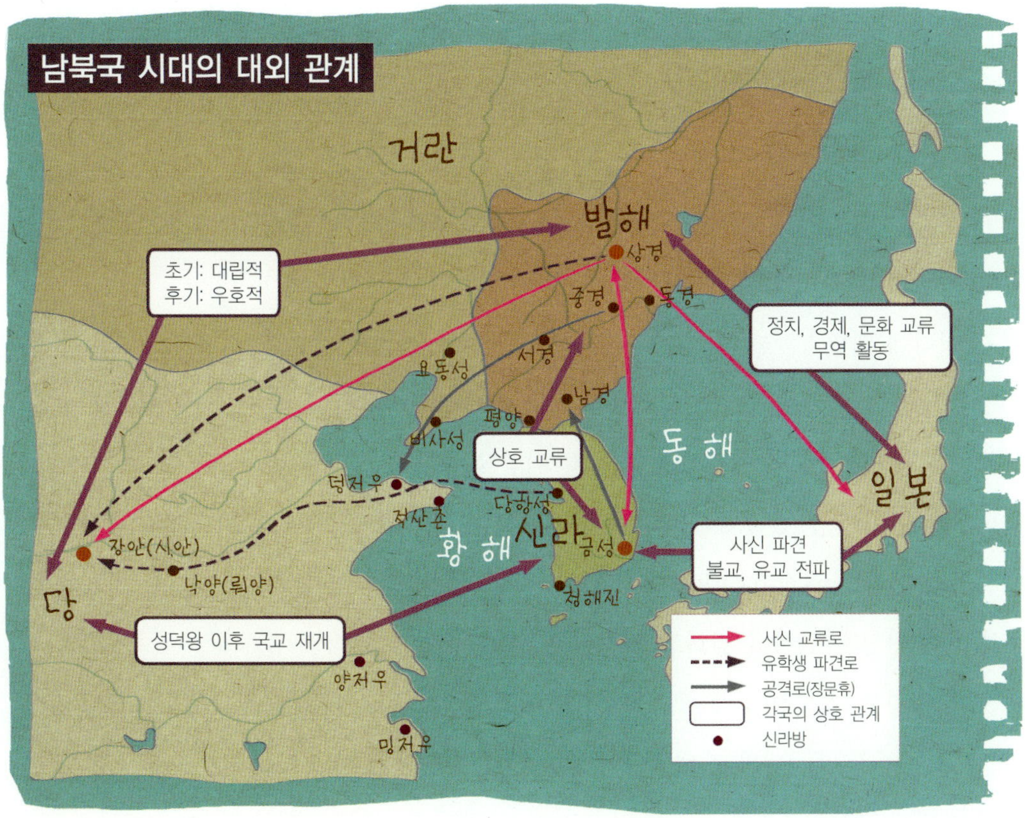

후기 신라의 발전

통일 신라라는 용어에는 신라를 삼국 통일의 주체로 인정한다는 역사 인식이 담겨 있습니다. 또 후기 신라라는 용어에는 고구려의 옛 땅을 회복하지 못했기 때문에 신라를 통일 국가로 보기 어렵다는 역사 인식이 담겨 있지요. 북한에서는 통일 신라 대신 후기 신라라는 용어를 사용하고 있어요. 발해를 우리 민족사의 한줄기로 받아들인다는 뜻이지요. 그럼에도 불구하고 아직까지 우리는 통일 신라라는 말을 널리 사용하고 있습니다.

신라는 진정으로 삼국을 통일한 것일까요? 또 신라는 영토의 통일을 이룬 것일까요? 아니면 민족의 통일을 이룬 것일까요? 통일이라는 개념은 최소한의 공통성에 근거해 어떠한 것을 하나로 통합했을 때 사용하는 말입니다. 이에 근거한다면 통일 신라라는 용어는 참 애매하지요. 따라서 우리 민족사의 흐름을 더 명확히 이해하기 위해서라도 후기 신라에 대한 민족사적 의미와 위치를 분명히 밝히는 것이 중요합니다.

한반도에서 당의 세력을 몰아내고 대동강 이남을 차지한 신라는 비약적인 발전을 이룰 수 있었지만 기회를 제대로 활용하지 못했어요.

먼저 후기 신라는 확장된 영토와 백성을 잘 다스리기 위해 통치 체제를 정비했습니다. 당시의 변화된 정세를 반영해 중앙 집권적인 관료 체제를 강화했지요. 이는 오랫동안 전쟁을 치르면서 왕권이 강화되고, 태종 무열왕(김춘추)의 직계 후손들이 왕위를 계승했으므로 크게 문제가 되지 않았어요.

무열왕과 문무왕의 뒤를 이어 왕위에 오른 신문왕은 즉위하자마자 시련을 겪었습니다. 신문왕이 왕위에 오른 681년에 김흠돌이 반란을 일으킨 거예요. 김흠돌은 신문왕의 장인이자 김유신의 사위였고, 군사력의 중추라고 할 수 있는 화랑도 세력과도 밀접한 관련을 맺고 있었지요.

이 사실은 만파식적(萬波息笛) 설화에서 어느 정도 유추할 수 있습니다. 이 설화에는 문무왕과 김유신이 해룡(海龍)과 천신(天神)으로 등장하는데, 협력의 모티프가 함축돼 있어요.

죽어서 해룡(海龍)이 된 문무왕과 천신(天神)이 된 김유신은 용을 시켜 동해에 있는 한 섬에 대나무를 보냈습니다. 이 대나무는 낮이면 갈라져 둘이 되고, 밤이면 합쳐져 하나가 됐어요. 왕은 이 기이한 소식을 듣고 현장을 방문했지요.

이때 용이 나타났고 왕은 대나무의 이치를 물었습니다. 용은 "비유하건대 한 손으로는 어느 소리도 낼 수 없지만 두 손이 마주 치면 능히 소리가 나는지라, 이 대도 역시 합한 후에야 소리가 나는 것이오. 또한 대왕은 이 성음(聲音)의 이치로 천하의 보배가 될 것이오……."라고 예언한 뒤 사라졌어요. 왕이 대나무를 베어서 피리를 만들어 불자 나라의 모든 걱정과 근심이 해결됐다고 합니다. 그래서 이 피리를 국보로 삼았는데, 효소왕 때 분실했다가 기적적으로 다시 찾게 된 후 이름을 만만파파식적이라 고쳤다고 해요. 대금의 기원을 만파식적으로 보는 사람도 있으나, 이미 이전에 삼죽이 있었음이 밝혀졌습니다.

문무왕은 지방관을 감찰하기 위해 외사정을 파견했고, 지방 세력을 견제하기 위해 상수리 제도를 실시했습니다. 상수리 제도는 고려 시대 기인 제도의 전신이에요. 귀족 세력을 숙청하고 김흠돌의 반란을 진압한 신문왕은 왕권을 더욱 강화하기 위해 반란과 관련된 사람을 대대적으로 숙청했지요.

상수리 제도
지방 세력을 통제하기 위해 이들을 일정 기간 서울에 거주하게 하던 제도다.

문무대왕 수중릉(사적 제158호)
삼국 통일을 이룬 문무왕은 유언으로 자신의 시신을 불교식으로 화장해
유골을 동해에 묻으면 용이 되어 왜구의 침입을 막겠다는 말을 남겼다. 이
해중왕릉은 문무왕의 유언에 따라 만들어졌으며 세계적으로 유례를
찾아보기 힘들다. 경주시청 사진 제공

해변에서 바라본 문무대왕 수중릉

감은사지 3층 석탑(국보 제112호, 682년)

경상북도 경주시 감은사지에 있는 화강석제 쌍탑이다. 옛 신라 때에는 1탑 중심이었지만 삼국 통일 직후 최초로 쌍탑 배치를 보이고 있다. 감은사는 삼국을 통일한 문무왕이 새 나라의 위엄을 세우고, 왜구를 막아 나라의 안정을 도모하고자 세운 절이다. 이러한 호국 사상은 장중하면서도 기백이 넘치는 탑으로 이어졌다.

반란을 알고도 신고하지 않았다는 불고지죄만으로도 정적을 가차 없이 죽였습니다. 그러고는 자신을 뒷받침해 줄 수 있는 세력을 키우기 위해 노력했지요.

이를 위해서는 이념적인 기반을 마련하는 일이 시급했어요. 그래서 신문왕은 682년에 유교 정치 이념과 관료군 형성을 위해 국가 교육 기관으로 국학을 설립합니다. 그리고 왕의 직속 기관인 집사부를 중심으로 국정을 운영해 시중의 권한을 강화하지요. 즉, 왕명을 받들고 행정을 집행하는 시중이 국정을 책임지게 한 거예요. 그 결과 귀족 세력의 이익을 대변하던 상대등의 권한은 약화될 수밖에 없었습니다. 이로써 진골 귀족 세력이 약화되고 왕권이 강화될 수 있는 바탕이 마련됐어요.

이런 성과에 힘입어 신문왕은 넓어진 영토와 백성을 체계적으로 다스리기 위해 지방 통치 조직과 군사 제도를 정비합니다. 685년부터 지방 통치 조직으로 옛 고구려의 일부 지역과 백제, 신라 등의 땅에 각각 3주를 설치하고, 중요한 행정·군사 지역에 5소경을 두는 9주

국학
682년(신문왕 2년)에 유교 진흥책의 하나로 설립된 신라의 교육 기관이다. 경덕왕 때에는 국학을 태학으로 고치고 박사와 조교를 두어 『논어』와 『효경』 등의 경전을 가르쳤다. 고구려는 수도에 태학을 세워 유교 경전과 역사서를 가르치고 지방에는 경당을 세워 청소년에게 한학과 무술을 가르쳤다. 발해에서는 주자감을 설립해 귀족 자제에게 유교 경전을 가르쳤다.

5소경 제도를 실시합니다. 주 아래에는 군이나 현을 두어 지방관을 파견했고, 그 아래의 촌은 토착 세력인 촌주가 지방관의 통제를 받으면서 다스렸어요. 또 향과 부곡이라는 특수 행정 구역도 있었습니다. 5소경은 수도인 금성(경주)이 지역적으로 치우쳐 있는 것을 보완하고 지방의 균형 있는 발전을 꾀하기 위한 제도였어요.

686년에는 군사 제도를 정비해 9서당과 10정을 둡니다. 9서당은 중앙군인데, 신라인뿐만 아니라 고구려인과 백제인, 말갈인도 포함되어 있었어요. 10정은 지방군으로서 9주에 각각 1정을 두고 특별히 북쪽 국경 지대인 한주(한산주) 1주에 2정을 두었습니다.

이렇게 관료를 배출하고 지방 통치 조직과 군사 제도를 정비한 뒤, 신문왕은 귀족의 경제력을 약화시키면서 국가의 수입을 늘리고자 토지 제도에 손을 대기 시작했어요.

당시 신라의 귀족은 온갖 경제적 특권을 누리고 있었습니다. 대표적인 것이 식읍과 녹읍이었지요. 식읍은 국가에 큰 공을 세운 사람에게 조세를 받아 쓰게 하는 것이고, 녹읍은 벼슬아치에게 주는 금품인 녹봉을 대신해 토지를 준 것입니다. 여기에는 수조권은 물론이고 백성의 노동력까지 자유롭게 이용할 수 있는 권리가 포함되어 있었어요. 이 때문에 귀족은 사병을 키울 수 있었고 녹읍은 귀족의 군사적 거점 역할도 수행했습니다.

그래서 687년 신문왕은 녹

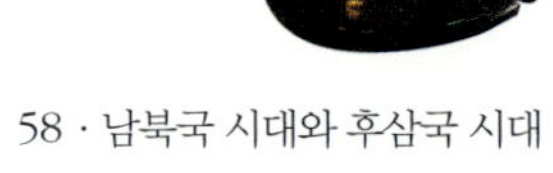

유리제 병 및 배
(국보 제193호, 신라 5세기, 국립 중앙박물관)
경주시 미추왕릉 지구의 황남 대총에서 발견된 유리병 한 점과 유리잔 세 점이다. 출토된 지점이 가까워 세트로 짐작되고, 병과 잔은 그릇의 형태나 색깔로 미루어 서역에서 수입된 것으로 보인다.

읍 대신에 관료전을 지급하는 방식으로 제도를 개혁했어요. 관료전은 관직에 복무하는 대가로 관리에게 토지를 주는 것입니다. 신문왕이 관료전에는 수조권만 부여해 귀족들이 더 이상 사병을 키울 수 없었어요. 결국 689년에 신문왕은 녹읍 자체를 완전히 폐지해 버렸습니다.

진골 세력의 반발로 경덕왕 때부터 전제 왕권이 흔들리기 시작했어요. 757년에 관료전이 폐지되고 녹읍이 부활됐으며 사원의 면세전이 늘어나면서 국가 재정이 궁핍해졌습니다. 특권적 지위를 누리려고 한 중앙 귀족의 지나친 향락과 사치로 인해 농민의 부담은 갈수록 늘어났습니다.

후기 신라의 경제적 변화

신라는 삼국을 통일하면서 예전보다 더 넓은 토지를 확보하고 더 많은 백성을 거느리게 되었어요. 백성을 다스리기 위해서는 새로운 경제적 조치가 필요했습니다. 조세는 생산량의 10분의 1 정도를 수취했고 공물은 촌락 단위로 그 지역의 특산물을 거두어들였어요. 역은 군역과 요역으로 이루어졌는데, 16세에서 60세까지의 남자를 대상으로 했습니다.

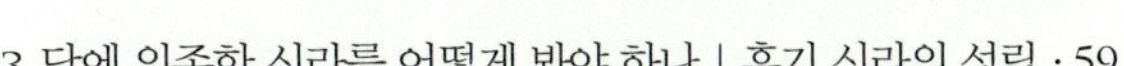

괘릉의 서역인상
괘릉은 경주시 외동읍 괘릉리에 있는 후기 신라 시대의 고분이다. 이 괘릉(사적 제26호)에는 좌우 입구에 석조상이 한 쌍씩 배치되어 있다. 이 석조상 가운데 무인상은 서역인의 모습을 하고 있어 당시 동서 문화 교류의 흔적을 보여 준다. 경주문화재연구소 사진 제공

신라는 촌락의 토지 규모, 인구, 소와 말의 수, 토산물 등을 파악하는 촌락 문서를 만들어 조세와 공물을 거두었고 군역과 요역을 부과했어요. 변동 사항은 매년 조사해 3년마다 문서를 다시 작성했지요.

삼국 통일 후 농업 생산력이 증대하면서 경주의 인구도 증가했어요. 또한 상품 생산이 늘어나면서 이전에 설치된 동시만으로는 유통이 어려워 서시와 남시를 설치했습니다.

당과의 관계도 긴밀해지면서 공무역은 물론 사무역까지 발달했어요. 국제 무역이 발달하면서 이슬람 상인이 울산에까지 와서 무역을 했지요. 귀족은 당이나 아라비아에서 수입한 비단, 양탄자, 유리 그릇, 귀금속 등 사치품을 사용했는데, 당의 유행에 따라 옷을 바꿔 입기도 했다고 합니다.

해상 왕이라는 별칭으로 알려진 장보고는 완도 앞바다에 있는 작은 섬 장도에 해군 기지이자 무역 기지를 설치했어요. 장보고는 골품제

로 인해 뜻을 펼치기 어려워 당의 서주(徐州)로 건너갔습니다. 그는 그 곳에서 무술 실력을 인정받아 무령군 소장의 직책을 받게 되었어요. 그러나 자신의 관할 지역에 신라인들이 노예로 끌려오는 것을 보고 분개해 다시 신라로 돌아갔지요.

신라로 돌아간 장보고는 흥덕왕(재위 826~836년)에게서 1만 병사를 얻어 청해진을 설치하고 대사가 됐어요. 그 뒤 신라의 서남해에 출몰 하던 당의 해적과 왜구를 소탕하고 해상권을 장악한 뒤 당, 일본, 남 방, 서역의 여러 나라와 무역을 해서 많은 이익을 취했습니다.

장보고는 836년 흥덕왕이 죽은 뒤 왕위 계승 전쟁에서 패퇴해 청해 진으로 쫓겨 온 김우징(신무왕)을 도와 정변을 일으켰습니다. 839년에 는 민애왕을 죽이고 김우징을 왕으로 추대했어요. 신무왕이 죽고 문 성왕이 즉위한 뒤에는 일본에 무역 사절을 파견하고 당에도 견당매물 사를 보내는 등 삼각 무역을 실시했지요.

845년(문성왕 7년)에는 딸을 왕의 차비(次妃)로 보내려 했으나 군신들의 반대로 좌절됐습니다. 얼마 후 장보고는 조정의 밀명을 받고 거짓 투항해 온 옛 부하 염장을 위해 주연 석상을 마련하고 크게 환대했어요. 이때 염장은 장보고의 장검으로 그의 목을 베었습니다. 장보고가 죽은 이후 안타깝게도 청해진마저 폐지되어 버렸지요.

신라는 통일 이후 정치적 안정을 기반으로 농업 생산력이 늘어났습니다. 하지만 시비법이 발달하지 못해 몇 년을 묵혀 두었다가 경작해야 하는 한계가 있었어요. 게다가 농민의 토지는 척박한 곳이 대부분이어서 비옥한 왕실, 귀족, 사원의 토지보다 생산량이 적었습니다. 그마저도 세금을 내고 나면 얼마 남는 것이 없었어요.

전세는 생산량의 10분의 1 정도였고, 삼베나 명주실, 과실류 등의 물품을 공물로 냈습니다. 부역이나 군역 때문에 농사를 지을 사람이 없었고, 향이나 부곡에 사는 사람은 일반 농민보다 더 많은 공물을 부담해야 했으므로 어려운 생활을 할 수밖에 없었어요.

그래서 당시 농민들은 불교에 많이 의지했는데 『삼국유사』에는 다음과 같은 기록이 있습니다.

신라 사람인 진정 법사는 출가하기 전 군역에 나가 있었다. 집이 가난해 장가도 가지 못하고 군역에 동원됐는데, 남는 시간에 날품팔이를 해서 홀어머니를 봉양했다. 집에 남아 있는 재산이라고는 한쪽 다리가 부러진 솥뿐이었다. 하루는 어떤 스님이 문 앞에 와서 절을 짓는 데 필요한 철을 구한다고 말하자 그의 어머니는 솥을 주저 없이 시주했다.

당에 의존한 후기 신라의 한계

후기 신라 당시에는 신분제가 잘못된 것이라는 인식을 하지 못했기 때문에 신분제를 폐지하기가 쉽지 않았어요. 신분제 폐지는 1,000년의 세월이 흐른 뒤 갑오개혁(1894년)에 이르러서야 겨우 이루어집니다. 문제는 신라라는 기반 위에서 골품제가 형성됐다는 점이에요. 고구려의 영토 일부와 백제 땅을 차지하고 유민을 흡수한 상태에서 신분 질서를 계속 유지한다면 고구려, 백제 유민의 힘을 어떻게 모을 수 있겠어요? 고구려와 백제 유민은 자신들의 뿌리를 동명왕을 거쳐 단군에서 찾고 있었습니다. 그들은 천손의 후예라는 자부심을 가지고 자신들의 국가를 황제의 나라라고 당당히 선언했지요.

그러므로 이들과 공통점이 있는 나라가 통일을 했어야 옳아요. 물론 신라는 단군 조선의 유민이 세운 나라이고, 천손의 정통성을 계승한 나라라는 사실을 명확히 하며 자주 국가로서의 태도를 보였어요. 그래야 왕의 권위도 서고 고구려와 백제의 유민을 하나로 모을 수 있었을 테니까요.

하지만 후기 신라는 신라에서 만든 신분 제도인 골품제에 매달렸을 뿐, 자주국임을 선포하지는 못했습니다. 고구려의 옛 땅을 수복하려는 의지가 없었고, 시종일관 친당 정책을 펴며 사대주의적인 태도를 취했지요. 개혁을 할 때도 당의 제도를 우선적으로 받아들였습니다. 신문왕은 686년 중앙 관제를 개혁할 때 당의 6전 제도와 비슷한 5부를 만들었고, 경덕왕은 757년 중앙 관료의 칭호와 지방 군현의 이름마저 한자로 바꿔 버렸습니다.

자신들의 존재 기반을 당에 의존했다고 해도 과언이 아니지요. 이에 대해 발해가 건국된 상황에서 옛 고구려 땅을 차지할 수도 없고, 신라

임해전지(사적 제18호)
경상북도 경주시 안압지 서쪽에 있는 신라 왕궁의 별궁터다. 왕자가 거처하는 동궁으로 사용됐는데, 경사
가 있거나 손님을 맞을 때는 연회장으로도 썼다. 경주시청 사진 제공

안압지

의 뿌리는 사로국이니 그럴 수밖에 없었다고 반문할 수도 있어요. 그렇지만 발해가 건국됐다고 해서 그 땅을 되찾으려는 의지까지 갖지 못할 이유는 없습니다.

단군이 나라를 세우면서 우리 민족의 뿌리가 형성됐지만 그것이 처음부터 공고했다고는 주장할 수 없습니다. 민족적 뿌리가 얼마나 공고하느냐는 민족의 지속적인 노력 여하에 달려 있으니까요.

그렇다면 신라와 고구려, 백제는 동족이었을까요? 대부분의 사료에서는 이들을 언어와 풍습이 서로 크게 다르지 않은 동족이라고 보고 있습니다. 실제로 당을 한반도에서 몰아내는 과정에서 고구려와 백제의 유민은 신라와 힘을 합쳐 싸웠지요.

신라는 고구려와 백제의 유민을 포괄하는 새로운 질서를 수립해야 했어요. 그런데 자주 국가임을 당당히 선포하지도 못하고 골품제에 매달리다 보니 지난날의 처지에서 결코 벗어나지 못했던 것입니다. 그러다 보니 앞으로 나가지 못하고 좀 더 커진 영토에서 단지 부귀영화만 누리게 된 것이지요. 귀족의 사치는 극에 이르고 끊임없는 분열의 골에 빠졌어요. 결국 후기 신라 말에는 다시 후삼국으로 갈라지게 됩니다.

3-3 후기 신라의 성립

1 신라의 왕권 강화와 제도 정비

· **신문왕**(재위 681~692년)**의 왕권 강화** 장인이었던 김흠돌의 반란을 진압(681년) → 왕의 직속 기관인 집사부의 권한을 강화 → 국학을 설립하고 지방 행정 조직 정비(9주 5소경, 9서당 10정)

· **토지 제도** 신문왕은 문무 관료들에게 관료전(복무 대가로 받은 토지, 수조권만 인정)을 지급하고 이전에 귀족에게 주었던 녹읍(녹봉의 일종으로 수조권은 물론 노동력까지 동원 가능해 사병 소유의 원인이 됨)을 폐지해 귀족 세력들을 약화시킴 → 농민에게도 군역을 지는 대가로 정전을 주어 경작하게 하고 조세를 받음 → 경덕왕 때인 757년 관료전이 폐지되고 녹읍제가 다시 부활함

· **교육 및 인사 제도** 국학(신문왕, 682년, 국가 교육 기관), 독서삼품과(원성왕, 788년, 국학을 거친 인재를 관직에 등용할 때 독서의 성적에 따라 3등급으로 나누어 관리를 채용하는 제도)

· **통치 체제** 진덕 여왕 때(651년) 집사부 아래 위화부를 비롯한 13부를 두고 업무 분담 → 집사부 장관인 시중(경덕왕 때인 747년 중시에서 시중으로 바뀜)이 국정 총괄 → 말기에 왕권이 약화되자 화백 회의 의장이었던 상대등이 실권 장악 → 군사 · 행정 요지에 5소경 설치, 전국을 9주로 나누고 주 아래에 군과 현을 두어 지방관을 파견 → 군사 조직으로 9서당(중앙군), 10정(지방군)을 둠 → 상수리 제도(문무왕 때 지방 세력을 견제하기 위해 이들을 일정 기간 서울에 거주하게 하던 제도, 고려 시대 기인 제도의 전신) 실시

2 후기 신라의 대외 교류

· **당과의 교역** 8세기 초 관계 회복 이후 교류가 활발해짐. 신라는 당에서 비단, 옷, 책, 공예품 등을 수입했는데, 대개가 귀족들의 사치품이었음. 아라비아 상인들도 울산항을 통해 보석, 모직물, 향료 등을 들여와 귀족들의 사치를 조장. 주된 수출품은 금은 세공품과 인삼이었음

· **당과의 학문 교류** 많은 유학생이 당의 빈공과에 합격함. 최치원은 당에서도 이름을 떨쳤고 『계원필경』이라는 문집을 남김. 산둥 반도와 양쯔 강 하류 지역에 신라방(집단 거주지), 신라소(관청), 신라원(사찰) 등장

· **일본과의 교역** 금속 제품(특히 신라의 칼이 인기가 있었음)과 직물류 수출. 중국과 일본을 잇는 중계 무역 활발

· **장보고의 청해진** 9세기 초 흥덕왕 때 설치함. 남해와 황해의 해상권 장악

후기 신라가 당과 활발하게 교류한 것에 대해 어떻게 생각하나요?

후기 신라 시기에는 공식 사절은 물론이고 유학생, 승려, 상인 등의 왕래와 해상 무역 등 당과의 교류가 무척 활발했습니다. 지금도 세계화 시대라고 하면서 해외 진출을 적극 추진하는데, 그 진면목을 보는 것 같기도 해요. 하지만 교류가 활발해지면서 당색이 지나치게 짙어지고 사대주의적 시각이 강화된 것은 긍정적으로 평가하기 어렵습니다.

다른 나라와 교류를 하는 것 자체는 문제가 되지 않습니다. 교류를 통해 자국의 부족한 부분을 발전시키는 것은 바람직한 일이니까요. 하지만 교류가 진행되면서 민족의 존엄성이 심각하게 훼손된다거나 민족적 이익에 배치되는 결과를 초래한다면 옳은 일이라고 하기 어렵습니다.

후기 신라가 당과 벌인 교류 활동은 대부분 사대주의를 조장하고 우리 민족의 기상을 잃어버리게 했어요. 문물 교류가 활성화된 것이 왜 나쁘냐고 반문할 수도 있습니다. 하지만 누구를 위해 무엇을 들여오느냐에 따라 평가가 달라질 수 있어요.

후기 신라 시기에 당에서 들여온 수입품은 주로 고급 비단과 옷, 책, 공예품 등이었습니다.

이것들은 귀족의 사치 풍조를 조장하고 당풍이 유행하도록 만들었어요. 이를 본 흥덕왕(재위 826~836년)은 "토산품의 야비한 것은 싫어하고 진귀한 외래품만을 숭상한다."라고 하면서 사치 풍조를 금지하는 명령까지 내려야 했습니다.

당과의 교류가 활성화되면서 무조건 당을 따라가는 풍조가 생겼어요. 경덕왕 시기인 757년에는 사벌주를 상주로, 완산주를 전주로 바꾸었는데 중앙 관료의 칭호와 지방 군현의 이름까지도 중국식으로 고쳐 버렸습니다. 도대체 누구를 위해서 이렇게 한 것일까요?

당과의 활발한 교류가 폐해만 가져온 것은 아니에요. 당에서 유학하고 돌아온 최치원은 후기 신라를 개혁하기 위해 진성 여왕에게 시무책 10여 조를 상소했고, 당의 군인으로 활동했던 장보고는 청해진 설치를 건의해 동아시아 해상 무역을 주름

잡았습니다. 이들의 공통점은 민족의 이익을 먼저 생각하며 행동했다는 거예요. 당의 것을 무조건 따라하거나 의존한 것이 아니라 우리 민족의 이익에 맞게 해결하려고 노력한 것입니다.

이를 통해 어떤 관점에서 다른 나라와 교류를 진행하느냐가 중요하다는 것을 알 수 있어요. 후기 신라는 당과 교류하면서 자주 국가로서의 태도를 견지하지 못해 우리 민족의 기상을 꺾고, 사대주의를 조장하는 결과를 가져왔다고 평가할 수 있습니다.

4 불교가 예술로 꽃피다 |
삼국과 남북국의 종교와 미술

불교를 수용해서 사상을 통합한 삼국 시대에는 다양한 불교문화가 발전했습니다. 고구려는 소수림왕(372년), 백제는 침류왕(384년), 가야는 질지왕(452년), 신라는 눌지왕(458년) 때 불교가 전래됐어요. 신라는 법흥왕 14년(527년)에 이르러서야 이차돈의 순교를 통해 불교가 공인됩니다. 원효가 활동할 당시의 신라 불교는 호국 불교적 특성과 귀족 불교적 특성을 동시에 지니고 있었어요. 이는 주로 원광, 자장 등 유학파에 의해 주도되었고 원효, 대안 등 국내파는 주로 서민 불교를 지향했지요. 원효는 혜숙, 혜공, 대안 화상 등의 전통을 이어받아 불교를 대중화하기 위해 노력했습니다. 지위에 상관없이 나무아미타불이라는 염불을 진심으로 외우면 모두 정토(淨土)에 왕생할 수 있다고 설파했지요.

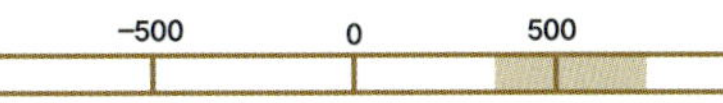

- **372년** 중국 전진의 순도가 고구려에 불교를 전파하다.
- **384년** 인도 승려 마라난타가 백제에 들어와 불교를 포교하다.
- **527년** 이차돈의 순교를 통해 신라에 불교가 공인되다.
- **528년** 법흥왕의 어머니인 영제 부인과 기윤 부인에 의해 불국사가 창건되다.
- **617년** 신라의 승려 원효가 태어나다.
- **751년** 김대성이 석굴암을 건립하고 불국사가 크게 확장되다.

신분의 벽에 부딪친 원효

염불만 외워도 극락왕생을 할 수 있다는 말을 쉽게 믿을 수 있을까요? 황당하기도 하고 현혹하는 말처럼 들리기도 합니다. 하지만 이 말이 신라의 신분제 질서와 귀족 불교에 대한 비판이라면 의미는 달라질 것입니다. 골품제가 확립된 지 얼마 되지 않았는데 신분 차별에 대한 비판 의식을 드러냈으므로 큰 의미를 지니는 것이지요.

원효는 617년(진평왕 39년)에 압량군 불지촌에서 태어났어요. 성은 설이고, 본명은 서당 또는 신당이라고 전해집니다. 원효는 태어나자마자 어머니를 여의고 어린 나이에 경주 황룡사에 들어가 수도 생활을 시작했어요. 이후 출가의 길을 걷게 되는데, 그 이유는 분명하지 않습니다. 밤골에서 태어난 그는 율곡(栗谷)을 아호로 삼고, 밝은 새벽을 뜻하는 원효(元曉)를 법명으로 삼았지요.

당시 신라는 복잡한 상황에 처해 있었어요. 내부적으로는 골품제가 확립돼 신분 차별로 인한 여러 가지 문제가 나타났고, 외부적으로는 당과 손을 잡고 고구려와 백제를 공격했지요.

원효는 6두품 출신이었을 가능성이 매우 높습니다. 그의 부친 담날은 신라 17관등 중 제11위의 하급인 내마였고, 조부는 잉피공 또는 적대공이라고 불렸기 때문이에요.

원효가 6두품 출신이라는 사실은 중요한 의미를 지니고 있습니다. 왜냐하면 6두품 출신들이 당시 골품제의 폐해에 대해 가장 큰 불만을 가지고 있었기 때문이에요. 왜 노비나 하층민도 아닌 이들의 불만이 가장 컸을까요? 또 골품제가 확립된 것은 법흥왕 때의 일이므로 100년 정도의 세월이 흘렀을 뿐인데 왜 문제가 되었을까요? 율령을 반포하고 골품제를 확립했다는 것 자체가 문제입니다. 달이 꽉 차는 순간

원효 대사(일본 교토 고산사)
14~15세기에 일본 화가가
그린 원효 대사의 진영이다.

부터 기우는 이치와 같지요. 그리고 처지가 고통스럽다고 해서 항상 심한 반발이 나오는 것은 아닙니다.

불만을 토로하기 위해서는 제도나 행위에 대한 인식이 뒤따라야 합니다. 그러지 않고서는 아무리 불합리하고 잘못됐더라도 반발하지 못하고 자신의 운명인 양 받아들이는 경우가 많아요. 반면에 나쁘지 않은 처지라 해도 상황이나 제도에 대해 인식하고 있다면 잘못된 상황에 대해 어떤 방식으로든 항의하겠지요.

이런 점에서 본다면 6두품 세력이 제일 먼저 골품제의 폐해를 깨달은 것은 당연한 일입니다. 당시 6두품 세력은 성골이나 진골을 빼면 가장 힘 있는 세력이었어요. 하지만 그들은 성골이나 진골보다 더 높은 관직에 오를 수는 없었습니다. 그래서 최치원을 비롯한 대다수의 6두품 출신들은 당에 가서 관직을 얻으려고 했어요. 아무리 능력이 뛰어나더라도 더 이상 높은 관직에 오를 수 없는 신라보다는 자신의 능력을 발휘할 수 있는 당이 더 좋았겠지요.

당시 신라는 고구려나 백제보다 늦게 불교를 받아들였음에도 불구하고 불교가 매우 활성화되어 있었습니다. 이는 단군족 간의 극한 대결로 전쟁이 벌어지고, 골품제의 확립으로 내부 분열이 일어나고 있는 상황과 관련이 있었어요. 신라 조정에서는 불교를 적극적으로 장려해 나라의 위기를 극복하려고 했지요.

그런데 문제는 바로 여기에서 발생합니다. 국가가 적극적으로 장려하다 보니 불교가 지배층을 위한 종교가 되어 버린 거예요. 원광 법사가 세속 오계를 정한 것이나 자장이 당에서 귀국해 황룡사 9층 목탑을 건립한 것 등이 좋은 예입니다.

불교가 호국 불교의 색채를 띠었다는 것이 나쁜 건 아닙니다. 하지만 신라 왕족을 중심으로 불교 사상을 전개했다는 측면에서 보면 평가는 달라집니다. 신라 지배층을 위한 불교가 될 수밖에 없을 테니까요. 왕실을 부처와 동일시하는 상황에서 불교가 제 역할을 다할 수 있었을까요?

불교는 고달픈 현실 세계에서 벗어나 극락세계에 가고 싶은 인간의 간절한 소망을 담은 종교입니다. 그런데 지배층이 현실 세계의 문제점을 개선하지 않고 묵묵히 견뎌 내야 한다는 식으로 종교를 이용한다면 어떨까요? 사회 발전의 측면에서 보았을 때는 부정적인 평가가 내려질 수밖에 없습니다. 하지만 불교의 교리를 통해 백성을 구제할 수 있는 방향을 제시했다면 전혀 다른 평가가 나오겠지요.

원효는 중생을 구제한다는 시각에서 불교를 받아들이고, 이를 위해 파격적인 포교 방식을 개척했어요. 귀족 불교를 백성의 불교로 만들기 위해 힘쓴 것이지요.

"모든 것은 한마음에서 나온다"

『송고승전(宋高僧傳)』「원효전」에는 "총각 나이에 불문(佛門)에 들어와 스승을 떠나 학문을 닦았으며 노니는 곳이 일정하지 않았다. 교학자들의 진영을 쳐부수니 그 앞에서 대항할 자가 없었다."라는 내용이 나옵니다. 이를 통해 원효는 20세가 되기 전 이미 교학자들을 압도할 정도의 학문적 깊이를 이루고 있었음을 알 수 있지요.

이런 경지에 오른 원효였지만 당시 당으로 유학을 가는 열풍 때문인지 두 번에 걸쳐 유학을 떠나려고 합니다. 처음엔 진덕 여왕이 즉위한 지 4년째 되던 650년, 즉 34세 때 의상과 함께 육로를 이용해 당에 가려고 시도합니다. 하지만 고구려의 국경 수비대에게 잡혀 수십 일간 조사를 받다가 가까스로 풀려나 신라로 돌아오게 되지요.

독학으로 불도를 닦던 원효는 45세 때 다시 의상과 함께 당으로 유학을 떠나려고 합니다. 이번에는 멸망한 백제 땅을 가로질러 서해안에서 배를 타고 건너가려 했지요. 그런데 폭풍우를 만나 어쩔 수 없이 흙구덩이가 있는 곳에서 노숙을 하게 됐습니다. 그곳에서 잠을 청하던 중 원효는 목이 말라 잠에서 깼어요. 주변은 칠흑같이 어두웠고 손에 잡히는 바가지가 있어 거기에 고인 물을 단숨에 들이켰지요. 이튿날 새벽에 눈을 떠 보니 노숙했던 곳은 무덤이었고, 바가지는 사람 해골이었어요.

이때 원효는 "마음 밖에 법이 없거늘 어찌 따로 구할 것이 있으랴. 나는 당에 가지 않으리라."라고 노래하며 춤을 추었다고 합니다. 당에 있는 진리라면 신라에는 왜 없겠느냐는 깨달음이었던 것입니다. 불교의 참뜻은 '어디서'가 아니라 '어떻게'가 더 중요하다는 걸 발견한 것이지요.

원효가 당에 유학을 가지 않은 것은 뜻하는 바가 많습니다. 당시 불교의 큰 축은 당 유학파로 이루어져 있었고 이들 대부분은 지배층을 위한 귀족 불교를 설파하고 있었기 때문이에요. 대표적인 인물로는 원광, 안함, 자장 등이 있었습니다. 반면에 혜숙, 혜공, 대안 등은 서민 불교를 지향했지요.

혜숙은 귀족 불교에서 벗어나 서민들의 삶 속으로 깊이 파고들었어요. 혜공은 나무꾼과 소치는 아이, 농부가 즐겨 쓰는 삼태기를 등에 지고 다니며 노래를 부르거나 춤을 추었다고 해요. 대안 화상은 특이한 차림으로 장터거리에서 떠돌며 동발(銅鉢)을 두드리면서 "대안(大安)!"을 외쳤다고 합니다. 이들은 호화롭게 생활하던 귀족 승려들을 비판하면서 서민의 아픔과 괴로움을 함께 나누고자 기이한 행동을 한 거예요.

원효는 유학의 길을 포기하고 서민 불교를 지향했어요. 국사나 법사와 같은 세속적인 자리에 관심이 없었고, 진정한 깨달음을 구하고 중생을 구제하는 것을 목표로 삼았지요.

이것은 원효가 파계를 한 것에서도 잘 드러납니다. 잘 알려졌다시피 원효는 이두 문자를 만든 설총의 아버지예요. 이에 대해 『삼국유사』에는 다음과 같이 기록돼 있습니다.

"원효는 어느 날 춘의(春意)가 동해 거리에서 외치며 노래하기를

'누가 자루 없는 도끼를 빌려 주겠는가? 내가 하늘을 떠받칠 기둥을 박으리라' 라고 했다."

누구도 이 노래의 뜻을 알지 못했습니다. 하지만 태종 무열왕은 그 뜻을 이해하고 "이 법사가 귀부인을 얻어 어진 아들을 낳고자 하는구나. 나라에 큰 현인이 있으면 이보다 더 좋은 일이 없을 것이다."라고 말하면서 요석궁에 있는 과부 공주와 원효를 짝지어 주었어요. 두 사람 사이에서 태어난 아기가 바로 설총입니다.

그런데 요석궁의 과부 공주가 태종 무열왕의 딸인지 아닌지는 확실하지 않고, 또 이 일이 태종 무열왕 때의 일인지 아닌지도 확실하지 않아요. 확실한 것은 원효가 일반 계율을 지키지 못하고 파계했다는 사실이지요.

그렇다면 왜 이 사건이 설화로 전해 내려오는 걸까요? 여기에는 형식적인 계율보다 중생 구제가 더 중요하다는 의미가 담겨 있습니다. 원효는 공주와 살면서 애욕을 채우고 호의호식할 수 있었지만 절대로 유혹에 흔들리지 않았어요. 어떤 계율에 얽매이거나 귀족 승려로 사는 것은 부처님의 뜻에 따라 중생을 구제하는 데 도움이 되지 않고, 참다운 구도의 길이 아니라고 생각한 것이지요.

그렇다면 원효는 어떤 삶을 참다운 구도의 삶이라고 보았을까요? 원효는 파계한 이후부터 속인의 옷으로 바꿔 입고 스스로를 소성거사(小姓居士) 또는 복성거사(卜姓居士)라고 지칭했어요. 복(卜)이라는 한자는 아래 하(下) 밑에 있는 글자라는 점에서 알 수 있듯이 자신을 한껏 낮추며 살겠다는 의미입니다.

이렇듯 원효는 백성들 속에서 참된 수행의 길을 걸으며 불법을 펴고자 했어요. 그래서 탈바가지 같은 불구(佛具)를 만들어 많은 촌락을 떠돌아다녔습니다. 그 결과 가난뱅이나 코흘리개 아이들까지도 모두 부처의 이름을 알고 '나무아미타불'을 따라 부르게 됐지요. 원효는 지위에 상관없이 나무아미타불이라는 염불을 외우면 모두 극락정토에 갈 수 있다고 설파했습니다.

아미타불 신앙을 전도하며 불교 대중화의 길을 연 것이지요. 반면에 의상은 아미타불 신앙과 함께 현세에서 고난을 구제받고자 하는 관음 신앙을 이끌었습니다.

원효는 모든 것이 한마음에서 나온다는 일심 사상을 바탕으로 다른 종파와의 사상적 대립을 조화시키고 분파 의식을 극복하려고 노력했어요. 의상은 모든 존재가 상호 의존적인 관계에서 서로 조화를 이루고 있다는 화엄 사상을 바탕으로 교단을 형성해 많은 제자를 양성했지요. 의상은 부석사를 비롯한 여러 사원을 건립해 불교문화의 폭을 넓히는 데 크게 기여했습니다.

불교는 일반적으로 널리 알려졌고 많은 승려가 중국에 가서 새로운 불교를 전수해 왔어요. 혜초는 인도와 중앙아시아 여러 나라의 풍물을 생생하게 기록한 『왕오천축국전』을 남겼습니다. 이 책에는 각국의 종교와 문화에 대한 기록이 담겨 있어요.

불교의 대중화를 역사적인 관점에서 본다면 중생을 구제한다는 중요한 의미를 담고 있습니다. 백성의 생활을 돌보고 더 나은 길로 이끌기 때문이에요. 부처의 참뜻을 행하면 극락세계에 갈 수 있다는 주장 또한 중요한 의미가 있습니다. 신분이나 세속적 지위가 별로 중요하지 않다는 뜻이기 때문이지요.

그래서 원효는 가야금을 뜯고, 술을 마시고, 때로는 저잣거리에서 자기도 했습니다. 그러다가 사람들이 모이면 설법을 펼치고 화엄경의 신라 성덕왕(또는 경덕왕) 때 승려 혜초가 인도 5국(五國) 부근의 여러 나라를 순례하고 돌아와 그 행적을 적은 여행기다. 사진은 중국 간쑤성 둔황 막고굴에서 발견된 왕오천축국전의 일부다.

내용을 노래로 만들어 가르쳤지요. 세속적인 지위에 안주하며 방탕하게 사는 귀족들을 몸소 비판한 것입니다.

또한 원효는 방대한 분량의 저술을 남긴 고승이었습니다. 어느 누구도 강론하지 못했다고 하는 『금강삼매경』을 왕과 대신을 비롯한 수천 승속(僧俗)이 모인 자리에서 강론했으니 말이에요.

원효는 화쟁(和諍)의 논리와 일심(一心)의 사상을 펼쳤어요. 화쟁은 다툼을 화해시킨다는 뜻이고, 일심은 중생의 한마음이자 참된 깨달음을 뜻합니다. 원효는 참된 깨달음이 무엇인지 밝히기 위해 자연스럽게 화쟁의 논리를 사용했던 거예요. 원효는 단순히 이론에 만 빠져 있지도 않았고, 그렇다고 무모한 행동주의자도 아니었습니다. 이론과 실천을 통일하려고 했지요. 즉, 그는 중생을 구제하는 논리의 사상적 근거를 중생 모두가 불성을 지니고 있다는 일심에 기초해 마련하고자 했습니다.

이를 위해 다른 논리를 무조건 배격하는 것이 아니라 중생의 구제에 도움이 되는 측면은 받아들이고, 그렇지 않은 측면은 비판하는 화쟁의 방식을 통해 자신의 불교 사상 체계를 세운 거예요. 원효는 분황

분황사 석탑(634년, 국보 제30호)

경상북도 경주시 분황사에 있는 석탑이다. 현재 남아 있는 신라 석탑 가운데 가장 오래됐으며, 분황사 모전 석탑이라고 부르기도 한다. 모전 석탑은 벽돌 모양의 돌로 지은 탑이라는 뜻이다. 1층 몸체에는 사면마다 문을 만들고 그 양쪽에 불교의 법을 수호하는 인왕상을 조각했다. 이 절에서 원효 대사가 글을 쓰고 솔거는 그림을 그렸다고 전해진다.

사에 머물면서 『화엄경소』를 찬술했는데, 제4 '십회향품(十廻向品)'에 이르러 끝내 붓을 놓고 맙니다. 원효는 분황사의 서재 안에서는 화엄의 세계에 다다를 수 없다고 느껴서 자리를 박차고 뛰쳐나갔던 것입니다. 교리의 문자적 의미보다는 실천적 삶에 더 큰 의미를 부여한 것이지요.

결론적으로 원효는 중생 구제라는 관점에서 불교의 교리를 받아들이고, 이를 실천하기 위해 온몸으로 나섰습니다. 그 결과 코흘리개 아이들도 '나무아미타불'을 알게 되었고, 신라의 귀족 불교가 서민을 위한 불교로 뿌리내리게 되었어요. 그리고 왕이나 귀족, 서민이 똑같이 불성을 가진 존재라는 것을 주장함으로써 신분 차별이 없이 평등하게 살려는 백성의 요구에 화답했다고 평가할 수 있습니다.

삼국의 불교 발달

삼국은 중앙 집권 체제의 확립과 지방 세력의 통합에 힘쓰던 4세기경에 불교를 수용했습니다. 국가의 정신적 기틀을 마련하고 왕권 강화를 위해 새로운 사상이 필요했기 때문이지요. 문제는 불교가 국가적으로 이용되다 보니 지배층을 위한 종교가 되어 버렸다는 점입니다. 특히 신라에서는 불교가 왕권과 밀착되어 성행했어요. 법흥왕, 진흥왕 등 신라의 여러 왕이 불교식 이름을 가졌을 정도입니다.

신라에서는 행위에 따라 업보를 받는다는 업설과 미륵불이 나타나 이상적인 불국토를 건설한다는 미륵불 신앙이 널리 퍼져 있었습니다. 우리나라의 초기 불교에서 전래된 미륵 신앙은 신라와 백제의 국가 통치 이념으로 사용됐지요.

백제의 무왕은 익산 미륵사를 세워 왕권을 강화했고 신라 진흥왕은 왕자의 이름을 금륜과 동륜으로 지어 전륜성왕의 이상적인 치세를 흠모하는 정치를 펼쳤습니다. 신라의 화랑 또한 미륵의 화현(化現)인 국선(國仙)을 따르는 청년 집단으로 결성돼 고대 이상 세계를 건설하는 주체가 됐지요.

삼국에는 귀족 사회를 중심으로 도교도 전래됐습니다. 백제의 산수무늬 벽돌에는 자연과 더불어 살고자 하는 생각이 담겨 있고 백제의 금동대향로에는 신선들이 사는 이상 세계가 표현되어 있어요. 평안남도 강서대묘에 그려진 사신도는 도교의 방위신인데, 여기에는 사후 세계를 지켜 주리라는 믿음이 담겨 있지요.

신라 말에는 경전의 이해를 통해 깨달음을 추구하는 교종과 달리 실천 수행을 통해 깨달음을 구하는 선종이 널리 퍼졌어요. 선종의 확산은 경전 연구와 교단 조직에 매여 있던 교종 중심의 불교를 뒤엎는

혁신적인 일이었습니다. 독자적인 세력을 구축하려 했던 지방 호족은 개혁을 반영하는 선종을 이념적 지주로 삼았는데, 이 중 선종 승려가 되는 자들도 많았지요. 이들은 같은 지방 호족과 결합해 각 지방에 근거지를 마련했는데, 그중 대표적인 아홉 개의 선종 사원이 9산 선문입니다.

9산 선문은 9세기에 이미 귀족 종교가 되어 버린 교종에 대항해 선사들이 일으킨 선종 선문들입니다. 실상산문(實相山門), 가지산문(迦智山門), 동리산문(桐裏山門), 사자산문(師子山門), 사굴산문, 희양산문(曦陽山門), 봉림산문(鳳林山門), 성주산문(聖住山門), 수미산문(須彌山門)이 9산이에요.

세월이 흐르면서 대부분 쇠락했지만 실상산문의 실상사와 동리산문의 태안사는 아직도 법통을 이어 가고 있습니다. 선종 승려들은 사회 변혁을 바라던 6두품 출신 지식인과 함께 고려 사회의 건설에 새로운 사상적 바탕을 마련해 주었어요.

고대의 불교 미술

삼국 시대 사원 중에서 진흥왕 때 세워진 황룡사와 무왕 때 세워진 미륵사가 가장 규모가 큽니다. 그리고 신라의 탑 중에는 황룡사 9층 목탑과 분황사 석탑이 유명하지요. 기록에 따르면 황룡사 9층 목탑의 높이는 탑신부 약 65m, 상륜부 15m로 전체 80m에 이르며, 기둥 속에는 자장이 중국에서 가져온 부처의 진신 사리 등을 봉안했다고 합니다. 분황사 석탑은 석재를 벽돌 모양으로 만들어 쌓은 탑인데, 지금은 3층까지만 남아 있습니다.

백제의 미륵사지 석탑은 서탑 일부만 남아 있는데, 목탑의 모습을 많이 지니고 있습니다. 2009년 1월 서탑 안에서 사리병과 금판 모양의 봉안 기록이 발견됐어요. 『삼국유사』를 보면 "미륵사는 무왕의 왕비 선화 공주의 발원에 의해 용화산 아래 건립됐다."라고 나와 있는데, 봉안 기록에는 좌평 사택적덕의 딸이 건립을 발원했다고 되어 있습니다. 사리병에는 연꽃, 당초, 인동초 무늬가 정교한 음각으로 새겨

황룡사 9층 목탑 복원 모형

황룡사지(사적 제6호) 금당터
황룡사는 국가적인 불교 법회가 자주 열리던 신라 시대 최대의 호국 사찰이었다. 이 절에는 솔거가 그린 '노송도'가 있었는데 실제 소나무와 너무 똑같아 새들이 날아와 앉으려 했다고 한다.

져 있는데, 백제의 금동대향로에 필적하는 공예품으로 평가받고 있지요. 은제 사리병의 발굴로 무왕과 선화 공주가 미륵사를 창건했다는 설에 의문이 제기됐고, 선화 공주가 무왕의 후비였을 가능성도 제기되고 있습니다.

미륵사지 석탑을 계승한 부여 정림사지 5층 석탑은 한국 석탑의 시조라 할 수 있습니다. 좁고 얕은 1단의 기단과 배흘림 기법의 기둥, 얇고 넓은 지붕돌의 형태는 목조 건물의 형식을 충실히 따르면서도 단순한 모방이 아닌 세련되고 창의적인 조형을 보여 줍니다. 익산 미륵사지 석탑과 함께 단 두 개만 남아 있는 백제 시대의 석탑이어서 더욱 귀중한 유산이지요.

『삼국유사』에 따르면 김대성이 불국사를 창건했습니다. 그는 불교의 윤회설에 따라 전생의 부모를 기리기 위해 석불사(석굴암)를, 현생의 부모를 섬긴다는 뜻에서 불국사를 세웠다고 해요.

불국사의 중앙에 위치한 대웅전은 남쪽으로 향해 있는데, 그 앞에 석등이 있고 석등 앞의 동서에 각각 석탑 한 기가 서 있어요. 좌우 누각의 비대칭은 간소하고 날씬한 불국사 3층 석탑(석가탑), 정밀하고 화려한 다보탑과 어울려 세련된 균형미를 자랑합니다.

석가탑에는 애달픈 전설이 깃들어 있어요. 석가탑을 만든 백제의 석공 아사달의 아내인 아사녀는 영지(影池)에 탑의 그림자가 비치기를 기다리다가 물에 빠져 죽고 맙니다. 슬픔에 싸인 아사달은 죽은 아사녀의 모습을 바위에 새기기 시작했지요. 새겨진 아사녀의 모습은 점점 부처와 닮아 갔습니다. 불상이 완성되자 아사달도 영지에 몸을 던져 버리고 말지요. 그 뒤 탑의 그림자가 영지에 비치지 않았다고 해 석가탑을 무영탑(無影塔)이라고도 부릅니다.

세계에서 가장 오래된 목판 인쇄물인 무구 정광 대다라니경은 석가탑에서 발견됐어요. 이 두루마리 불경은 8세기 초에 만들어졌는데, 닥나무로 만든 종이를 써서 지금까지 보존될 수 있었지요. 불국사의 정문 돌계단인 청운교와 백운교는 직선과 곡선의 조화를 보여 주며 축대는 자연과 인공이 함께 어우러져 독창적인 멋을 보여 줍니다.

인공으로 축조한 석굴암은 네모난 전실과 둥근 주실을 갖추고 있는데, 이 두 공간을 좁은 통로가 연결하고 있습니다. 전실과 주실, 그리고 둥근 돔으로 꾸며진 천장이 이루는 아름다운 비례와 조형미는 세계적으로도 유례를 찾기 힘들 정도예요. 석굴암의 본존불과 보살상들 역시 후기 신라 시대 조각의 최고 경지를 보여 주고 있습니다. 본존불은 살아 움직이는 듯한 느낌을 줄 정도로 사실적이지요. 입구 쪽의 소박한 아름다움은 안으로 들어갈수록 화려하고 정밀해져 마치 불교의 이상 세계를 구현하는 과정처럼 느껴지기도 합니다.

후기 신라에 들어와 이중 기단 위에 3층으로 쌓는 전형적인 후기 신라 석탑 양식이 완성됐습니다. 후기 신라 초기의 석탑으로는 감은사지 3층 석탑과 석가탑, 다보탑이 있지요. 후기 신라 말기에는 석탑에서 다양한 변화가 나타났습니다. 진전사지 3층 석탑은 기단과 탑신에 부조로 불상을 새긴 것으로 유명합니다.

당시에 선종이 널리 퍼지면서 승려의 사리를 봉안하는 승탑과 탑비가 유행했어요. 쌍봉사 철감선사 승탑은 후기 신라 시대의 부도로 신라 시대 다른 부도처럼 팔각 원당형 승탑이지만 세부 조각이 우수하고 아름다울 뿐만 아니라 목조 건축의 양식을 그대로 구현하고 있습니다.

쌍봉사 철감선사 승탑(국보 제 57호, 높이 1.4m)
전라남도 화순군 쌍봉사에 있는 후기 신라 시대 철감선사의 화강석 승탑이다. 팔각 원당형에 속하는 후기 신라 시대의 부도 중에서 조각이 가장 섬세한 걸 작품으로 꼽힌다.

불국사(사적 제502호)

불국사는 처음에는 소규모로 창건됐는데, 751년 경덕왕 때 김대성이 대대적으로 확장 공사를 했다. 불국사 정면 오른쪽 자하문 앞에는 계단식 다리인 청운교와 백운교(국보 제23호)가 연결되어 있다. 이 다리는 속세의 세계에서 부처의 세계로 들어가는 통로를 상징한다. 청운교와 백운교 옆쪽에는 연화교와 칠보교(국보 제22호)가 있다. 신라 예술의 걸작품인 불국사와 석굴암은 유네스코 세계 문화유산으로 지정됐다. 「삼국유사」에는 "구름다리나 돌탑에 돌과 나무를 조각한 기교는 동쪽 여러 절 가운데 이보다 더 나은 것이 없다."라고 기록돼 있다.

紫霞門

승탑과 탑비를 통해 지방 호족의 정치적 역량이 성장했음을 알 수 있어요. 불교가 성행함에 따라 불상도 많이 제작됐습니다. 고구려의 연가 7년명 금동 여래 입상이나 백제의 서산 마애 삼존불, 신라의 경주 배리 석불 입상은 당시 불상 조각의 특징을 잘 보여 주고 있습니다.

삼국 시대에는 미륵보살 반가 사유상이 많이 만들어졌는데, 이 중에서 탑 모양의 관을 쓰고 있는 금동 미륵보살 반가 사유상과 삼산관을 쓰고 있는 금동 미륵보살 반가 사유상이 가장 유명합니다. 미륵보살은 미래에 부처로 태어나 중생을 구제하기로 되어 있는 보살이에요. 지금은 도솔천에서 정진과 사색에 매진하고 있다고 합니다. 미륵보살 반가 사유상은 이런 모습을 형상화한 것이지요.

남북국 시대에는 불교와 관련된 석조물도 많이 만들었습니다. 불국사 석등과 법주사 쌍사자 석등은 단아하면서도 균형 잡힌 걸작으로 꼽히지요. 법주사 대웅전과 팔상전 사이에 있는 쌍사자 석등은 사자를 조각한 유물 가운데 가장 오래되었는데, 두 마리의 사자가 8각 기둥을 대신하고 있어요.

발해의 상경과 동경의 절터에서는 고구려 양식을 계승한 것으로 보이는 불상이 발굴됐어요. 이불병좌상은 흙을 구워 만든 것인데 이름 그대로 두 부처가 나란히 앉아 있는 모습을 하고 있습니다. 발해의 벽돌과 기와 무늬는 고구려의 영향을 받아 소박하면서도 힘찬 모습을 띠고 있어요. 상경에 완전한 모습으로 남아 있는 석등은 발해 석조 미술의 백미로 꼽힙니다.

후기 신라의 공예에서 빼놓을 수 없는 것이 바로 범종입니다. 이 중에서 상원사 종은 현존하는 종 중에서 가장 오래된 종인데, 매우 아름답다는 평가를 받고 있어요. 성덕 대왕 신종은 맑고 장중한 소리와 경

태자사 낭공대사 비석(954년, 218cm, 국립중앙박물관)

후기 신라의 고승이자 효공왕과 신덕왕의 스승인 낭공 대사의 치적을 기리기 위해 만든 것이다.

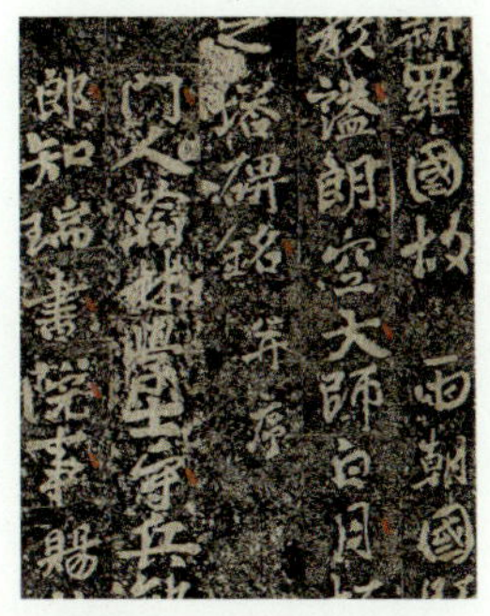

김생의 글씨가 있는 태자사 낭공대사 비석 탑본

비석의 글씨는 김생의 해서와 행서 글자를 집자한 것이다. 신라의 김생은 예서, 행서, 초서에 능해 송에서도 왕희지를 능가하는 명필로 유명했다.

쾌하고 아름다운 비천상으로 유명하지요. 성덕 대왕 신종은 아연이 들어간 청동으로 만들어졌는데, 당시 신라의 금속 주조 기술이 매우 뛰어났음을 보여 주고 있습니다.

고대의 건축, 그림, 음악

고대의 궁궐 건축 중 가장 규모가 큰 것은 장수왕이 평양에 세운 안학궁인데, 이 궁궐 터는 한 면의 길이가 620m나 됩니다. 경주의 안압지는 후기 신라의 뛰어난 조경술을 잘 보여 주고 있어요. 폐허가 된 이곳에 기러기와 오리들이 날아들자 조선의 묵객들이 안압지(雁鴨池)라는 이름을 붙였습니다. 안압지에서 발굴된 토기 파편 등을 통해 신라 시대에 월지(月池)라고 불렸다는 사실도 확인됐지요. 이는 신라 왕궁인 반월성(半月城)과 가까이 있었기 때문입니다.

삼국 시대와 남북국 시대에는 한문을 널리 사용해 서예가 발전했어요. 광개토호태왕릉비문의 서체는 웅건하고 기백이 넘치지요. 또 신라의 김생은 질박하면서도 독자적인 서체를 선보였습니다. 『삼국사기』에는 "김생이 80세가 넘도록 글씨에 몰두해 예서, 행서, 초서 모두 입신의 경지에 이르렀다."라고 기록돼 있습니다.

고대의 그림에서는 경주 황남동 천마총에서 나온 천마도가 신라의 힘찬 화풍을 잘 보여 줍니다. 화가로는 신라의 솔거가 대표적이지요.

고대의 음악가로는 신라의 백결 선생, 고구려의 왕산악, 가야의 우륵이 유명합니다. 백결 선생은 방아 타령을 지어 가난한 아내를 위로했고, 왕산악은 진의 칠현금을 개량해 거문고를 만들고 악곡을 지었어요. 우륵은 가야금을 만들고 12악곡을 지었는데, 이 악곡이 신라에 전해져 후대의 음악 발전에 크게 기여했습니다.

우리나라의 5대 사찰

우리나라의 5대 사찰은 양산 통도사, 합천 해인사, 순천 송광사, 구례 화엄사, 부산 범어사다.
이 중에서 불보(佛寶) 사찰 통도사, 법보(法寶) 사찰 해인사, 승보(僧寶) 사찰 송광사(松廣寺)를
삼보(三寶) 사찰이라고 한다.

통도사

경상남도 양산시 하북면 영축산에 있는 통도사는 우리나라 삼보 사찰 가운데 하나다. 부처의 진신 사리를 안치하고 있어 불보 사찰이라고도 한다. 신라의 자장이 당에서 불법을 배우고 돌아와 왕명에 따라 통도사를 창건했다.
이 절에는 불상을 모시지 않은 대웅전(국보 제290호)과 은입사 동제 향로(보물 제334호), 봉발탑(보물 제471호) 등이 있다.

해인사

경상남도 합천군 가야면 치인리 가야산 중턱에 있는 해인사는 법보(法寶) 사찰로 유명하다.

신라 제40대 애장왕 때 순응과 이정이 가야산에 지은 초당에서 비롯됐다.

이 절에는 1995년 세계 문화유산으로 지정된 해인사 장경판전(국보 제52호)과

팔만대장경(국보 제32호), 반야사 원경왕사비(보물 제128호), 석조 여래 입상(보물 제264호),

원당암 다층석탑 및 석등(보물 제518호)이 있다.

송광사
전라남도 순천시 송광면 신평리 조계산 기슭에 자리 잡은 송광사는 우리나라 삼보 사찰 중 승보 사찰로서 유서 깊은 절이다.
신라 말기에 산 이름을 송광이라 하고 절 이름을 길상이라 했는데 고려 때 보조국사 지눌이 정혜사를 이곳으로 옮겨와 수선
사라 칭했다. 이 절에는 목조 삼존 불감(국보 제42호), 혜심 고신제서(국보 제43호), 국사전(국보 제56호)을 비롯해 27점의 문화재
가 보존되어 있다. 송광사 성보박물관 사진 제공

화엄사

전라남도 구례군 마산면 황전리 지리산 노고단 서쪽에 위치한 화엄사는 신라 문무왕 때 의상 대사가 '화엄경'을 선양해 화엄 10대 사찰 가운데 하나가 되면서부터 유명해졌다. 이 절에는 각황전(국보 제67호)과 각황전 앞 석등(국보 제12호), 4사자 3층 석탑(국보 제35호), 영산회괘불탱(국보 제301호) 등 여러 문화재가 보존돼 있다.

범어사
『삼국유사』의 기록에 따르면 범어사는 의상 대사가 후기 신라 문무왕 18년(678년)에 처음으로 지었다고
한다. 범어사 성보박물관 사진 제공

대웅전(보물 제434호)
지붕은 옆면에서 볼 때 사람 인(人)자 모양을 한 맞배지붕이다. 지붕 처마를
받치기 위한 장식 구조가 기둥 위뿐만 아니라 기둥 사이에도 있는 다포
양식이다. 조산 중기 불교 건축의 아름다움과 조선 시대 목조 공예의 뛰어남을
보여 준다.

신라의 석탑

다보탑(국보 제20호, 8세기 중엽, 높이 10.4m)
기존의 석탑 양식에서 벗어나 파격적인 방식으로 지어진
탑이다. 밑에서부터 사각형, 팔각형, 원형으로 이어지는
조형이 다채롭고 정교하다. 위로 올라갈수록 원에 가까워지는
것은 완벽하고 원만한 부처의 마음을 뜻한다.

석가탑(국보 제 21호, 8세기 중엽, 높이 10.4m)
원래 이름은 불국사 3층 석탑이다. 반듯하고
단정하면서도 날렵한 형태는 후기 신라 시대
석탑의 전형적인 모습을 하고 있다. 다보탑은
파격미가 돋보이지만 석가탑은 균형과 비례미가
돋보인다. 석가탑 탑신부에서 무구 정광
대다라니경과 갖가지 사리 장엄구가 발견됐다.

고선사지 3층 석탑(국보 제38호, 7세기 말, 높이 9m, 국립경주박물관)
이 탑은 후기 신라 시대의 전형적인 석탑 양식의 초기 모습을 잘 보여 준다.
후기 신라 시대의 석탑 양식은 이 탑과 감은사지 3층 석탑
(국보 제112호)에서 시작돼 불국사 3층 석탑(석가탑)에서
절정을 이룬다. 원래 고선사 옛 터에 있었는데,
덕동댐 건설로 인해 국립경주박물관으로 옮겼다.

진전사지 3층 석탑
(국보 제122호, 8세기 말, 높이 5m)
강원도 양양군 강현면 둔전리 진전사지에
있는 이 탑은 정교함과 기품을 유지하면서
도 화려하거나 장식적이지 않고
단아한 모습을 하고 있다. 불국사 3층
석탑(석가탑)이 신라 중앙 귀족의 권위를
상징한다면, 이 탑은 지방 호족의 새로운
문화 능력을 과시한 것이라 할 수 있다.
양양군청 사진 제공

백제의 석탑

정림사지 5층 석탑
(국보 제9호)
충청남도 부여의 정림사지에
있는 이 석탑은 당의 장수
소정방의 공을 기록했다 하여
소정방비라고도 부른다. 익산의
미륵사지 석탑(국보 제11호)과
함께 지금까지 남아 있는 백제
의 석탑이다. 세부 구성 형식이
정형화되지 못한 미륵사지 석탑
에 비해 매우 정교하게 설계된
이 석탑은 형식미와 세련미를
보여 준다.

익산 미륵사지 석탑(국보 제11호)
전라북도 익산에 소재한 백제 말기의 화강석 석탑이다. 이 석탑을 보수하다가 '백제 지역 최대 고고학적 성과'로 평가되는 금제 사리호와 금제 사리 봉안기가 발견됐다. 사리 봉안기에는 '백제 왕후는 좌평 사택적덕의 따님으로 지극히 오랜 세월에 걸쳐 선인(善因)을 심어'라는 구절이 있다. 『삼국 유사』는 미륵사를 무왕과 그 아내인 신라 진평왕의 딸 선화 공주가 함께 건립한 것으로 전하는데, 사리 봉안기에는 미륵사를 건립한 무왕의 왕후를 좌평의 딸로 기록하고 있다. 하지만 일부에서는 위 명문을 '왕후와 사택적덕의 따님'으로 해석하기도 해 삼국유사의 기록이 옳을 가능성도 배제할 수 없다. 익산 미륵사지유물전시관 사진 제공

금제 사리호
금제 사리호는 내외함(內外函)의 이중 구조로 이루어져 있다. 사리호의 다양한 문양과 세공 기법은 백제 금속 공예의 우수성을 잘 보여 준다.

신라의 석등

화엄사 각황전 앞 석등(국보 제12호)
전체 높이 6.4m로 우리나라에서 가장 규모
가 큰 석등이다. 석등 뒤에 세워진 각황전의
위용과 조화를 이룬다. 연꽃 조각의 소박미
와 화사석, 지붕돌 등의 웅건한 조각미를 간
직한 작품이다.

법주사 쌍사자 석등(국보 제5호)
충청북도 보은에 위치한 법주사의 대웅전과 팔상전 사이에 있는 이 석등은 후기 신라 시대의 전형적인 석등이다.
신라 성덕왕 19년(720년) 때 건립된 것으로 추정된다.

성덕 대왕 신종(국보 제29호, 국립경주박물관)
현존하는 우리나라 종 가운데 가장 큰 종이다. 신라 경덕왕이 아버지인 성덕왕의 공덕을 널리 알리기 위해 종을 만들려고 했으나
뜻을 이루지 못하고, 그 뒤를 이어 혜공왕이 771년(혜공왕 7년)에 완성했다. 이 종은 처음에 봉덕사에 달았다 해 봉덕사종이라고도 하고,
종소리가 마치 어미를 찾는 아기의 울음소리 같다고 해서 에밀레종이라고도 한다.

상원사 동종(국보 제36호)
신라 성덕왕 24년(725년)에 만들어진 이 동종은 현존하는 우리나라 종 가운데 가장 오래되고 아름다운 종이다.
조각 수법이 뛰어나고 종 몸체의 아래와 위의 끝 부분이 안으로 좁혀지는 고풍스런 형태를 띠고 있다.
우리나라 종의 고유한 특색을 모두 갖추고 있는 대표적인 범종이다.

신라의 불상

삼국 시대 말인 7세기 중엽에는 불상의 입체감이
강조되고 법의의 표현도 자연스러워졌다. 국보
제78호인 금동 미륵보살 반가 사유상은 삼국 시대의
대표적인 반가 사유상이다. 신라의 불상은 삼국의
토착적 불교문화를 통합하고 당과 서역, 인도의
양식을 수용해 독특한 양식을 갖추게 되었다.

**금동 미륵보살 반가 사유상(국보 제78호,
국립중앙박물관)**
1912년에 일본인이 이 반가 사유상을 입수해 조선
총독부에 기증했고 1916년 총독부박물관으로 옮겼다가
현재는 국립중앙박물관에 전시되어 있다. 전체적인
자세는 균형이 잡혀 있으며 옷 주름은 아름답고, 명상에
잠긴 듯한 얼굴은 오묘하다. 이 반가 사유상은 한국적
보살상을 성공적으로 완성시킨 작품이다.

금동 미륵보살 반가 사유상(국보 제83호, 국립중앙박물관)
금동 미륵보살 반가 사유상과 함께 우리나라에서 가장 큰 금동 반가
사유상이다. 삼국 시대 후기에 만든 것으로 추정된다. 머리에 삼면이 둥근 산
모양의 관을 쓰고 있어서 '삼산(三山) 반가 사유상'으로도 불린다. 단순하면서도
균형이 잡힌 신체와 자연스러우면서도 입체적으로 표현된 옷 주름, 분명한
눈·코·입은 완벽한 주조 기술을 보여 준다.

일본 고류지 목조 미륵보살 반가 사유상
일본 교토 고류지(廣隆寺)에 있는 이 목조 반가
사유상은 우리나라 국보 제83호 반가 사유상과
매우 비슷하다. 당시 삼국과 일본의 교류 관계를 볼
때 이 반가 사유상은 한반도에서 제작됐다는
사실을 알 수 있다.

(왼쪽) 연가 7년명 금동 여래 입상(국보 제119호, 국립중앙박물관)
옛 신라 지역인 경상남도 의령에서 발견된 6세기 말 대표적인 고구려 불상이다. 평양 동사(東寺)의 승려들이 천불(千佛)을 만들어 세상에 널리 퍼뜨리고자 만들었던 불상 가운데 29번째 것이다. 광배(光背)의 일부분이 손상되었으나 도금까지도 완전히 남아 있는 희귀한 불상이다.

(오른쪽) 도피안사 비로자나불 좌상(국보 제63호, 865년)
강원도 철원군 화개산의 도피안사에 있는 이 철불은 불상 뒷면에 신라 경문왕 5년(865년)에 만들었다는 기록이 있어서 제작 연대를 확실하게 알 수 있다. 불상을 받치고 있는 대좌(臺座)까지도 철로 만들었고 후기 신라 말에 유행하던 철조 비로자나 불상의 새로운 양식을 대표하는 작품이다.

(오른쪽) 금동 보살 입상(국보 제183호,
국립대구박물관)
전체적인 균형미와 뛰어난 조각 기법이 특징인 이
보살상은 삼국 시대 후기 금동 보살상의 전형적인
양식을 보여 준다. 7세기 중엽에 만들어진 것으로
추정되는데 후기 신라 이전의 보살상을 대표하는
금동상이라고 할 수 있다.

(위) 금동 보살 입상(국보 제184호,
국립대구박물관)
전체적으로 근엄하고 당당한 모습의 이
보살상은 중국적인 요소가 강하다.
복잡하고 화려한 장신구의 표현이 독특한
보살상이며 7세기 초에 만들어진 것으로
추정된다. 이 시기의 금동 보살상으로서는
유례가 드물어 가치가 매우 높다.

(가운데) 금동 여래 입상(국보 제182호, 국립대구박물관)
후기 신라 초기의 양식을 갖춘 불상인데 7세기 말에서 8세기
초 무렵의 것으로 추정된다. 이 불상은 후기 신라 시대 불상의
생동하는 모습을 잘 보여 준다.

석굴암(국보 제24호)
후기 신라 시대에 경주 토함산
(吐含山)에 세워진 우리나라의
대표적인 석굴 사찰이다. 주실의
벽 위에 돔 형식으로 돌을 쌓아
올리고 천장의 가장 높은 곳
가운데에 둥글고 큰 돌을
올렸다. 접착을 하지 않고
조립만으로 둥근 천장 형태를
만든 것은 이 시기의 건축과
토목 기술이 뛰어났음을 보여
준다. 본존불은 살아 움직이는
듯한 느낌을 줄 정도로
사실적이고 생동감 있는
모습이다. 유네스코 세계
문화유산으로 지정됐다.
경주시청 사진 제공

(왼쪽) 경주 감산사 석조 미륵보살 입상(국보 제81호, 719년, 높이 183cm, 국립중앙박물관)

신체와 광배는 하나의 돌로 제작하고 따로 제작한 대좌에 결합시켰다. 광배 뒷면에는 명문이 새겨져 있는데, 이를 통해 719년 김지성이 돌아가신 어머니를 위해 조성한 미륵보살상임을 알 수 있다. 사실적이고 관능적인 모습을 하고 있으며 8세기 신라 불상의 대표작이다.

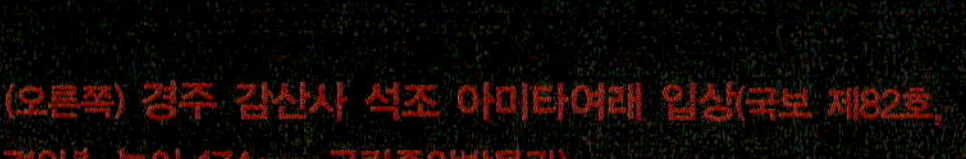

(오른쪽) 경주 감산사 석조 아미타여래 입상(국보 제82호, 719년, 높이 174cm, 국립중앙박물관)

광배와 대좌는 하나의 돌로 만들어졌으며 법의(法衣)는 얇아서 몸의 곡선이 잘 드러난다. 옷 주름은 U자 모양으로 물결치듯 흘러내리고 있으며 다리 부분에서 평행 U자 모양으로 주름이 표현되어 있다. 8세기 신라 불상의 전형적인 양식을 보여 주는 작품이다.

원래는 경주시의 백률사에 있었는
데 1930년에 국립경주박물관으로
옮겨 놓은 불상이다. 모든 중생의
질병을 고쳐 준다는 약사불을
형상화했다. 8세기 중엽의 부처의
얼굴과 달리 긴장과 탄력이 줄어
든 모습이다. 신체는 아래로 내려
갈수록 중후해지며 옷자락도 무거
워 보인다.

(위) 불국사 아미타여래 좌상(국보 제27호)
경주 불국사 극락전에 주존불(主尊佛)로 봉안되어 있는 이 불상은
전체적으로 장중한 모습이고 신체나 옷 주름도 비교적 사실적이다.
후기 신라 시대 후반기의 불상과 비교되는 이 불상은 800년을 전후한
시기에 조성된 것으로 추정된다.

(오른쪽) 불국사 비로자나불 좌상(국보 제26호)
경주 불국사 비로전에 봉안되어 있는 이 불상은 탄력이
넘치는 양감과 적절한 신체 비례 등으로 이상적이면서도
세련된 후기 신라 시대 불상의 모습을 엿볼 수 있다. 또한
이 불상은 9세기 불상의 특징을 잘 보여 주는 대표적인
작품이다.

3-4 삼국과 남북국의 종교와 미술

1 불교의 발전

· **불교 전래** 고구려 소수림왕(372년, 전진 순도), 백제 침류왕(384년, 동진 마라난타), 가야 질지왕(452년), 신라 눌지왕(458년, 고구려 묵호자) 때 불교 전래→신라는 법흥왕 14년(527년)에 이차돈의 순교에 의해 불교가 공인됨

· **교종(5교)** 경전의 이해를 통해 깨달음을 추구하는 이론 불교. 삼국이 중앙 집권 국가로 발전하는 시기에 전래되어 왕실과 귀족의 환영을 받으며 발전함. 열반종(보덕), 계율종(자장), 법성종(원효), 화엄종(의상), 법상종(진표) 등 5교가 교종을 대표함

· **선종** 후기 신라 말에 유행함. 구체적인 수행을 통해 깨달음을 얻는 실천 불교임. 전통적인 권위를 부정해 지방에서 독자적 세력을 구축하려는 호족의 후원으로 기반이 확대됨. 9산 선문(지방 문화 활성화에 기여)이 선종의 대표적 종파임

· **후기 신라의 불교** 유학파(원광, 안함, 자장, 명랑, 의상)는 귀족 불교, 국내파(혜숙, 혜공, 대안, 원효)는 서민 불교를 지향

· **원효의 불교 대중화** 혜숙, 혜공, 대안의 뒤를 이어 백성을 위한 불교를 지향. 지위를 막론하고 나무아미타불이라는 염불을 진심으로 외우면 누구나 정토(淨土)에 왕생할 수 있다고 설파(정토 신앙). 신분 차별이 없이 평등하게 살려는 민의 요구에 부응. 화쟁(和諍, 다툼을 화해함)의 논리와 일심(一心) 사상을 견지

2 후기 신라의 문화재

· **불국사(751년)** 불국토의 이상을 균형 잡힌 미적 감각으로 표현한 구조임. 대웅전 앞마당에 좌우로 마주 선 다보탑과 석가탑은 다보여래와 석가여래에 관련된 불교적 세계관을 표현. 석가탑에서 발견된 무구 정광 대다라니경은 현존하는 세계 최고의 목판 인쇄물임

· **성덕 대왕 신종(711년)** 봉덕사종 또는 에밀레종으로 불림. 맑고 장중한 소리와 경쾌하고 아름다운 비천상으로 유명함

후기 신라의 미술 문화재는
왜 불교와 관련된 것이 많을까요?

후기 신라의 미술 문화재는 불교와 관련된 사찰, 불탑, 불상, 범종, 석등 등이 대부분입니다. 그러므로 불교를 떠나 미술 문화재를 이해하는 것은 곤란한 일이에요. 그렇다면 후기 신라의 미술 문화재는 왜 불교와 관련된 것들이 많을까요? 그 이유를 간단히 말하자면 당시에 불교가 널리 퍼졌기 때문입니다.

그렇다면 이 시기에 왜 불교가 확산됐을까요? 당시의 시대 상황을 고려했을 때, 단군 조선 시대와 같은 역사 초기에는 토테미즘을 압도하는 천신 사상이 필요했습니다. 그리고 그것이 일정 기간 통용됐습니다. 하지만 시간이 흐르자 이러한 방식으로 통치하는 것은 불가능해졌어요.

게다가 백성들은 노예 제도와 신분제로 인한 고통을 호소하며 불만을 표출하기 시작했습니다. 상황이 이렇게 되자 지배층에서는 차별적인 질서 속에서 고통을 겪는 것이 당연하다는 세계관과 그 고통을 어떻게든지 치유할 수 있는 사상적 토대를 가진 새로운 통치 이념이 필요하게 되었습니다. 이때 불교가 업, 인연, 윤회 등으로 고통을 겪는 이유를 설명하고 현세에서 공덕을 쌓으면 극락으로 갈 수 있다는 내용을 담고 등장했지요.

지배층 세력은 불교를 수용해 자신들의 통치를 정당화하고자 했습니다. 신라의 진흥왕이 불교의 전륜성왕설을 적극 받아들인 것도 부처의 권위를 빌려 통치를 정당화하기 위해서였어요. 하지만 이러한 방식도 점점 통하지 않게 됐습니다.

그래서 또 다른 형태의 통치 이념이 필요하게 됐어요. 그것은 신분 질서를 인정하면서 사람의 도리를 다하도록 강요하는 이념이었지요. 이를 위해서는 대의명분과 삼강오륜, 충효 사상 등의 내용을 담고 있는 유교가 적당했습니다.

그러나 유교는 신분 사회의 질서를 세우는 데만 유용했고, 불교는 고통스러운 삶을 묵묵히 참아 내도록 하는 데 탁월했습니다. 따라서 지배층은 유교를 받아들이면서도 동시에 불교를 장려했어요. 후기 신라 때 유학 교육 기관이 설치되면서도 불교가 번성했던 것은 이런 이유 때문이었습니다. 후기 신라 시대에는 국가적으로

불교를 보급해야 할 필요성이 있었어요. 그만큼 당시 상황이 절박했다는 뜻이기도 하지요. 백제와 고구려의 유민을 받아들여 화합의 정책을 내세우면서도 왕실의 권위를 세울 필요가 있었던 거예요. 그래서 이 시기의 미술 문화재는 대부분 불교와 관련돼 나타날 수밖에 없었습니다. 이것이 바로 후기 신라의 대표적인 미술 문화재이자 불교 미술인 불국사와 석굴암 등이 나오게 된 원동력이었습니다.

5 후기 신라는 왜 후삼국으로 분열됐을까 | 후기 신라의 멸망과 후삼국의 등장

귀족 반란의 첫 봉화로 김대공의 난(768년)에 이어 김헌창의 난(822년), 원종과 애노의 난(889년) 등이 꼬리를 물고 일어났습니다. 낙향한 중앙 귀족 출신과 지역 토착 세력, 해상 방어 및 무역 세력, 지방 군사 세력, 유랑민 세력 등이 영역을 확대하면서 900년에는 견훤이 후백제를 건국하고, 이어 901년에는 궁예가 후고구려를 건국했어요. 궁예는 후고구려의 국호를 마진(904년), 태봉(911년)으로 바꾸었는데, 이는 고구려뿐만 아니라 신라와 백제까지 포용한 황제의 국가를 세우겠다는 의도를 강조한 것이지요. 이후 왕건은 고려를 건국했고(918년), 926년 발해에 이어 935년 후기 신라도 멸망했습니다.

- **828년** 장보고가 해상권을 장악하고 청해진을 설치하다.
- **889년** 진성 여왕이 지방의 세금을 직접 징수하자 초적이 반란을 일으키다.
- **894년** 6두품 출신의 최치원이 진성 여왕에게 시무 10조를 올리지만 받아들여지지 않는다.
- **900년** 상주 출신의 견훤이 완산주(전주)에서 후백제를 건국하다.
- **901년** 궁예가 송악에 도읍을 정하고 후고구려를 건국하다.
- **918년** 송악의 토호였던 왕건이 궁예를 추방하고 고려를 건국하다.

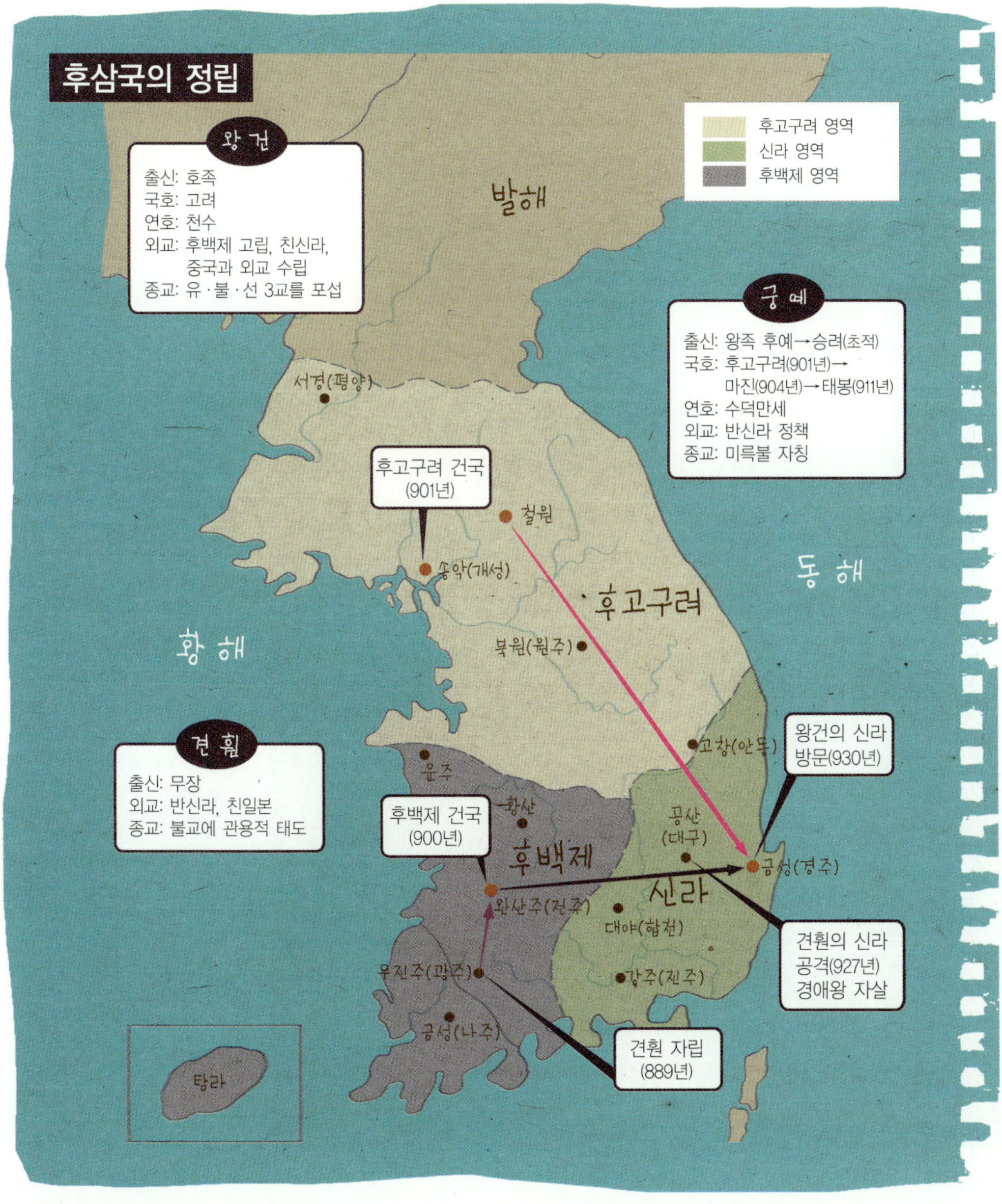

후기 신라의 분열

역사의 발전 과정에서 분열과 통일은 흔하게 일어나는 일입니다. 그런데 무조건 통일은 좋고 분열은 나쁘다고 평가할 수는 없어요. 그것이 어떤 배경 속에서 일어났고 어떻게 역사의 발전에 기여했는지에 따라 평가해야 합니다. 이런 점에서 볼 때 후기 신라 말에 후삼국으로 분열된 것은 일시적인 우여곡절이 있어도 결국에는 제 길을 찾는다는 것을 보여 주는 좋은 사례입니다.

나라가 멸망하거나 분열되기 전에는 대부분 부패와 타락에 빠져들어 권력 싸움을 벌입니다. 이런 권력 싸움은 자신의 욕망을 앞세우는 경우가 많아 국가 전체에 해롭지요. 지배층의 무절제한 사치와 향락 때문에 백성의 삶은 힘들어지고, 이를 견디지 못한 백성들이 항거를 일으키면서 나라는 점점 기울게 됩니다.

후기 신라도 마찬가지였어요. 초기에는 일시적인 개혁으로 보였으나 골품제를 전제로 진행됐기 때문에 새롭게 변화된 정세를 반영할

금각사 로쿠온지
일본 무로마치 막부 시대의 장군인 아시카가 요시미쓰가 1397년에 지은 별장이다. 그가 죽은 뒤 유언에 따라 로쿠온지라는 선종 사찰로 바뀌었다. 후기 신라의 귀족도 금각사처럼 금박을 입힌 금입택에서 생활했다.

수 없었지요. 후기 신라는 처음부터 후삼국으로 분열될 싹을 안고 있었던 것입니다.

후기 신라의 귀족층이 누렸던 생활상의 단면만 봐도 이를 확인할 수 있습니다. 이들은 금으로 장식한 금입택(金入宅)이나 별장 주택인 사절유택(四節遊宅) 등에서 살았어요. 그리고 고기가 필요할 때는 가축을 목축해 잡아먹었습니다. 이렇게 호화로운 삶을 누리던 귀족과는 달리 일반 백성의 삶은 무척 고달팠어요. 이런 모습은 『삼국사기』와 『삼국유사』에 소개된 「효녀 지은 설화」에 잘 나타나지요.

후기 신라 말 정강왕 때였습니다. 어려서 아버지를 여읜 지은은 홀로 어머니를 봉양하며 서른이 넘도록 시집도 가지 않았습니다. 품팔이만으로 두 모녀가 살기에는 너무 힘들었습니다. 그래서 지은은 고작 쌀 열 섬을 대가로 부잣집의 몸종이 되었습니다. 지은이 어머니에게 밥과 맛있는 찬을 올리자 어머니가 딸에게 물었습니다.

"지난번에는 음식이 거칠어도 맛있었는데, 이번에는 음식은 기름지나 칼로 속을 찌르는 것 같구나."

어머니는 마음으로 맛을 봤던 것이었습니다. 지은이 사실대로 이야기하자 어머니는 "나 때문에 네가 종이 되었으니, 내가 죽는 게 낫겠구나."라며 통곡을 했습니다. 두 모녀는 부둥켜안고 통곡했고, 그 소리를 들은 사람들도 눈시울을 적셨습니다. 지나가던 화랑 효종랑이 모녀를 보고는 곡식 100섬과 의복을 보내 주고, 지은의 주인에게 몸값을 보내 지은이 양민이 되도록 해 주었습니다. 정강왕도 이 사연을 듣고는 벼 500섬과 집 한 채를 내주고 도둑이 들지 않도록 병사까지 보내 주었습니다.

『심청전』과 비슷한 이 설화를 통해 후기 신라 말의 평민이 어떻게 살았는지 알 수 있습니다. 우선 효종랑과 지은의 형편을 비교했을 때 빈부 격차가 심했다는 것을 알 수 있지요. 정강왕이 병사를 보낸 것은 당시 도둑이 많아 치안이 좋지 않았다는 것을 말해 줍니다.

물론 평민의 몰락과 지배층의 호화로운 삶이 후삼국이 분열한 직접적인 원인은 아닙니다. 문제는 이 모든 것이 골품제에 근거하고 있었다는 사실이지요. 621년에 신라 귀족 출신인 설계두는 아무리 뛰어난 재주와 큰 공이 있어도 골품을 따지기 때문에 한계를 넘지 못한다고 비판하면서 당으로 건너갔습니다. 이들을 도당 유학생이라고 해요. 이렇듯 6두품 출신의 신라인이 당으로 유학을 간 것은 선진 문물을 배우기 위한 목적도 있었지만, 골품제의 폐해 때문이기도 했습니다.

본격화된 왕위 쟁탈전과 지방 호족의 성장

후기 신라는 삼한을 하나로 통일하는 등 통합을 위해 나름대로 노력했어요. 하지만 이 노력은 한반도 남부를 차지하고 있는 현실을 드러낸 것에 불과합니다. 더구나 삼한 통일을 통해 고구려와 백제의 유민을 끌어안을 수 있었을까요? 사실 고구려와 백제는 삼한을 자신의 뿌리로 삼지 않았어요. 신라의 통합 정책에서 고구려와 백제의 유민은 저절로 배제되었지요. 이렇게 시대의 흐름에 뒤떨어진 정책 속에서 자신의 이익만 추구하다 보니 필연적으로 권력 쟁탈전이 벌어질 수밖에 없었습니다. 8세기 말에 이르러 양상이 드러나기 시작하는데 시초는 김대공의 반란이었어요.

신라 제36대 왕인 혜공왕이 765년 8살의 어린 나이로 즉위하자 귀족을 대표하는 김양상이 상대등이 되어 권력을 휘둘렀어요. 이에 768년 김대공이 반기를 들고 33일간 왕궁을 포위하는 사건이 벌어졌습니다. 이 과정에서 수도인 서라벌(경주)은 물론이고 지방에서도 왕궁파와 김대공파로 나누어 싸움이 벌어졌어요. 결국 반란은 진압됐지만 780년에 이찬 김지정이 상대등 김양상을 제거하기 위해 난을 일으킵니다. 이를 진압한 김양상은 혜공왕을 살해하고 선덕왕으로 즉위했어요.

이렇게 시작된 권력 쟁탈전은 꼬리에 꼬리를 물고 이어집니다. 이에 대해 『삼국사기』에는 "김언승은 애장왕을 죽이고 즉위했고, 김명은 희강왕을 죽이고 즉위했으며, 김우징은 민애왕을 죽이고 즉위했다."라고 기록돼 있습니다.

지방 세력도 이런 권력 다툼의 소용돌이에 휩싸였어요. 그 시초는 822년(헌덕왕 14년)에 일어난 웅주 도독 김헌창의 반란이었지요. 선덕왕이 죽은 후 화백 회의를 통해 무열왕계인 김주원이 왕위 계승자로 추대됐습니다. 그런데 상대등 김경선이 먼저 왕궁에 들어가 왕위 즉위식을 거행하고 왕이 되었지요. 그가 바로 원성왕입니다. 이로 인해 김주원의 아들인 김헌창이 아버지가 이루지 못한 왕위를 되찾고자 반란을 일으켰던 거예요.

하지만 지방 세력으로서 본격적인 권력 쟁탈전에 나선 대표적인 인물은 장보고입니다. 장보고는 권력 싸움에서 밀려난 김우징이 청해진으로 달아났을 때 민애왕을 죽입니다. 그의 도움으로 김우징은 신무왕이 되지요(838년). 그리고 장보고는 신문왕의 뒤를 이은 문성왕에게 딸을 시집보내려 했습니다. 하지만 그 뜻을 이루지 못하자 반란을 도모했다가 자객인 염장에게 살해되고 맙니다. 강력한 군사력을 가진 장보고였지만 골품제라는 제약을 뛰어넘지는 못했지요.

이렇게 수시로 왕위 쟁탈전이 벌어지는 상황이니 왕의 권위가 제대로 설 수 없었어요. 그래서 왕권 경쟁에서 밀려나 낙향한 중앙 귀족 출신은 물론이고, 지역 토착 세력인 촌주 출신, 해상 방어 및 무역 세력, 지방 군사 세력, 유랑민 세력 등이 모두 지방 호족 세력으로 성장합니다. 이들은 자기 근거지에 성을 쌓고 군대를 보유하며 스스로를 성주 또는 장군이라고 칭했어요. 그리고 그 지방의 행정권과 군사권을 장악했지요.

자연 재해가 잇따르고 왕실과 귀족의 사치와 향락으로 국가 재정이 바닥나면서 농민에 대한 수탈도 심화됐습니다. 농민들은 토지를 잃고 노비가 되거나 초적이 되기도 했지요.

9세기 말 진성 여왕 때에는 산천을 떠돌면서 도적질을 하는 농민의 세력이 전국적으로 확산됐어요. 마침내 889년 사벌주(상주)에서 일어난 원종과 애노의 난을 시작으로 곳곳에서 반란이 일어나지요. 이로 인해 후기 신라의 조정은 서라벌과 몇몇 지역을 겨우 지배하는 정도로 전락해 버립니다.

우후죽순 격으로 등장한 호족 세력은 자기 세력을 확장하기 위해 서로 싸움을 벌였습니다. 이런 상황 속에서 당시의 통치 이념이었던 불교에도 변화가 일어나지요. 후기 신라 초기에는 강력한 전제 왕권이 요구됐고 경전과 교리에 의거해 통합과 조화를 강조하는 교종이 유행했어요. 하지만 이 시기에 이르러 왕권이 권위를 잃고 호족 세력이 등장하면서 불성을 깨닫는 것을 중시하는 선종이 유행하게 됩니다. 아울러 미래의 부처인 미륵불이 지상에 와서 이상 사회를 건설한다는 미륵 신앙도 퍼지지요. 뿐만 아니라 선승 도선은 풍수지리를 바탕으로 서라벌이 아닌 개성이나 평양, 한양이 새로운 중심지가 될 거라고 예언했습니다.

후삼국으로 분열되다

호족 세력의 치열한 경쟁 속에서 마지막으로 남은 승자는 바로 견훤과 궁예였습니다. 그런데 이들은 새로운 나라를 세운 것이 아니라 백제와 고구려를 이은 후백제와 후고구려를 건국했어요.

농민의 아들로 태어난 견훤은 성장한 후 신라군에 들어갔습니다. 평소에 창을 베고 적군을 기다릴 정도로 열성적이었고, 크고 작은 공을 세워 비장의 지위에 오르게 되지요. 후기 신라 말기에는 나라가 어지러워 도적이나 유랑민이 된 백성이 많았습니다. 그래서 견훤은 군인의 신분으로 중앙 무대에 진출하기는 힘들다고 판단했어요. 결국 견훤은 892년 무진주(광주)를 친 뒤 900년에 완산주를 장악하고 그곳에 도읍을 정하게 됩니다. 견훤은 6두품 출신의 최승로를 발탁해 국가 체제를 공고히 했어요. 그리고 중국의 조조가 실시한 둔전제를 도입해 전투 지원 체제를 안정적으로 갖춤으로써 후삼국 중에서도 군사

적 우위를 보였습니다. 여기에는 후백제가 차지한 충청도와 전라도 지역의 우월한 경제력이 큰 힘이 되었어요. 그러나 견훤은 신라에 적대적이었고 농민을 대상으로 지나친 조세를 수취했으며, 호족을 포섭하는 데 실패합니다.

견훤이 넷째 아들인 금강을 후계자로 내세우자 장자인 신검이 모반을 일으켜 견훤을 금산사에 가두어 버렸어요. 결국 견훤은 왕건에게 항복한 후 아들과 전투를 벌여 자신이 이룩한 왕국을 스스로 무너뜨리지요.

궁예는 북원(원주) 지방의 도적 집단을 바탕으로 강원도와 경기도 일대의 중부 지방을 점령했습니다. 이어서 예성강 유역의 황해도 지역까지 세력을 넓혔어요. 마침내 궁예는 901년 송악(개성)에 후고구려를 세웠습니다.

그런데 견훤과 궁예는 왜 국호를 후백제와 후고구려라고 정했을까요? 견훤은 경상도 상주 출생이고 궁예는 신라 왕족 출신이에요. 백제나 고구려와는 무관한 사람들이지요. 그런데도 후백제와 후고구려라고 국호를 정한 이유는 지역 백성의 지지를 적극적으로 받을 수 있었기 때문이에요. 이는 후기 신라가 고구려와 백제 유민을 포섭하는 데 실패했다는 것을 증명합니다.

실제로 후기 신라는 통합의 기초를 마련하지 못했을 뿐만 아니라 그런 노력조차 기울이지 않았어요. 백제와 고구려 유민을 포섭하려면 최소한 그들의 대표자를 왕족으로 받아들여야 했습니다. 왕건은 발해를 동족이라고 생각하고 망명해 온 유민에게 관직과 토지, 가옥을 내려주었어요. 그리고 발해 세자 대광현에게 왕계라는 성명을 내려 주며 왕족으로 대했습니다. 후기 신라와 대비되는 모습이지요.

금산사 미륵전(국보 제62호)과 석련대(보물 제23호)
금산사 미륵전은 미륵존불을 봉안한 법당이다. 팔작지붕 양식의 3층 목조 건물이다.
석련대는 불상을 올려 놓는 돌로 만든 받침대다. 돌에 조각한 연꽃무늬가 화려한
느낌을 준다.

후백제 왕 견훤릉
충청남도 논산에 있는 견훤의
능이다. 10세기경에 축조됐다.

이후 후고구려, 후백제, 후기 신라로 나뉜 후삼국은 다시 통합 전쟁을 벌였고, 왕건이 세 나라를 통합해 고려를 세웁니다. 그렇다면 왜 후삼국은 고려로 통일됐을까요? 가장 큰 이유는 전쟁의 승리지만 고려로 통일된 필연적인 이유는 따로 있습니다.

고려는 고구려만을 계승하지 않고 고구려, 백제, 신라를 통일해 대제국으로 발돋움하겠다는 포부를 지니고 있었어요. 궁예는 후고구려를 세운 이후 국호를 마진, 태봉 등으로 바꾸고 연호를 제정했는데, 이것은 신라와 백제까지 포용하는 웅대한 황제 국가를 세우겠다는 뜻이었습니다.

궁예는 계속되는 전쟁을 치르기 위해 조세를 지나치게 거두어들였고, 관심법이라는 미명 아래 죄 없는 관료와 장군을 살해했어요. 뿐만 아니라 미륵 신앙을 이용해 전제 정치를 도모했지요. 결국 궁예는 백

관심법(觀心法)
상대의 마음을 헤아려서 미리 그 속뜻을 아는 것을 말한다.

성과 신하들의 신망을 잃어 축출되고 맙니다.

이렇듯 궁예는 폭군의 대명사로 알려져 있습니다. 그런데 미국 캔자스대학교의 허버트 교수는 승자인 왕건 측의 의도에 따라 궁예가 폭군으로 인식됐다고 주장했어요. 『삼국사기』에도 "궁예는 병졸들과 생사고락을 같이하고 공과를 분명히 해 사람들은 그를 두려워하면서도 장군으로 존경했다."라는 기록이 있지요. 이런 궁예가 왜 갑자기 돌변했는지 궁금하지 않나요?

궁예의 기반 세력이었던 양길의 무리는 도적 집단이었는데, 나중에 송악의 호족 엘리트 계층이 궁예 진영에 합류했어요. 이들이 갈등을 빚는 것은 당연하지 않을까요? 궁예는 사실상 권력 투쟁에서 밀려난 것이지요.

결국 후기 신라의 통합 정책 실패는 후삼국의 분열을 가져왔어요. 그리고 후삼국의 투쟁 과정은 단순한 후삼국의 통일이 아니라 고구려, 백제, 신라까지 진정으로 끌어안은 민족 통일 국가의 건설을 낳았습니다.

왕건은 궁예에게 권력을 빼앗은 후 황제 국가를 세우겠다는 후고구려의 뜻을 이어 갔습니다. 이로 인해 후삼국을 하나로 통합할 수 있는 기초가 마련된 것이지요.

금단의 땅에 궁예의 꿈이 잠들다

904년 궁예는 국호를 마진으로 하고 철원에 도읍을 정한 다음 도성을 지었다. 현재 궁예 도성은 비무장 지대에 있다.

궁예 도성 터

궁예는 904년에 철원을 도읍으로 정한 다음, 이곳에 청주인 1,000여 명을
이주시켰다.

궁예 도성 남문 석등

강원도 철원군 홍원리 풍천원 일대 궁예 도성
남문에 있던 석등이다. 일제 때 국보 제118호로
지정됐지만 한국 전쟁을 거치면서 행방이 묘연한
상태다.

도피안사

강원도 철원에 있는 도피안사는 궁예가 철원에 도읍을 정하기 40여 년 전인
신라 경문왕 5년(865년)에 지은 절이다. 이 절을 통해 당시 혼란한 사회를
계도할 미륵 정토를 건설하고자 했다. 이처럼 철원 지역은 미륵 정토 사상이
유행했던 곳인데, 궁예의 미륵 사상에도 큰 영향을 미쳤다.

부석사 무량수전(국보 제18호)

무량수전은 경상북도 영주에 있는 부석사의 중심 건물이다. 궁예가 부석사에 있던
신라 왕의 초상을 칼로 베었다고 전해진다. 초상의 주인공은 궁예의 아버지인
헌안왕이었다. 궁예의 이런 행동은 정권 다툼에서 물러난 것에 대한 앙갚음이자,
민중에 기반을 둔 왕조를 세워 미륵 정토를 구현하려는 의지로 보인다.

신라의 최후

927년 견훤은 신라를 공격해 포석정에서 연회를 즐기던 경애왕을 자살하게 하고, 경순왕을 옹립한 후 돌아갔다. 신라의 마지막 왕이 된 경순왕은 935년 고려 태조에게 항복했다.

경순왕릉(사적 제244호)
경기도 연천군에 있는 신라 제56대 경순왕(재위 927~935년)의 무덤이다. 고려 시대의 왕릉에서 나타나기 시작한 나지막한 담인 곡장으로 둘러싸여 있다. 신라의 왕릉 중 유일하게 경주가 아닌 경기도에 있다.

포석정(사적 제1호)
신라 때 연회 장소였던 포석정은 젊은 화랑들이 풍류를 즐기며 기상을 배우던 곳이다. 927년 경애왕이 견훤의 습격으로 비참한 최후를 맞이한 곳이기도 하다. 포석정은 신라의 번영과 종말을 동시에 상징하는 장소다.

3-5 후기 신라의 멸망과 후삼국의 등장

1 신라 말의 동요

· **김대공의 난(768년)** 김대공이 33일간 왕궁을 포위 → 왕궁파와 김대공파로 나뉘어 싸움이 벌어졌으나 반란이 진압됨

· **김양상의 난(780년)** 태종 무열왕계의 마지막 왕인 혜공왕이 8살의 어린 나이로 즉위 → 김양상이 상대등 이 되어 권력을 휘두름 → 혜공왕을 살해하고 선덕왕으로 즉위 → 왕위 쟁탈전이 전개되고 상대등의 권력 이 강화됨

· **김헌창의 난(822년)** 선덕왕이 죽은 뒤 화백 회의에서 무열왕계인 김주원이 왕위 계승자로 추대됐으나 상대등 김경선이 먼저 왕궁에 들어가 왕위 즉위식을 거행하고 왕(원성왕)이 됨 → 김주원의 아들인 김헌 창이 왕위를 되찾고자 반란을 일으킴

· **장보고의 난(838년)** 민애왕을 죽이고 김우징을 신무왕에 즉위시킴 → 딸을 문성왕의 둘째 왕비로 시집 을 보내려 하지만 반란을 도모했다가 자객인 염장에게 살해됨 → 골품제의 제약을 뛰어넘지 못함

· **농민 봉기 발생** 중앙 정부의 강압적인 수취 → 원종과 애노의 난(889년) 발생

· **호족의 성장** 반독립적인 세력으로 성장해 지방의 행정과 군사, 경제적 지배권 장악. 주로 낙향한 중앙 귀족 출신, 지역 토착 세력인 촌주 출신, 해상 세력, 지방 군사 세력 등으로 형성됨

2 후삼국의 성립

· **견훤의 후백제 건국(900년)** 전라도의 군사력과 호족 세력을 토대로 완산주(전주)에 도읍을 정하고 후백 제를 건국. 신라에 적대적이었고 지나치게 조세를 수취했으며 호족을 포섭하는 데 실패함

· **궁예의 후고구려 건국(901년)** 북원(원주) 지방의 도적 집단을 토대로 강원도와 경기도 일대의 중부 지방 을 점령 → 예성강 유역의 황해도 지역까지 세력을 넓힘 → 송악(개성)에 후고구려 건국 → 국호를 마진 (904년), 태봉(911년)으로 바꿈

· **후삼국의 등장** 왕건의 고려 건국(918년) → 발해 멸망(926년) → 후기 신라 멸망(935년) → 후삼국 통일 (936년)

발해와 후기 신라의 관계는 역사에 어떤 영향을 끼쳤을까요?

고려가 발해의 유민을 동족으로 대우한 것을 보면 후기 신라와 발해 또한 동족임을 알고 있었을 것입니다. 하지만 이들은 단결하지 못했고 몇 차례의 전쟁을 제외하고는 크게 대립한 경우도 없었지요. 이러한 발해와 후기 신라의 관계를 어떻게 봐야 할까요?

두 나라는 우리 민족사에서 가장 바람직하지 못한 관계였어요. 왜냐하면 우리 민족의 활동 무대인 요동과 만주 지역을 잃어버렸기 때문입니다.

흔히 서로 싸우면 안 좋은 관계이고 친하면 좋은 관계라고 생각합니다. 하지만 민족사에서는 꼭 그런 것만은 아니에요. 단군 조선 이후 부여와 고구려, 고구려와 백제 등은 서로 전쟁을 벌였지만 그 이면에는 정통성을 확보해 나가려는 목적이 있었습니다. 물론 전쟁을 치르지 않고 평화적인 방법을 사용했으면 더 좋았겠지요. 하지만 당시 상황에서는 전쟁이 불가피했어요.

이렇게 봤을 때 발해와 후기 신라의 관계는 부여와 고구려, 고구려와 백제의 관계와는 다릅니다. 발해와 후기 신라는 민족을 통합하기 위해 전쟁을 벌인 것이 아니에요. 당의 요구에 의해 신라가 발해를 공격해서 전쟁이 일어난 것이지요.

발해의 제2대 무왕 때 당이 흑수부 말갈을 이용해 발해를 제압하려 하자, 무왕은 732년 산둥 반도의 덩저우를 공격하며 강경하게 나섰습니다. 그러자 당은 신라를 끌어들였고, 신라는 당의 요구에 따라 733년 발해의 남쪽 경계 지역을 공격합니다. 전쟁뿐만 아니라 서로 교류를 진행할 때에도 이런 관계는 그대로 유지되었어요. 동족이어서 교류를 추진한 것이 아니라 당의 태도 변화가 교류에 영향을 끼친 것입니다.

발해는 스스로의 힘으로 당으로부터 독립하고, 당이 산둥 반도의 덩저우에 발해관을 설치하는 등 교류를 진행하자, 그제야 발해와 신라의 관계가 개선되기 시작했어요. 이렇게 된 데에는 후기 신라가 당을 끌어들여 백제와 고구려를 멸망하게 한 지난 관점에서 하나도 변하지 않고, 그 연장선상에서 삼한일통의 태도를 지켰기

때문입니다. 그러므로 후기 신라는 발해를 하나로 통합하려는 의지를 가질 수가 없었지요.

발해는 고구려를 계승한 국가로서 자기 위상을 분명히 했습니다. 진정한 계승은 단군 조선을 계승한 모든 국가를 하나로 통일하는 것이지요. 따라서 발해는 신라를 통합하려는 목적을 가지고 있었을 거예요. 하지만 발해는 당과 전쟁을 치르면서 후방의 안전이 절실히 필요했습니다. 신라가 당을 추종하다 보니 일본과의 협력을 강화하는 수밖에 없었지요.

당시의 상황은 이랬지만 발해는 건국 초기의 어려움을 극복한 후 신라와 통합을 추진하는 방향으로 나아가야 했습니다. 동족의 뿌리를 잊지 않기 위해서라도 말이에요. 하지만 그러지 못한 발해는 거란의 침략으로 허무하게 무너지고 맙니다. 발해의 멸망에 관해서는 백두산의 화산 폭발과 관련이 있다는 주장이 제기돼 좀 더 검토가 필요한 상황이에요.

전쟁을 하거나 교류를 할 때 동족으로서의 유대감을 형성하지 못하면 분열의 골이 점점 깊어져 민족의 힘을 분산시킵니다. 결국 민족의 역량까지 허물어져 그 지역의 영토를 빼앗기는 비극을 초래할 뿐이지요.

4 고려 시대

10세기 초 중국에서는 고구려 정벌의 후유증으로 당이 멸망하고 5대 10국이 흥망하는 가운데 사대부라는 새로운 지배층이 성장했어요. 5대의 혼란을 수습한 송은 중앙 집권적인 황제 체제를 구축하고 문치주의를 확립했지요. 그러나 송은 국방력의 약화로 여진족(금)의 침입을 받아 강남으로 이동하게 됩니다. 이를 계기로 양쯔 강 이남 지역의 개발이 촉진되어 강남이 경제와 문화의 새로운 중심지로 떠오르지요.

13세기에는 몽골 족이 아시아의 대부분과 러시아 남부 지역까지 장악하는 대제국을 건설했어요. 이로써 동서 문화 교류가 크게 촉진됐지요. 일본에서는 9세기 중엽에 왕권이 약화되고 지방 호족이 장원을 소유하고 무사를 고용함으로써 봉건 제도를 갖추기 시작했습니다. 인도에서는 굽타 왕조가 무너진 후 정치적 분열이 거듭되다가 이슬람 세력이 침투했지요.

게르만 족의 이동 이후 서유럽의 중심이 된 프랑크 왕국은 9세기에 분열해 독일, 프랑스, 이탈리아 3국의 토대가 되었습니다. 서유럽에서는 봉건 제도가 성립되면서 왕권이 약화되고 지방 분권 체제가 이루어졌어요. 한편, 로마 교회가 크게 성장하면서 교단 조직이 형성됐습니다. 크리스트교 중심의 서유럽 문화권이 성립돼 로마 가톨릭이 서유럽 사람들의 정신을 지배하게 되지요.

-1,000
0
1,000
일본
요(거란)
고려
교토
카이펑
서하
송
잉글랜드 왕국
신성 로마 제국
마인츠
프랑스 왕국
비잔티움 제국
셀주크 튀르크
가즈니
가즈니 왕조
앙코르 왕조
십자군
카이로
모라비드 왕조
파티마 왕조
촐라 왕조
가나 왕국
침입·정복
우호·동맹

11세기경의 세계

1 신라와 후백제를 포용하다 |
고려의 후삼국 통일

단군 조선 이후 크고 작은 거수국들이 난립하는 과도기를 거쳐 고구려, 백제, 신라, 가야가 성립됐습니다. 4세기경 백제가 가야에 영향력을 확대하자 신라는 고구려와 동맹을 맺었어요. 그리고 5세기경 고구려가 남진 정책을 펴자 백제는 신라와 연합 전선을 펼쳤지요. 6세기경에는 신라가 대가야를 복속시키면서 함흥평야까지 진출하자 고구려와 백제가 손을 잡았습니다. 이후 신라가 당을 끌어들여 660년에 백제를, 668년에 고구려를 차례대로 멸망시키면서 한반도 남쪽의 강자로 떠올랐어요. 하지만 대부분의 고구려 영토와 백성은 발해가 건국되기 전까지 당의 지배를 받아야 했어요. 후기 신라 이후에 등장한 고려는 외세의 도움 없이 후삼국 통합 정책을 추진하며 한반도 중부와 남부를 통일했습니다.

- **919년** 왕건이 철원에서 송악으로 천도하다.
- **935년** 신라의 경순왕(김부)이 고려에 항복하다. 왕건은 경순왕을 자신의 맏딸인 낙랑 공주와 결혼시켜 사위로 삼다.
- **936년** 왕건이 후백제를 멸망시키고 후삼국을 통일하다.

신라의 삼국 통일과 고려의 후삼국 통일

현재 우리나라는 분단국가입니다. 따라서 한반도의 통일은 모두의 관심사일 수밖에 없지요. 그렇다면 우리나라의 역사 속에서 통일은 어떻게 진행됐을까요? 이를 살펴보기 위해 신라의 통일과 고려의 통일을 비교해 볼 필요가 있습니다.

우선 신라의 통일을 완전한 통일로 보기 어렵다는 견해가 있어요. 고려의 통일 또한 아쉬운 점이 있습니다. 하지만 통일의 과정을 제대로 이해한다면 지금 우리가 처한 분단 상황을 극복하는 데 필요한 교훈을 얻을 수 있을 거예요. 그럼 먼저 신라의 통일에 대해 살펴볼까요?

단군 조선이 무너진 이후 한반도에는 단군의 정통성을 계승했다고 주장하는 수많은 거수국들이 있었어요. 이후 한반도 북쪽에는 고구려가, 남쪽에는 백제와 신라, 가야가 성립됐지요. 이들은 공존하기보다 최후의 승자를 가리고자 했어요.

이민족 간에도 서로 영토를 맞대고 있는 상황에서는 힘의 논리에 따라 통합을 추진하기 마련입니다. 고구려와 백제, 신라와 가야는 단군 조선이라는 한 뿌리에서 나온 나라이기 때문에 통합되는 것이 자연스러웠지요. 그런데 이들의 통합 방식에는 문제가 있었습니다. 네 나라는 피를 흘리지 않고 협상을 통해 통일할 수도 있었는데 그렇게 하지 못했어요. 지배층에게 협상을 통한 통일 방식을 기대하기에는 무리가 있었던 모양입니다.

당시는 지금처럼 모든 인간이 나면서부터 평등하다고 생각하는 사회가 아니었어요. 사람을 사람으로 대접하지 않고 짐승이나 도구로 여기는 노예 제도가 존재했지요. 그러므로 모두가 상생할 수 있는 협상을 기대하기는 힘들었어요.

결국 고구려, 백제, 신라, 가야는 치열한 싸움을 하게 됩니다. 처음에는 외세에 맞서 서로 협력하기도 했어요. 모두 단군 조선을 정통으로 계승했다고 주장했기 때문에 가능했던 일이지요. 하지만 오랫동안 4국 체제가 유지되자 이런 의식은 점차 약해졌어요. 그 결과 오직 승리를 위해 뭉치고 흩어지는 과정만 펼쳐지게 됐지요.

백제가 가야에 대한 영향력을 확대하면서 강자로 부각되자, 고구려와 신라가 동맹을 맺었습니다. 하지만 그것도 잠시, 고구려가 다시 강자로 부상하며 남진 정책을 펴자 신라와 백제가 연합 전선을 구축했어요.

이런 상황에서 신라의 진흥왕은 백제의 성왕과 함께 551년 고구려로부터 남한강 유역을 탈환했습니다. 하지만 진흥왕은 성왕을 배신해 그 땅을 독차지하고, 555년에는 북한강 유역까지 점령해 한강 유역을 완전히 지배했어요.

이후 562년 대가야를 복속시키고, 569년에는 고구려의 영토였던 함흥평야까지 점령합니다. 이러한 신라의 팽창에 고구려와 백제는 위기감을 느끼고 서로 힘을 합치지요. 특히 백제는 신라의 배신에 분노하며 강하게 공격했어요.

그 결과 백제는 642년 신라 땅인 합천을 점령하기도 했습니다. 하지만 신라는 고구려의 반격을 우려해 백제를 효과적으로 공략할 수 없었어요. 마침내 신라는 당의 도움을 받아 660년에 백제를, 668년에 고구려를 무찌르게 됩니다. 이후 당은 신라까지 집어삼키려는 야심을 노골적으로 드러냈지만, 신라는 고구려와 백제의 유민을 끌어들여 당을 몰아내고 한반도 남부를 통일합니다.

이 과정을 지켜보고 있으면 참으로 안타깝습니다. 무엇보다 통일의 과정이 자주적이지 못하고, 자신들이 멸망시킨 나라의 유민에게 손을 벌려야 했기 때문이에요. 더구나 북쪽을 제외한 남쪽의 통합이라는 점에서 완전한 통일이라고 보기 어렵습니다. 국가를 구성하는 가장 중요한 요소가 국민, 국토, 주권이라고 할 때 넓은 만주와 대륙 땅은 물론이고 수많은 고구려 백성을 잃어버린 것을 어떻게 봐야 할까요?

이 점은 민족주의적인 시각이 아니라 당시의 관점에서 이해해야 한다고 반문할 수도 있습니다. 김유신과 김춘추 등은 신라의 이익만을 고려한 근시안적인 시각에서 벗어나지 못했기 때문에 외세를 끌어들인 거예요. 하지만 신라는 4국 체제의 출발이 단군 조선의 정통성 계승에 있다는 사실을 잊고 있었습니다. 이러다 보니 후기 신라에 맞서 후백제와 후고구려가 등장한 거지요.

김유신과 김춘추가 살아 있었을 때는 분명히 단군 조선의 뿌리와 계통을 계승하려는 의식이 있었습니다. 그래서 당이 한반도 전체를 집어삼키려고 하자 백제 유민과 고구려 유민이 신라와 협력해 싸운 것이지요.

우리는 신라의 반쪽짜리 통일을 보며 어떤 역사적 교훈을 얻을 수 있을까요? 그것은 아무리 계통이 같다고 해도 오랜 기간 단합하지 못하면 이질화 현상이 발생한다는 사실입니다. 너무 오래 다투다 보면 공동체 의식도 희미해질 수밖에 없습니다. 하지만 고려의 통일 과정은 달랐습니다. 후백제, 후고구려, 후기 신라 등 후삼국으로 분열됐을 때 고려를 건국한 왕건은 이 나라들을 대상으로 통합 정책을 펼쳤어요. 우선 안으로는 지방 세력을 통합하고, 밖으로는 중국의 여러 나라와 국교를 맺어 대외 관계의 안정을 꾀했지요.

태조는 신라를 공격한 후백제를 막아 내 신망을 얻었고, 이를 바탕

고려 태조 왕건의 초상

으로 경순왕의 항복을 받아 신라를 통합할 수 있었어요. 『삼국유사』에는 경순왕이 고려에 항복하자 경순왕의 아들인 마의 태자가 속세를 떠나 개골산(금강산)에 들어가서 살았다고 기록돼 있습니다.

후백제에 내분이 일어나자 견훤은 고려에 귀화했고, 이후 태조 왕건은 후백제를 정벌해 936년 후삼국을 통일했어요. 태조는 어쩔 수 없이 후백제와 싸움을 벌였지만, 후백제를 건국한 견훤도 받아들였습니다. 이 싸움에 외세를 끌어들이지도 않았지요.

고려의 통일은 발해의 영토와 백성을 완전히 끌어들이지 못했다는 점에서 불완전한 통일로 볼 수도 있습니다. 하지만 고려가 발해와의 통합을 지향했다는 점에 주목해야 돼요. 이것은 고려가 발해의 유민을 적극적으로 받아들인 것에서도 확인할 수 있어요. 당시 고려에 온 발해 유민 중에는 관리, 장군, 학자, 승려 등이 상당수 있었는데 태조는 이들을 적절한 자리에 임명해 후삼국 통일에 활용했습니다. 특히 발해의 왕자 대광현을 우대해 동족 의식을 분명히 했어요.

포용 정책은 한 왕조의 위세를 높이기 위한 전략으로 볼 수도 있습니다. 이런 측면을 인정하더라도 단군 조선의 정통성을 이으려는 의식이 있었다는 것은 부정하기 어렵습니다. 왜냐하면 고려는 몽골 등 외세의 침략을 받을 때마다 단군 조선에서 뿌리를 찾고 공동체 의식을 강조했기 때문이에요.

이렇게 고려는 단군 조선에 뿌리를 두고 화합의 길을 찾으며 발해를 동족으로 인식했습니다. 후기 신라와 발해는 오랫동안 분리돼 있었습니다. 하지만 고려가 고구려를 계승해 통합하려고 노력하면서 발해 역시 단군 조선의 뿌리로 받아들여진 것이지요.

이를 통해 단군 조선의 뿌리가 아주 오랜 시간에 걸쳐 형성됐다는 것을 알 수 있습니다. 지금 우리나라는 분단국가이지만 같은 민족이라는 의식을 바탕으로 통일을 위해 노력한다면 분단의 벽은 얼마든지 뛰어넘을 수 있을 거예요. 하지만 아무런 노력도 하지 않는다면 남북의 이질화는 더욱 심해질 것입니다. 결과적으로는 신라의 김춘추나 김유신처럼 자국의 이익만 앞세워 외세를 끌어들이는 실수를 저지를 거예요.

태조는 고구려의 옛 땅을 회복하기 위해 강력한 북진 정책을 추진했습니다. 평양을 서경으로 삼고 북진 정책의 전진 기지로 활용한 결과 청천강에서 영흥에 이르는 국경선을 확보할 수 있었지요.

충주 미륵리 석조 여래 입상(보물 제96호)
충청북도 충주에 있는 이 석불에는 신라의 마지막 왕족인 마의 태자와 그의 동생 덕주 공주의 애달픈 전설이 전해 내려온다. 전설에 따르면 마의 태자는 신라의 국권 회복을 위해 군사를 양성하고자 개골산으로 가던 중 이곳에 와서 불상을 만들었다고 한다. 그리고 덕주 공주는 덕주사 마애불(보물 제406호)을 만들었다고 전해진다.

태조의 정책과 훈요십조

태조 왕건은 민생의 안정을 위해 호족이 많은 세금을 거두지 못하도록 했습니다. 조세 제도를 합리적으로 조정해 세율을 10분의 1로 낮추어서 농민의 생활을 안정시키려 했지요.

또 농민의 유랑을 막고 조세와 역을 안정적으로 수취하기 위해 토지 대장과 호구 장부를 작성하고 그곳의 유력자에게 성씨를 부여했습니다. 이를 통해 지방 세력의 자율성을 보장해 주면서 중앙 정부의 통제 아래에 둘 수 있었어요. 이러한 태조 왕건의 민족 통합 노력으로 본관제가 실시됐습니다. '안동 김씨, 경주 최씨' 등 성 앞에 붙이는 지역명을 본관이라고 하지요.

또한 태조는 태봉의 관제를 중심으로 신라와 중국의 제도를 참고해 정치 제도를 마련하고, 개국 공신과 지방의 호족을 관리로 등용했어요. 유력한 호족과는 혼인을 통해 깊은 관계를 유지했지요. 태조에게는 왕후 6명, 후궁 23명이 있었고, 25명의 아들과 9명의 딸을 두었어요. 어머니가 다른 아들딸들을 서로 결혼시켜서 이중 삼중으로 친척이 되게 했지요. 예를 들어 4대 광종은 태조의 셋째 왕비인 신명왕후가 낳은 아들인데, 넷째 왕비인 신정왕후가 낳은 딸과 결혼했어요. 당시에는 가까운 친척이나 이복 남매끼리 종종 결혼했는데, 이를 '근친혼'이라고 합니다.

태조는 지방 호족을 견제하고 지방 통치의 문제점을 보완하기 위해 사심관 제도와 기인 제도를 활용했고, 『정계』와 『계백료서』를 지어 관리가 지켜야 할 규범을 제시했어요. 또 훈요십조를 남겨 후대 왕이 지켜야 할 정책 방향도 제시했습니다.

훈요십조에는 다음과 같은 내용이 있어요.

사심관 제도

고려 때 중앙 관직에 있는 관리들에게 고향의 일에 관여할 수 있도록 한 제도다. 지방 호족 세력을 견제하고 중앙 집권을 강화하기 위한 목적으로 실시됐다.

기인 제도

고려 · 조선 시대에 중앙에 볼모로 온 지방 호족이나 토호의 자제에게 출신 지방의 행정 고문(顧問) 역할을 맡겼던 제도다. 사심관 제도와 같이 중앙 집권을 강화하기 위한 정책이고, 신라의 상수리 제도에서 유래됐다.

1. 불교를 숭상하고 사원의 폐단을 엄단하라.

2. 사원을 함부로 짓지 마라.

3. 장자가 왕위를 계승하되 어질지 못하면 신망 있는 자에게 법통을 잇게 하라.

4. 고려의 특성에 맞게 예악을 발전시켜라.

5. 지맥의 근본인 서경을 중시해라.

6. 연등(燃燈)과 팔관(八關)을 소홀히 하지 마라.

7. 백성들의 신망을 얻고 신상필벌을 확실히 하라.

8. 차령산맥 이남의 금강 바깥 지역은 산세가 거꾸로 달리고 있어 역모의 기상을 품고 있으니 그 지역 사람을 중히 쓰지 마라.

9. 백관의 녹봉을 제도에 따라 마련했으니 함부로 증감하지 마라.

10. 경전과 역사를 널리 읽어 온고지신의 교훈으로 삼아라.

   1조의 내용에서 알 수 있듯이 불교는 고려 초기부터 국가의 지원을 받으며 발전했습니다. 2조에서는 도선의 풍수지리 사상에 따라 함부로 절을 짓지 말라고 경계하고 있고, 6조에서는 연등회와 팔관회 등 불교 행사를 개최할 것을 당부하고 있어요. 10조에서는 경전과 역사를 널리 읽으라고 충고함으로써 유교 이념과 전통 문화도 함께 존중했지요.

   8조는 호남 차별의 근거로 언급되는 경우가 많은데 실제로는 신라의 잔존 세력을 견제하라는 의미가 큽니다. 원본이 불타 버렸다는 '훈요십조'가 우연히 경주 출신인 최항의 집에서 발견됐거든요. 오히려

왕건과 호남과의 인연은 각별하다고 할 수 있습니다.

왕건은 전라도 나주 지역의 호족인 오다련의 딸 장화왕후에게서 낳은 혜종을 후계자로 삼았어요. 역시 나주 출신인 신숭겸 장군은 팔공산 전투에서 위기에 처한 왕건을 살리기 위해 왕건으로 위장해 대신 죽기까지 했지요. 왕건이 추앙했던 도선 역시 전라도 영암 출신입니다. 왕건은 항복한 후백제의 왕 견훤과 그의 아들 신검을 죽이지 않고 방면했습니다.

차령산맥 이남은 충청도·경기도 일부와 영호남을 포함하므로 8조는 지역 차별과는 전혀 관계없는 내용이에요. 8조의 내용을 구체적으로 살펴보면 불만을 품고 있었던 신라와 백제의 잔존 세력에 대한 경계심을 일깨우고, 남쪽 지방의 호족에 휘둘리지 말 것을 당부하고 있음을 알 수 있습니다.

개태사 철확
충청남도 논산시 연산면에 있는 개태사는 왕건이 후백제를 무너뜨리고 후삼국을 통일한 기념으로 세운 절이다. 이 절에는 1,000여 명이 먹을 음식을 만들었다는 거대한 철제 가마솥이 있다.

4-1 고려의 후삼국 통일

1 신라의 통일과 고려의 통일 비교

· **배경** 단군 조선의 거수국들이 난립한 열국 체제 → 고구려, 백제, 신라, 가야의 4국 체제로 압축 → 백제가 가야에 대한 영향력을 확대하면서 강자로 부각되자 고구려와 신라가 동맹을 맺음 → 장수왕이 남진 정책을 펴자 백제와 신라가 연합 전선 구축 → 신라가 한강 유역을 점령하고 대가야를 복속시킨 후 함흥평야까지 진출하자 위기감을 느낀 고구려와 백제가 연합함

· **당에 의존한 신라** 신라는 당을 끌어들여 백제(660년)와 고구려(668년)를 멸망시킴 → 신라는 당을 몰아내고 남부 지역을 통일하지만, 발해가 건국되기 전까지 대부분의 고구려 영토와 백성을 당이 지배함

· **포용 정책을 쓴 고려** 신라처럼 외세를 끌어들이지 않고 남부 지역을 통일. 후백제의 견훤과 후기 신라의 경순왕을 포용하고 발해의 유민도 적극적으로 받아들임

2 태조 왕건의 정책

· **후삼국 통일** 고려 개국(918년) → 경순왕 항복(935년) → 후백제 정벌(936년) → 발해 왕자 대광현 포용

· **호족과의 연합** 호족 세력을 기반으로 왕위에 오름 → 호족 세력에 의해 왕권이 위협받음

· **민생 안정책** 조세를 거둘 때 세율을 생산량의 10분의 1로 조정. 흑창(고구려의 진대법을 계승, 춘궁기에 곡식을 나눠 주고 추수 후에 갚게 했던 빈민 구제 기구, 성종 때 의창으로 바뀜) 실시

· **호족 통합 정책** 호족과 혼인해 통합을 꾀했으나 왕의 외척이 된 호족 세력 간에 왕위 계승 다툼 발생. 사심관 제도(지방 출신의 고관을 파견해 향리 임명과 치안 통제를 책임지게 한 제도. 최초의 사심관은 신라 마지막 왕인 경순왕)와 기인 제도(지방 호족의 자제를 볼모로 삼아 수도에 두고 출신지의 일에 대해 자문하게 한 제도) 실시

· **북진 정책** 서경을 북진 정책의 기지로 삼음. 태조 말 청천강에서 압록강의 영흥만에 이르는 국경선을 확보함. 거란에 강경 대응

· **훈요십조** 후대 왕에게 정책 방향 제시, 연등회와 팔관회 개최 강조, 유교 이념과 전통문화 존중, 도선의 풍수지리 사상을 존중해 서경 중시

고구려가 삼국을 통일했다면
어떻게 됐을까요?

넓은 만주와 대륙의 땅이 다른 나라의 손에 넘어간 것은 참으로 안타까운 일입니다. 역사에 가정이 있을 수는 없지만 시간을 거꾸로 돌려 고구려가 삼국을 통일했다면 역사는 어떻게 바뀌었을까요? 고구려는 신라와 같은 방식으로 삼국을 통일했을까요?

만약 고구려가 삼국을 통일했다면 단군 조선만큼이나 오랜 세월 영화를 누렸을 것입니다. 고구려를 건국한 주몽이 내건 기치가 '다물(多勿)'이었다는 점에서도 확인할 수 있어요. '다물'이란 '되물린다' 또는 '되찾는다'라는 뜻입니다.

주몽은 단군 조선의 정통 계승자임을 자처하면서 옛 땅을 되찾으려는 뚜렷한 목표를 가지고 있었어요. 고구려가 남부 지역까지 통일했다면 단군 조선의 옛 땅을 완벽히 장악했을 것이고, 어떤 나라의 침략에도 흔들리지 않고 오랫동안 번성했을 것입니다.

국가는 외부의 침략으로 무너지는 경우도 있지만 내부의 분열로 붕괴되는 경우가 더 많습니다. 하지만 고구려는 천손의 아들이라는 독자적인 천하관을 지니고 있었습니다. 그만큼 고구려는 단군 조선의 뿌리에 철저했고 문명과 문화도 발달한 나라였지요.

우리나라의 왕조들은 중국과 달리 대체로 오랜 기간 유지됐습니다. 남부 지역을 통합하지 않은 상황에서도 고구려는 700년 동안이나 유지됐어요. 그러므로 고구려가 이보다 더 오래 유지됐을 것이라고 추측하는 것도 무리는 아닙니다. 그렇다면 고구려가 단군 조선만큼 오랫동안 영화를 누렸을 것이라고 추측하는 근거는 무엇일까요?

우선 고구려가 취했을 통일 방식을 들 수 있습니다. 고구려가 삼국 통일 단계에 진입했다면 신라나 백제처럼 외세에 의존하는 정책을 추진하지는 않았을 거예요. 무엇보다 고구려의 위치는 지정학적으로 외세의 힘을 빌려 통일을 이룰 수 있는 곳이 아니었습니다. 단군 조선의 뿌리와 계통을 가진 나라 중에서도 외세와 직접

부딪치는 전초지에 있었지요. 그래서 고구려는 상무 정신을 숭상했고 외세의 침략에도 단호하게 대처했던 것입니다. 이런 점으로 보아 고구려는 스스로의 힘으로 통일을 추진하고 오랫동안 유지됐을 것입니다.

결국 고구려가 삼국을 통일했다면 단군 조선의 정통 계승자로서 충실하게 그 역할을 담당했을 거예요. 그리고 오랫동안 영화를 누리면서 우리 역사에 지대한 영향을 끼쳤을 것입니다. 더 나아가 단군 조선의 옛 땅을 장악한 상태에서 뭉치고 흩어지던 대륙으로 나아갔을 것입니다.

2 왕권 강화를 위한 개혁 | 고려의 제도 정비

918년 고려를 개국한 왕건은 호족 세력을 기반으로 왕위에 올랐고 왕권을 안정시키기 위해 호족 세력과 연합했습니다. 하지만 이것이 나중에는 걸림돌이 되어 호족 세력에 의해 왕권이 위협을 받게 되지요. 태조의 뒤를 이어 왕위에 오른 혜종과 정종은 호족을 견제할 만한 세력이 없어서 왕권의 기틀을 제대로 마련하지 못했어요. 그래서 재위 기간이 각각 2년과 4년으로 매우 짧았지요. 고려의 제4대 왕인 광종은 강력한 왕권 강화 정책을 추진했는데, 대표적인 것이 노비안검법(956년)과 과거 제도(958년)입니다. 이 정책으로 광종은 호족의 경제적·정치적 기반을 뒤흔들 수 있었어요. 광종의 개혁 정치는 정치 질서를 바로잡는 데 큰 기여를 했지만 반대 세력을 무자비하게 숙청하는 과정에서 다소 잡음이 생기기도 했습니다.

- **956년** 광종이 왕권 강화를 위해 노비안검법을 실시하다.
- **958년** 광종이 후주에서 건너온 쌍기의 건의를 받아들여 과거 제도를 실시하다.
- **981년** 성종이 즉위하자 최승로가 불교 폐단의 시정을 포함한 시무 28조를 건의하다.
- **983년** 성종이 최승로의 건의에 따라 전국의 주요 도시 열두 곳에 12목을 설치하고, 현종 9년(1018년) 8목으로 정비하다.

왕과 호족의 세력 다툼

역사를 공부하다 보면 많은 아이러니를 발견하게 됩니다. 그 가운데 하나가 처음에는 뜻을 같이하며 사이좋게 지내다가 나중에는 서로 죽일 듯이 치열한 다툼을 벌이는 것입니다. 실례로 한의 시조 유방은 모든 개국 공신들을 몰아낸 것으로 유명합니다. 이른바 토사구팽을 한 것이지요. 호족 세력을 기반으로 고려를 건국한 왕건은 왕권을 안정시키기 위해 호족 세력과 연합했어요. 왕건의 왕후가 6명이고 후궁이 23명인 것은 바로 이 때문이지요. 하지만 이 정책은 나중에 걸림돌이 되어 호족 세력에 의해 왕권이 위협받게 됩니다.

초기에는 호족 세력의 위세가 왕권을 눌렀습니다. 이 때문에 왕건은 세자 책봉 문제로 고민에 빠졌어요. 잘못 판단했다가는 왕위 계승을 둘러싸고 호족 간에 큰 싸움이 벌어질 수도 있었기 때문이지요. 끝내 아들을 낳지 못한 제1비 유씨는 비구니가 되어 절에 들어갔고, 제2비 오씨는 왕자 무(武)를 낳았지만 출신이 천해 유력한 호족 출신인 제3비 유씨의 심한 견제를 받았습니다.

왕건은 낡은 상자에 곤룡포를 담아 오씨에게 보냅니다. 오씨는 개국 공신인 박술희를 불러 곤룡포의 의미를 물었어요. 박술희는 왕건의 뜻을 알아차리고 왕자 무를 세자로 책봉할 것을 주청합니다. 왕건은 무를 세자에 책봉하고 박술희를 세자의 사부로 임명하지요.

그러자 충주 유씨 세력이 크게 반발하고 나섰어요. 왕건은 세자에게 힘을 실어 주기 위해 경기 지역의 호족인 왕규의 딸을 세자의 두 번째 부인으로 맞이하고, 청주 김씨 가문의 딸을 세 번째 부인으로 맞아들이게 했어요. 이렇게 하니 충주 유씨 세력은 고개를 숙일 수밖에 없었지요.

하지만 태조가 죽고 무가 혜종으로 즉위하자 이들은 본격적으로 반발하기 시작합니다. 이에 혜종은 박술희를 재상으로 임명하고 장인인 왕규를 중용했어요. 이때부터 두 세력은 사사건건 대립했고, 끝내 왕규의 힘에 밀린 박술희는 목숨을 지키기조차 어려운 상황이 되었지요.

이 무렵 왕요와 왕소 등 충주 유씨 소생의 다섯 왕자는 서경 세력의 핵심인 왕식렴과 손을 잡았습니다. 장남인 왕요는 21세의 혈기 왕성한 청년인데다 왕권에 대한 욕심이 컸어요. 왕식렴은 왕건의 사촌 동생이자 종실 세력을 대표하는 인물이었으므로 다른 세력을 위협하기에 충분했지요.

이 시기에 혜종의 심정은 어땠을까요? 자신을 지켜 줄 세력은 미약한데 반대 세력은 자신의 자리를 빼앗으려고 달려들었으니 말이에요. 혜종은 맏딸을 왕요의 동생인 왕소의 두 번째 부인으로 보내면서 충주 유씨 세력과의 화해를 시도합니다. 하지만 이미 대세가 기울어진 상황에서 청주 김씨 등 중립적인 세력마저 서경파로 돌아서고 말았어요. 반대 세력의 위협에 시달리던 혜종은 급기야 병석에 눕게 됐지요.

왕요 세력은 혜종의 기반이었던 박술희를 제거하기 위해 모함을 하고 귀양을 보냅니다. 그다음 왕규 세력을 제압하기 위해 군사를 이끌고 황궁을 장악했지요. 이런 상황에서 혜종이 얼마나 더 버틸 수 있었을까요? 그는 갑작스럽게 죽고 말았어요. 그러자 왕요 세력은 왕규가 외손인 광주원군을 왕으로 내세우기 위해 혜종을 암살한 것이라고 몰아 부치고 귀양 보낸 박술희마저 제거했습니다.

사실 왕규가 그런 역모를 꾸몄는지 안 꾸몄는지는 정확하게 확인할 길이 없지만 혜종이 병석에 누웠으니 후임으로 광주원군을 생각했을 수도 있습니다. 하지만 그러려면 왕요 세력을 먼저 제압하는 것이 우

선순위였을 거예요. 왕요를 제압하지 않은 상황에서 괜히 득도 없는
모반을 먼저 일으킬 이유는 없었으니까요.

혜종의 뒤를 이어 태조의 둘째 아들인 왕요가 왕위에 올랐는데 그
가 바로 제3대 왕인 정종입니다. 권력을 장악한 정종은 왕규의 무리
300여 명을 처형했어요. 정종은 서경파의 지원을 받아 개경파, 즉 왕
규 세력을 무력으로 진압하고 왕위에 올랐으니 개경 세력의 반발에
부딪치게 될 것은 뻔한 이치였습니다. 그래서인지 정종은 즉위 초부
터 서경 천도를 천명하고, 수많은 인력을 동원해 평양에 성을 쌓았어
요. 명분은 고구려의 땅을 회복하기 위한 것이었지만 누구도 그 속내
를 짐작할 수 없었지요. 다만 정종은 어릴 때부터 고구려 땅을 회복하
려는 신념이 강했다고 합니다.

정종은 서경 천도를 강행하려 했지만 개경파와 백성의 원성에 부딪
쳐 실패했습니다. 정종은 거란군의 내침에 대비한다는 명목으로 광군
(光軍) 30만을 창설했어요. 호족을 광군의 지휘관으로 임명해 중앙에
서 통제하려고 한 것이지요. 하지만 정종은 재위 4년 만에 병상에 눕
더니 결국 세상을 떠나고 말았습니다.

왕권 강화에 나선 개혁 군주, 광종

정종의 뒤를 이어 그의 동생인 왕소가 왕위에 올랐는데 그가 바로 고
려 제4대 왕인 광종입니다. 광종이 즉위하면서 고려는 일대 전환기를
맞이합니다. 광종은 과감한 개혁 정치를 펼쳤는데, 왕권을 강화하고
호족 세력을 약화시켜 중앙 집권화를 이룩하기 위해서였어요.

광종이 왕위에 오른 10세기 중엽에는 중원 대륙에 커다란 지각 변
동이 일어나고 있었습니다. 거란족이 건국한 요는 동으로는 발해를

멸하고 남으로는 북중국에 압박을 가하면서 요서 지방을 아우르는 거대 제국이 됐어요.

그리고 중원에서는 송이 5대의 혼란기를 극복하고 통일 제국을 수립해 요와 송이 서로 대립하는 형국이었지요. 당시 송은 거란에게 황허 강 이북의 땅을 빼앗기고 굴욕적인 맹약을 맺었지만, 고려는 송과 달리 거란의 침략을 물리쳐 위상이 한층 높아질 수밖에 없었어요.

이런 상황에서 후주의 사신으로 온 쌍기라는 인물이 광종의 총애를 받아 고려에 눌러앉게 됩니다. 쌍기는 후주 태조의 왕권 강화 작업에 깊숙이 개입해 과업을 성공적으로 마무리한 인물이에요. 광종은 쌍기의 건의를 받아들여 개혁 정책을 실시해 나갔지요.

그중 하나가 956년에 실시한 노비안검법입니다. 노비안검법은 본래 양민이었으나 호족 세력에 의해 노비가 된 자를 다시 양민으로 돌아가게 하는 제도예요. 이 제도의 실시로 호족 세력이 급속히 약화되고 왕권은 강화됐습니다. 호족의 기반이 불법적인 노비 탈취에 있었기 때문이에요. 사실 노비는 부역의 의무가 없어서 국가의 수입을 감소시키고 국방력을 약화시키는 원인이었어요. 노비들을 양민으로 되돌리면 국가의 재정 기반과 국방력을 강화할 수 있었지요.

또 광종은 과거 제도를 실시했어요. 광종은 이 제도를 통해 호족의 전횡을 막고 왕에게 충성할 수 있는 새로운 세력을 키우려고 했습니다. 대부분의 호족은 무인이었기 때문에 그들의 자제가 과거 시험에 합격하기는 쉽지 않았어요. 그렇다고 해서 호족의 세력이 급속히 약해지거나 과거를 통해 등용된 사람들이 당장 광종에게 큰 힘이 되어 줄 수는 없었습니다.

고위 관료의 자제에게는 시험을 거치지 않아도 벼슬을 주는 음서

관촉사 석조 미륵보살 입상(보물
제218호, 높이 18m)
광종 19년(968년)에 만들었다고 전해
지고, 충청남도 논산 관촉사에 있다.
우리나라에서 제일 큰 불상인데,
흔히 '은진 미륵'이라고 불린다. 체구
에 비해 얼굴이 큰 편이고, 토속적인
느낌을 준다. 고려 시대의 지방화된
불상 양식을 대표하는 작품이다.

제도가 있었습니다. 왕족이나 나라에 공을 세운 공신의 자손과 종실의 자손 외에 5품 이상 관료의 아들, 손자, 사위, 동생, 조카 등에게는 이러한 음서의 특혜를 주었어요.

일반 농민도 과거에는 응시할 수 있었어요. 하지만 응시자는 이름, 본관, 4대 조상의 관직을 적어 내야 했기 때문에 서류 심사에서 떨어질 수밖에 없었지요. 설령 농민 출신이 서류 심사에 통과하더라도 농사일 때문에 유교 경전 공부에 매달릴 수 없었을 거예요. 과거 시험에는 문장력과 국가 정책에 관한 견해를 묻는 제술과, 유교 경전의 해석 능력을 묻는 명경과, 통역관이나 의관 같은 전문직을 뽑는 잡과가 있었어요. 그 가운데 제술과가 가장 높은 관직을 뽑는 시험이었지요.

조선 시대에는 무과가 있었지만 고려 시대에는 무과가 없었습니다. 무신은 무예가 뛰어난 자를 별도로 뽑았어요. 과거 제도는 처음에는 제한적으로 실시됐지만 점차 관리를 등용하는 제도로 정착했지요.

광종은 개혁 정치를 실시하면서 관리들의 서열을 정하고 벼슬에 따라 관복의 색깔을 다르게 정하는 등 왕의 권위를 강화하려고 노력했습니다. 이런 상황에서 호족 세력은 가만히 당하고만 있었을까요? 이들은 힘을 합쳐 조직적으로 왕권에 도전하려는 움직임을 보였어요. 광종 또한 가만히 있지는 않았습니다.

근위병의 수를 늘린 광종은 호족의 동향을 파악한 뒤 불만을 품은 개국 공신들과 외척 세력을 제거하기 시작했어요. 『고려사』에는 "개경과 서경의 고위 관료 가운데 절반이 처형당했고, 대관료 가운데 살아남은 자가 겨우 40여 명에 불과했다"라고 기록돼 있습니다.

이런 숙청 과정을 거친 뒤 광종은 강력한 왕권을 확립했어요. 광종은 스스로를 황제라 칭하고 광덕, 준풍 등 독자적인 연호를 사용했지요.

신분 제도의 변화

신라가 완성한 골품제는 후기 신라로 오면서 흔들리게 되고 그 가운데 호족 세력이 성장했어요. 이 사실은 능력에 따른 신분 상승의 길을 넓혔다는 점에서 의의가 있습니다.

그러나 고려 건국 이후에는 호족 세력이 신분 상승의 걸림돌이 됐어요. 수많은 양민을 노비로 전락시키고 신진 인사의 등용 자체를 가로막은 것이 바로 호족이었기 때문이에요. 고려 초기의 왕은 강력한 호족에 불과했기 때문에 호족의 등장이 곧 신분제의 폐지를 의미하는 것은 아니었습니다. 그래서 이 문제는 왕권 강화 세력과 호족 세력 간의 권력 투쟁으로 나타났어요.

이 투쟁의 내막을 살펴보면 새로운 신분제의 확립이라는 의미가 담겨 있어요. 예외적인 경우도 있지만 왕권 강화 세력은 공적인 요구를 내세우고 호족 세력은 사적인 이해관계를 내세우는 경우가 많습니다.

광종은 호족 세력과의 투쟁에서 승리해 왕을 중심으로 한 관료 체계를 공고히 다지고 강력한 왕권을 수립했어요. 결과적으로는 호족 세력 제압을 목적으로 광종이 실시한 정책들로 인해 새로운 신분 질서가 만들어졌지요.

능력 있는 인사가 발탁될 수 없었던 신분 질서를 바로잡아 신분 상승의 길을 넓힌 거예요. 노비안검법의 실시로 수많은 노비가 양민이 되고, 부분적이긴 하지만 과거 제도를 실시함으로써 신진 인사가 정계에 등장할 수 있는 통로가 만들어진 것이지요. 하지만 과거 제도를 통해 등장한 신진 인사는 나중에 문벌 귀족 세력이 되어 사회 발전에 걸림돌이 되기도 합니다.

결론적으로 광종의 노비안검법과 과거 제도는 호족 세력을 제거하

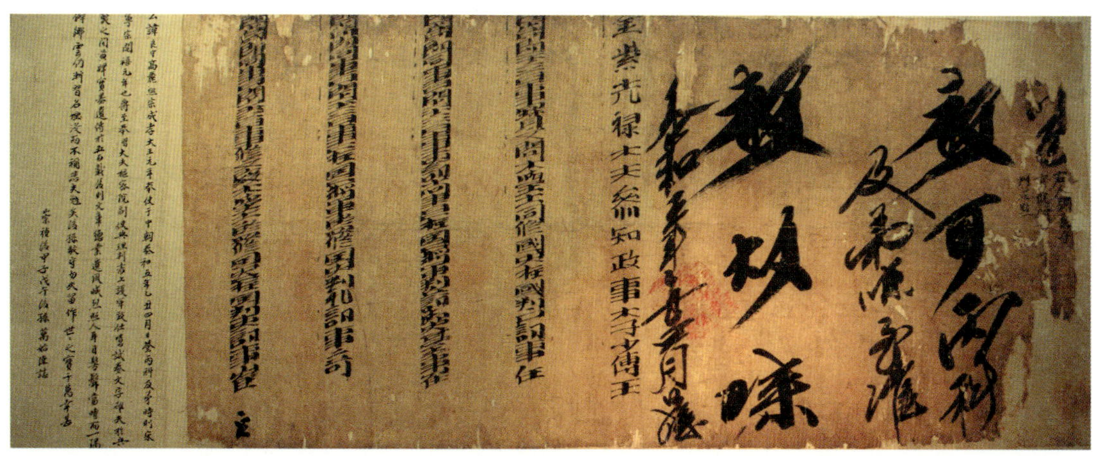

고 왕권을 강화하기 위해 실시한 것이지만, 사회 발전에 걸림돌이었던 신분제를 새로운 시대의 흐름에 맞게 수정한 것이라고 평가할 수 있습니다.

제도의 정비

고려의 제6대 왕인 성종 때에는 신라 6두품 출신의 유학자들이 국정을 주도하고 유교 정치를 실현하고자 했습니다. 성종은 즉위 후 국정을 쇄신하기 위해 신라의 5품 이상의 관리에게 정책을 건의하는 글을 올리게 했어요.

그러자 신라의 6두품 출신 유학자인 최승로는 시무 28조를 올려 유교의 진흥과 재정 낭비를 불러오는 불교 행사의 자제를 요구했지요. 최승로는 유교 사상을 치국의 근본으로 삼아 사회 개혁과 새로운 문화의 창조를 추구했습니다. 그의 유교 사상은 자주적이고 주체적인 특성을 지니고 있었어요. 성종은 유학 교육의 진흥을 위해 국자감을 정비하고, 유학을 교육하는 경학박사와 의료를 담당하는 의학박사를 지방으로 파견했습니다.

국립 대학인 국자감에는 국자학, 태학, 사문학과 같은 유학부와 율
학, 서학, 산학 등의 기술학부가 있었어요. 유학부에는 문무관 7품 이
상 관리의 자제가 입학하고, 기술학부에는 8품 이하 관리나 서민의
자제가 입학했습니다.

과거 제도에서도 기술관을 등용하기 위한 잡과가 실시돼 과학 기술
이 발전할 수 있는 토대가 마련됐어요. 지방에 설치된 향교는 지방 관
리와 서민 자제의 교육을 담당했지요.

고려 중기에는 최충의 문헌공도(9재 학당)를 비롯한 사학 12도가 융
성하면서 국자감의 관학 교육은 위축됐습니다. 사학 12도는 1055년
(문종 9년) 문하시중을 지낸 최충이 설립한 9재 학당(후에 문헌공도로 바
뀜)에서 비롯된 것입니다.

당시 국학이 시설이나 교육의 질적인 면에서 부실해 과거 응시자들
이 권위 있는 유학자가 세운 사학으로 모여든 것이지요. 이렇게 해서
개경에 12개의 사숙이 세워졌는데, 그 권위는 관학인 국자감을 능가
했고 점차 과거 준비를 하는 예비 학교의 성격을 띠게 됐어요.

성종은 2성 6부제를 중심으로 하는 중앙 관제를 마련했습니다. 고려
는 나라를 다스리기 위한 통치 기구로 당의 제도를 모방해 3성 6부제
를 두었어요. 이를 성종 때 실정에 맞게 조정해 국정을 총괄하는 최고
관서인 중서문하성과 실제 정무를 담당하는 상서성의 2성 체제로 바꾸
었지요. 상서성에는 이부(관리 임명), 호부(재정), 예부(교육), 병부(군사),
형부(법률), 공부(토목)를 두어 정책의 집행을 담당했습니다.

성종은 군사 기밀과 왕명의 출납 등의 일을 담당하는 중추원, 돈과
곡식의 출납과 회계를 담당하는 삼사, 정치의 잘잘못을 논하고 관리
의 비리를 감찰하는 어사대도 함께 설치했어요. 어사대의 관원은 중

중서문하성
국가 정책을 심의하는 재신과
정치의 잘못을 비판하는 낭사
로 구성됐다. 문하시중은 중서
문하성의 종1품 으뜸 벼슬에
속한다.

서문하성의 낭사와 함께 대간으로 불렸지요. 대간은 비록 직위는 낮았지만 정치 운영에 견제와 균형을 이루었어요. 중추원은 군사 기밀을 담당하는 추밀과 왕명의 출납을 담당하는 승선으로 구성됐습니다.

2성 6부와 함께 재신과 추밀이 회의를 통해 나랏일을 결정하는 독자적인 기구인 도병마사와 식목도감이 있었습니다. 도병마사는 군사나 외교 문제를 결정했고 식목도감은 법제나 격식 문제를 결정했어요. 도병마사는 고려 후기 충렬왕 때 원의 간섭으로 도평의사사로 승격되면서 행정 업무도 겸하게 됐지요.

고려 건국 초기에는 호족이 지방을 다스렸으나 성종 때에는 최승로의 건의에 따라 전국의 주요 도시 열두 곳에 12목을 두고 지방관 목사를 파견했어요. 또 지방의 중소 호족을 향리로 편입해 통제했습니다. 고려 초기에는 지방 토착 세력인 호족의 힘이 강해서 중앙 정부의 힘이 상대적으로 약할 수밖에 없었지만, 성종 때 향리 제도와 12목 제도를 실시해 정부가 지방을 실질적으로 통치하게 됐지요.

성종 초부터 정비되기 시작한 지방의 행정 조직은 현종 때(1018년) 비로소 5도(서해도, 교주도, 양광도, 전라도, 경상도), 양계(북방의 국경 지대인 북계, 동계), 경기로 나누었습니다. 도에는 주와 군현이 설치됐고 지금의 도지사인 안찰사를 배치했으며 양계에는 병마사를 파견했어요. 12목은 8목으로 재정비되었고, 국방의 요충지에는 진을 설치했습니다.

고려의 군사 제도는 중앙군과 지방군으로 나뉘었습니다. 중앙군은 국왕의 친위 부대인 2군과 수도 경비와 국경 방어를 담당하는 6위로 구성됐고, 지방군은 국경 지방인 양계에 주둔하는 주진군과 5도의 일반 군현에 주둔하는 주현군으로 이루어졌어요.

중앙군은 직업 군인이어서 군적에 올라 군인전을 지급받았는데, 그 역은 자손에게 세습됐어요. 지방군은 군적에 오르지 못한 16세 이상의 일반 농민으로 조직됐습니다.

4-2 고려의 제도 정비

1 개혁 정책

· **광종의 개혁** 양민이었던 노비를 해방시켜 주는 노비안검법(956년) 실시, 양민의 증가로 국가 수입도 증가 → 쌍기의 건의로 과거 제도 실시(958년), 음서 제도 병행 → 광덕, 준풍 등 독자적인 연호 사용

· **성종의 개혁** 최승로의 시무 28조 수용(2성 6부제의 중앙 관제 마련, 지방 12목에 지방관 파견, 유교 진흥, 불교 행사 억제). 향리 제도를 마련하고 노비환천법 실시. 국자감을 정비하고 곡식 저장 창고이자 물가 조절 기구인 상평창 설치. 빈민 구제 제도인 의창 제도 실시

2 통치 체제의 정비

· **2성 6부** 중서문하성(최고 행정 기구, 정책을 심의하는 재신과 정치의 잘못을 비판하는 낭사로 구성, 문하시중이 종1품 으뜸 벼슬에 속함), 상서성(6부 총괄, 정책 집행), 6부(이부·호부·예부·병부·형부·공부)

· **중추원·삼사·어사대** 중추원(군사 기밀과 왕명 출납을 담당), 삼사(화폐와 곡식의 출납 회계 담당), 어사대(정치의 잘잘못을 논하고 관리의 비리 감찰)

· **도병마사·식목도감** 재신과 추밀이 함께 국가의 중대사를 결정하던 회의 기구

· **지방 행정 조직** 5도(안찰사 파견), 양계(병마사 파견), 경기, 3경(개경·서경·동경), 군·현·진(국방 요충지), 향·부곡·소(일반 군현민에 비해 차별 대우), 주현(중앙에서 지방관 파견), 속현(지방관이 파견되지 않음, 향리가 속현의 실제 행정 담당)

· **군사 제도** 중앙군은 국왕의 친위 부대인 2군과 수도 경비와 국경 방어를 담당하는 6위로 구성, 지방군은 5도의 일반 군현에 주둔하는 주현군으로 이루어짐

3 교육과 관리 등용

· **국자감(국학)** 개경에 설치된 최고 교육 기관. 충렬왕 때 성균관으로 개칭함

· **사학 교육** 사학 12도와 최충의 문헌공도(9재 학당) 융성, 국자감의 관학 교육 위축

· **과거** 응시는 양민 이상 가능. 백정(직역을 부여받지 못한 일반 농민, 신분은 양민)과 농민은 주로 잡과에 응시

· **과거의 종류** 제술과(한문학과 시무책 시험), 명경과(유교 경전 시험), 잡과(의과, 율과, 산과), 승과(교종선, 선종선). 무과는 없었음

· **음서 제도** 공신과 종실의 자손, 5품 이상 고위 관료의 자제 등을 대상으로 시험을 거치지 않고 관리로 채용하는 제도

광종의 왕권 강화와 무신 세력의 권력 장악에는 어떤 차이가 있나요?

광종은 호족 세력을 누르고 왕권을 강화하기 위해 노비안검법과 과거 제도를 실시했습니다. 하지만 과거 제도를 통해 새로 등장한 신진 세력은 결국 호족을 대신해 거대한 문벌을 이루었어요.

문신을 우대하고 무신을 경시하는 풍조가 널리 퍼진 가운데 정중부를 중심으로 무신의 난이 일어났습니다. 이 난을 통해 정권을 잡은 무신 세력은 전과 다를 바 없는 독선적 행위를 일삼았지요.

권력 투쟁은 동서고금을 막론하고 벌어졌던 일입니다. 권력 투쟁을 평가할 때 승패의 결과를 기준으로 삼는 것은 바람직하지 않아요. 역사적인 맥락에서 볼 때 권력 투쟁이 백성의 삶에 어떤 영향을 끼쳤는가를 기준으로 삼고 평가해야 합니다.

무신 반란과 광종의 개혁은 다른 점이 있습니다.

광종의 개혁은 권력 싸움에서 비롯된 것이지만 시대적 흐름에 맞게 호족 세력을 제거하기 위한 방편이기도 했어요. 그리고 호족의 횡포로 인해 노비로 전락한 사람을 해방시켜 주고, 능력 있는 인재가 과거를 통해 출사할 수 있는 길을 열어 주었지요.

하지만 정변으로 일어선 무신 정권은 이러한 개혁 조치를 취하지 않았어요. 한 나라의 국방을 책임지고 있는 무신을 경시하는 일부 문신의 행위는 분명히 잘못된 것입니다. 그렇다고 해서 무신들이 '문신의 씨를 뿌리째 뽑아야 한다'면서 무차별하게 문신들을 죽인 것 역시 납득하기 힘들지요.

만약 무신이 부당한 차별을 받았다면 집권 이후 잘못된 제도를 바로잡아야 했어요. 그런데 그들은 권력 다툼을 하는 데만 혈안이 되어 있었지요. 정권은 정중부, 이의방, 경대승, 최충헌 등으로 이동했습니다.

광종의 개혁 조치는 권력 투쟁의 양상을 띠고 있었지만 시대의 흐름에 잘 맞았고, 백성의 삶에도 일정 부분 도움을 주었어요. 하지만 무신이 집권한 시기에 지배층은 소모적인 권력 다툼만 일삼았고, 이렇다 할 업적도 없었습니다.

광종의 개혁은 백성들의 삶에 도움을 주었지만
무신 반란은 소모적인 권력 다툼에 불과했지요.

무신 반란은 무신에 대한 불합리한 차별에서 비롯됐기 때문에 불가피한 점도 있습니다. 하지만 아무런 개혁 조치도 내놓지 못했다는 점에서 그들의 집권은 권력 장악이나 권력 다툼에 불과했다고 할 수 있어요. 단지 권력을 차지하기 위해 소모적인 싸움을 벌여 백성의 삶이 더욱 힘들어졌다면 무신은 역사적으로 냉엄한 평가를 받아야 합니다.

3 개혁이냐 타협이냐 | 고려의 경제와 사회

후 삼국 시기의 혼란을 극복한 고려는 전시과 제도를 만드는 등 토지 제도를 정비해 통치 체제의 토대를 확립했습니다. 또 토지와 인구를 파악하기 위해 양전 사업을 실시하고 호적을 작성했어요. 기술의 발달로 농업의 생산력이 증대됐고, 상업은 시전을 중심으로 발달해 지방에서도 상업 활동이 활발해졌지요. 이를 바탕으로 송과 원을 중심으로 거란, 여진, 일본 등과도 무역을 했어요. 고려 사회는 귀족, 중류층, 양민, 천민으로 구성됐습니다. 초기의 문벌 귀족과 원 간섭기의 권문세족은 농민을 수탈하기에 바빴으나 국가는 흉년이나 재해 등으로 어려움을 겪는 백성의 생활을 안정시키기 위해 의창과 상평창을 설치하기도 했습니다.

- **963년** 광종이 빈민 구제를 위해 제위보를 설치하다.
- **976년** 경종 1년에 전시과를 실시하다.
- **986년** 성종이 태조 때 설치된 흑창에 진대곡 1만 석을 보충해 의창을 설치하다.
- **993년** 성종이 상평창을 설치하다.

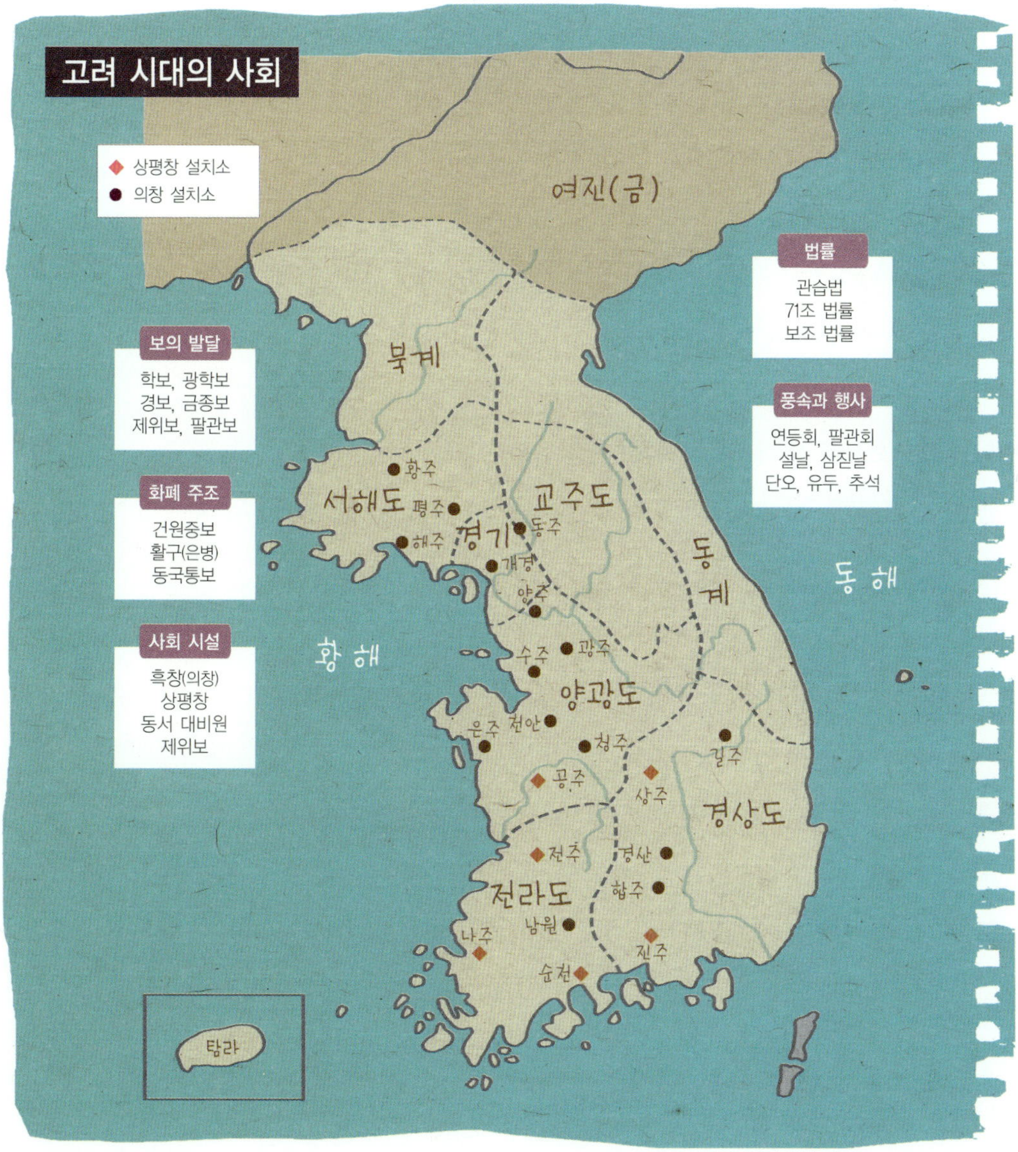

호족과 타협하다 – 경제 정책

새롭게 들어선 정권은 개혁에 힘쓰는 한편 대항 세력의 반발을 막기 위해 타협을 시도합니다. 왕건은 호족 세력의 도움으로 고려를 건국했으므로 그들의 영향에서 자유로울 수 없었어요. 광종은 호족의 힘을 누르고 왕권을 강화하려 했지만 중앙 집권화 정책을 제도화하지 못하고 세상을 떠났지요.

광종의 뒤를 이은 경종은 개혁 정책을 이어가기에는 힘이 미약했으므로 광종이 과거를 통해 기용했던 신진 관료와 호족을 포섭하는 정책을 수립해야 했습니다. 이를 위해 경종은 18등급으로 구분된 관료에게 토지를 나누어 주는 제도인 전시과를 운영했어요. 전시는 곡물을 수취할 수 있는 전지(田地)와 땔감을 얻을 수 있는 시지를 의미합니다. 관료는 지급된 토지에서 세금을 거둘 수 있는 권리인 수조권만 행사할 수 있었으므로 죽거나 관직에서 물러나면 토지를 국가에 반납해야 했어요. 이렇게 국가가 토지를 직접 소유해서 관리하지 않고 귀족과 관료에게 나눠 준 것은 그만큼 호족의 세력이 강했다는 것을 의미합니다.

귀족이 토지를 세습하는 경향이 커지면서 전시과가 원칙대로 운영되지 못했으므로 조세를 거둘 수 있는 토지가 점차 줄어들었어요. 이렇듯 관료에게 지급할 토지가 부족해지자 문종 때는 지급 대상을 현직 관료로 제한했지요.

고려는 건국 초부터 농민의 생활 안정과 국가 재정 확보를 위해 농업을 중시하는 정책을 추진했습니다. 후기 신라 말기에 통치 체제의 혼란으로 농민이 많은 어려움을 겪었기 때문이에요. 그래서 첫째는 버려둔 땅을 경작할 경우 일정 기간 면세해 주어 개간을 장려했고, 둘째는 농번기 때 잡역에 동원되는 것을 금지했고, 셋째는 재해를 당했을 때 세금을 감면해 주고 고리대의 이자를 제한했으며, 넷째는 의창 제도를 실시해 빈민을 구제했습니다.

고려는 신라 말의 문란한 수취 체제를 재정비하고 재정을 안정적으로 운영하기 위해 토지와 호구를 조사했어요. 그런 후 토지 대장인 양안과 호구 장부인 호적을 작성하고 이것을 근거로 조세, 공물, 부역 등을 부과했지요. 조세는 토지를 논과 밭으로 나누고 비옥한 정도에 따라 3등급으로 나누어 부과했습니다. 거두는 양은 생산량의 10분의 1이었지요. 거둔 조세는 각 군현의 농민을 동원해 조창까지 옮긴 다음, 조운을 통해 개경으로 운반한 후 보관했습니다.

공물은 가구마다 토산물을 거두는 제도입니다. 공물에는 매년 거두는 상공과 수시로 거두는 별공이 있었어요. 중앙 관청에서 필요한 공물의 종류와 액수를 나누어 주현에 부과하면 주현은 속현과 향, 부곡, 소에 이를 할당했습니다. 각 고을에서는 향리가 집집마다 공물을 거두었지요.

역은 국가에서 백성의 노동력을 무상으로 동원하는 제도예요. 역은 군역과 요역으로 나뉘는데, 16세에서 60세까지의 남자인 정남에게 부역의 의무를 부과했습니다. 농민들은 온갖 공사에 불려 나가 무보수로 일하는 요역 때문에 정말 견디기 힘들었을 거예요. 고려 제18대 왕인 의종 때는 다음과 같은 일이 있었답니다.

놀기 좋아하는 의종은 중미정이란 정자를 만들기 위해 수많은 농민들을 동원했어요. 이들은 무보수에다가 점심도 제공받지 않았기 때문에 직접 먹을 것을 챙겨야 했지요. 어느 가난한 농부가 점심을 싸 오지 못하자 옆의 사람들이 먹을 것을 나눠 주었습니다. 농부는 집에 돌아가 아내에게 이 사실을 이야기했고 아내는 눈물을 글썽였어요. 다음 날 점심때 농부의 아내가 광주리를 머리에 이고 나타났습니다. 광주리 안에는 밥과 술은 물론 고기도 들어 있었어요. 농부가 깜짝 놀라며 어디서 났냐고 묻자 아내가 말했습니다.

"당신이 다른 사람에게 신세를 진 것이 미안해서 제 머리카락을 팔아 장만했어요."

아내는 머리에 수건을 쓰고 있었어요. 그래서 농부는 아내의 머리카락이 없어진 것을 몰랐던 거예요. 이 광경을 지켜보던 사람들은 모두 눈물을 흘렸습니다. 이것이 바로 당시 농민의 생활상이었어요.

땅의 품질이 좋아지다 – 경제생활

성종 이후 중앙 집권적인 국가 체제가 확립됨에 따라 새로운 지배층이 형성됐습니다. 이들은 지방 호족 출신의 중앙 관료와 신라 6두품 출신의 유학자였어요. 이들 가운데 여러 세대에 걸쳐 중앙에서 고위 관료를 배출한 가문은 문벌 귀족이 됐지요. 문벌 귀족은 음서와 과거를 통해 관직을 독점하고 중서문하성과 중추원의 재상이 되어 정국을 주도해 나갔습니다.

이들은 관직에 따라 과전을 보수로 받고 자손에게 세습이 허용되는 공음전의 혜택도 누렸습니다. 공음전은 5품 이상의 관료가 되어야 받을 수 있었어요. 공음전과 음서제는 귀족의 지위를 유지해 주는 밑바탕이 되었지요. 이들은 권력을 이용해 불법으로 개인이나 국가의 토지를 차지하기도 했습니다.

귀족의 경제 기반은 대대로 상속받은 토지와 노비, 그리고 관료가 되어서 받은 과전과 녹봉 등이었어요. 관리가 된 귀족은 과전에서 생산량의 10분의 1을 거두었고, 녹봉으로 1년에 두 번씩 곡식이나 비단을 받았지요. 귀족은 권력이나 고리대를 이용해 농민의 토지를 빼앗기도 하고, 헐값에 사들이거나 개간을 해서 토지를 늘렸는데 이렇게 늘어난 대규모 토지를 농장이라고 불렀습니다.

귀족은 갖가지 수입을 바탕으로 화려한 생활을 누렸어요. 문벌 귀족과 권문세족은 지방에 별장을 가지고 있었고, 다점(茶店)에서 중국에서 수입한 차를 즐기기도 했습니다.

농민은 조상이 물려준 민전을 경작하거나 다른 사람의 소유지를 경작해 생계를 유지했어요. 경작하던 주인이 방치해서 황폐해진 진전을 누군가가 개간했을 때, 주인이 있으면 소작료를 감면해 주고 주인이 없으면 개간한 사람의 토지로 인정해 주었습니다. 12세기 이후에는 연해안의 저습지와 간척지도 개간되어 경작지가 확대됐어요. 특히 강

화도 피난 시기 이후에는 강화도 지방을 중심으로 간척 사업이 활발하게 추진됐지요. 김제의 벽골제, 밀양의 수산제가 개축되고 소규모의 저수지도 확충되는 등 수리 시설이 발달했고, 소를 이용한 깊이갈이가 일반화됐습니다.

또한 시비법(施肥法)의 발달로 묵은땅이 줄어들어 계속 경작할 수 있는 토지가 늘어났습니다. 묵정밭에서 자란 풀을 태우거나 갈아엎어 비료를 주던 방식에서 들풀이나 갈대를 베어 와 태우거나 갈아엎은 풋거름에 동물의 똥오줌을 섞어 만든 퇴비를 사용하는 방식으로 바뀐 것이지요. 시비법에 힘입어 밭농사에서는 2년 3작의 윤작법이 점차 보급됐습니다.

고려 말에는 이앙법(모내기법)이 남부 지방 일부에 보급될 정도로 논농사도 발전했어요. 고려 후기에는 이암이 중국의 대표적인 농서인 『농상집요』를 소개했고, 문익점이 목화씨를 가져와 목화 재배가 이루어졌습니다. 문익점은 농작물 하나를 전파한 공 때문에 역사적인 인물이 됐어요. 그가 전래한 목화는 당시의 의생활을 획기적으로 바꾸어 놓았기 때문에 위대한 장군이나 왕보다도 더 큰 역할을 했다고 볼 수 있지요.

문익점이 중국의 강남에 유배 갔다가 목화씨를 몰래 붓두껍에 담아 왔다는 이야기가 있는데, 이는 대체로 야사로 취급되고 있습니다. 분명한 사실은 그가 원에 사신으로 갔고, 귀국할 때 목화씨 10여 개를 가지고 왔다는 것입니다. 문익

문익점의 장인인 정천익은 문익점과 함께 목화씨를 심어 목화를 재배했다. 그리고 목화의 씨를 빼는 기구인 씨아와 물레의 사용법을 전수받아 목화를 직조하는 데 기여했다.

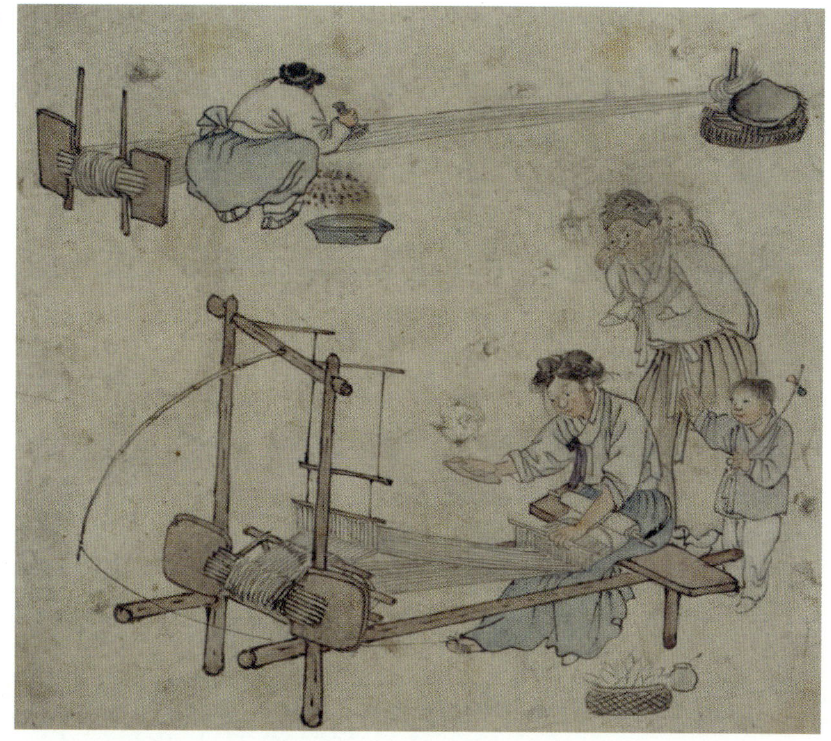

점은 공민왕 때 부원파로 몰려 파직당하고 낙향했어요. 이때 장인인 정천익과 함께 목화 재배를 실험했지요. 첫해에는 10여 개의 씨앗 가운데 단 하나만 살아남았답니다. 이 씨앗이 다음 해에 결실을 맺어 100여 개의 씨앗이 됐지요. 결국 목화 재배가 가능하게 된 거예요.

정천익과 문익점은 원 출신의 승려인 홍원을 만나 씨아와 물레의 제조 기술을 전수받았어요. 이렇게 해서 만든 물레로 목면을 짜서 백성들에게 보급했지요. 고려 말까지만 해도 백성들은 혹독한 겨울을 거친 삼베나 모시옷으로 버텨야 했는데, 목면이 보급되면서 추위를 쉽게 견딜 수 있었지요.

비단 이불을 장만하지 못해 결혼하기 힘들었던 가난한 농민 사이에서는 혼인 때 면포를 사용하는 풍습까지 생겼어요. 그래서 문익점이 목면을 보급한 이후 인구가 늘어나게 됩니다. 또한 목면으로 면포를 짜는 직조 수공업이 발달하고, 쌀과 함께 면포를 교환 수단으로 사용하면서 상업까지 발달하게 되지요.

코리아로 알려진 고려 – 상업과 수공업

고려 전기에는 관청 수공업과 소(所) 수공업이 주를 이루었으나 후기에는 민간 수공업과 사원 수공업이 발달했습니다. 소에서는 금, 은, 철, 구리, 실, 각종 옷감, 종이, 먹, 차, 생강 등을 생산해 공물로 납부했어요. 중앙과 지방의 관청에서는 기술자를 공장안에 올려 물품을 생산하게 했고, 농민을 부역으로 동원했습니다.

민간 수공업의 중심은 농촌의 가내 수공업이었어요. 국가에서는 삼베를 짜거나 뽕나무를 심어 비단을 생산하도록 장려했습니다. 사원에서는 승려와 노비를 중심으로 베, 모시, 기와, 술, 소금 등을 생산했지요.

고려의 상업은 개경, 서경(평양), 동경(경주) 등 대도시를 중심으로 이루어졌는데, 대도시에는 서적점과 약점, 술을 파는 주점, 차를 파는 다점 등 관영 상점도 열었습니다. 개경에 시전을 만들고 국영 점포도 열었지만, 자급자족적인 농업 경제를 기본으로 했기 때문에 상업과 수공업의 발달은 부진했어요. 상행위를 관리하고 감독하기 위해 경시서라는 관청을 두기도 했답니다.

고려 후기에는 중앙과 지방의 상업 활동이 점차 활발해졌습니다. 시전은 규모가 확대되고

**건원중보(왼쪽)와 해동통보
(화폐박물관)**

건원중보는 고려 성종 때(996년) 주조된 한국 최초의 화폐인데, 철전과 동전의 두 종류가 있다. 숙종 때(1102년) 만들어진 해동통보는 보급을 위해 관료와 군인에게 녹봉으로 지급됐고 음식점에서도 쌀이나 포목 대신 사용하도록 권장됐다.

업종별로 전문화됐어요. 개경의 상업 활동이 도성 밖으로 확대되면서 예성강 하구의 벽란도를 비롯한 항구들이 교통과 산업의 중심지로 떠오르게 되었지요.

국내 상업이 발전하면서 송과 요 등 외국과의 무역도 활발해지자 벽란도는 국제 무역항으로 번성했습니다. 고려는 서해안의 해로를 통해 송으로부터 왕실과 귀족의 사치품을 수입하고 종이, 인삼 등을 수출했어요. 거란과 여진은 은을 가지고 와서 농기구나 식량 등으로 바꾸어 갔지요. 11세기 말부터는 일본과도 교역을 했는데 일본 상인들은 수은, 황 등을 가지고 와서 식량, 인삼, 서적 등과 바꾸어 갔어요.

서역과의 교류도 활발했습니다. 대식국이라고 불리던 아라비아의 상인들은 고려에 와서 수은, 향료, 산호 등을 팔았어요. 이들을 통해 '고려'라는 이름이 서방 세계에 알려지게 되었지요. 우리나라의 영어 이름이 'Korea'가 된 것은 바로 이런 이유에서랍니다.

상업 활동이 활발해지면서 화폐도 발행됐습니다. 성종 때는 철전인 건원중보를 만들었고 숙종 때는 삼한통보, 해동통보, 해동중보 등의 동전과 활구(은병)라는 은전을 만들었으나 널리 유통되지는 못했어요. 일반적인 거래에서는 여전히 곡식이나 삼베가 사용됐습니다.

활구(은병)

우리나라의 지형을 본떠 은 한 근으로 만든 화폐다. 활구 하나가 포 100여 필에 해당될 정도로 높은 가치를 지녔다.

고려의 신분 제도

고려 사람들은 대체로 귀족, 중류층, 양민, 천민으로 구성됐습니다.
종래의 문벌 귀족은 무신정변을 계기로 약화됐고, 무신 정권이 무너
진 후에는 원과의 관계를 통해 성장한 권문세족이 득세하게 됐어요.
이들은 권력을 이용해 농민의 토지를 빼앗거나 고리대를 이용해 대규
모의 농장을 소유했지만 국가에 제대로 세금을 내지 않았어요. 또한
몰락한 농민을 농장으로 끌어들여 노비처럼 부렸지요.

중류층은 후삼국의 혼란기를 거쳐 제도가 정비되는 과정에서 통치
체제의 하부 구조를 맡으면서 자리를 잡아 갔습니다. 중앙 관청의 말
단 서리인 잡류, 궁중 실무 관리인 남반, 지방 행정 실무를 담당한 향
리, 하급 장교인 군반, 지방의 역을 관리하는 역리 등은 말단 행정직
에 종사했어요.

이들은 직역을 세습적으로 물려받았고 국가로부터 그에 상응하는
토지도 받았지요. 지방 호족 출신은 향리의 우두머리인 호장과 부호

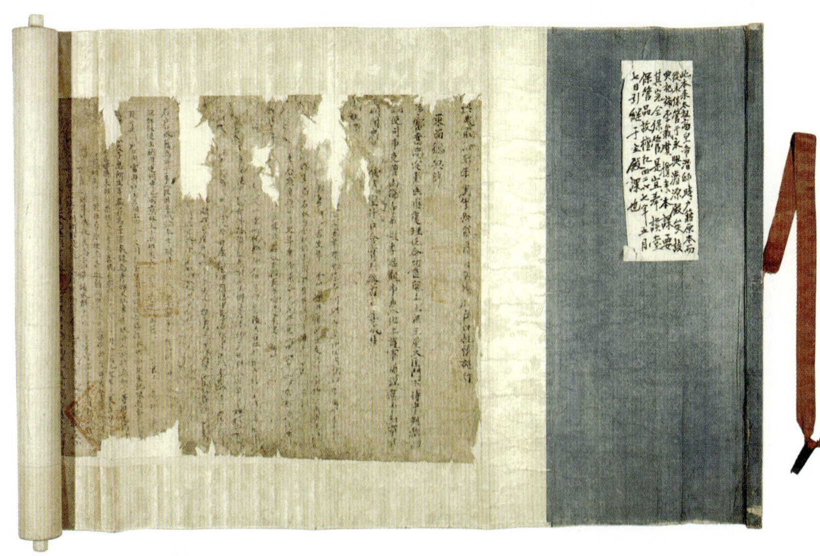

고려 시대의 이성계 호적
(국보 제131호, 국립중앙박물관)
1390년(공양왕 2년)에 작성된
이성계의 호적이다. 이성계가
호주로 되어 있고, 호주의 관직
과 녹봉, 자손, 형제, 조카, 노비
들까지 기록돼 있다.

고려 아집도

고려 문인 관료들이 이상으로 삼은 생활상을 그린 그림이다. 14세기의 작품으로 추정된다. 문인들이 정원에 모여 시를 짓
고 그림도 감상하며 한가로이 여가를 보내고 있다.

장을 대대로 배출한 지방의 실질적 지배층이었습니다. 이들은 결혼을 하거나 과거에 응시할 때 하위의 향리와는 다른 특별한 대우를 받았지요.

양민은 주·부·군·현에 거주하면서 농업이나 상공업에 종사했습니다. 양민의 대다수는 농민이었는데 이들을 백정(白丁)이라고도 불렀어요. 참고로 조선 시대의 백정은 천민 신분에 속하던 도살업자였어요. 고려 시대에는 도살업자를 화척(禾尺)이라고 했는데, 조선 세종 때 이들을 양민, 즉 백정에 편입시키자 사람들은 이들을 차별해 신백정(新白丁)이라고 부르게 되었고, 그 뒤로 백정이 도살업자를 지칭하게 된 것이지요. 백정이 천민 계급에서 해방된 것은 갑오개혁(1894년) 때부터이지만, 사회에서는 여전히 천대를 받았어요.

농민은 일상 의례와 공동 노동을 통해 공동체 의식을 다졌는데, 대표적인 것으로 불교의 신앙 조직이었던 향도를 꼽을 수 있습니다. 향도는 미륵을 만나 구원받고자 향나무를 바닷가에 묻는 매향 활동을 했고, 많은 인력이 필요한 불상과 석탑 제작, 사원 건축 등에도 참여했어요. 이러한 향도는 조선 시대에도 이어졌지요.

양민이면서도 군현민과 구별되는 특수 행정 구역인 향과 부곡, 소에 거주하는 사람에게는 거주 이전의 자유가 없었습니다. 향이나 부곡에 거주하는 사람은 농업에, 소에 거주하는 사람은 수공업이나 광업에 주로 종사했어요. 역과 진의 주민은 각각 육로 교통과 수로 교통에 종사했습니다.

천민에는 공노비와 사노비가 있었습니다. 공노비에는 궁중, 중앙 관청, 지방 관아에서 잡역에 종사하는 입역 노비와 지방에 거주하면서 농업에 종사하는 외거 노비가 있었어요. 사노비에는 귀족이나 사원이 직접 부리는 솔거 노비와 주인과 따로 사는 외거 노비가 있었지요.

귀족은 자신의 소유지를 노비에게 경작하게 해 생산량의 반을 거두었는데, 외거 노비에게는 신공으로 매년 베나 곡식을 받았습니다. 외거 노비는 능력에 따라 주인의 토지뿐만 아니라 다른 사람의 토지도 소작할 수 있었어요.

간혹 자신의 토지를 소유하는 경우도 있었지요. 이들의 신분은 노비였지만 양민 백정과 비슷하게 독립된 경제 활동을 할 수 있었습니다. 이들 중에는 재산을 늘려 신분의 제약을 딛고 지위가 높아진 사람도 있었어요.

원래 노비는 재산으로 여겨져 매매, 증여, 상속을 통해 주인에게 예속돼 있었습니다. 귀족은 노비를 늘리기 위해 부모 중의 한 명이 노비이면 그 자식도 노비가 되게 했어요. 공노비는 조선 순조 때(1801년) 해방됐고, 사노비는 갑오개혁 때에 가서야 해방됐습니다.

신공(身貢)
노비가 노역 대신에 주인에게 곡식, 돈 따위로 납부하던 세다.

고려의 빈민 구제 정책

국가는 빈민을 구제하기 위한 제도적 장치를 마련했습니다. 성종 때는 백성의 안정된 경제생활을 위해 상평창이라는 곡식 저장 창고를 만들었어요. 풍년이 들어 곡물의 가격이 떨어지면 국가가 곡물을 비싼 가격으로 사들여 떨어진 곡식의 가격을 올리고, 흉년이 들어 곡식의 가격이 크게 오르면 국가가 비축해 두었던 곡물을 풀어서 곡물의 가격을 낮추었지요.

또한 성종은 식량이 궁핍한 봄철에 곡식을 꾸어 주고 추수 후에 갚도록 하는 의창 제도를 실시했는데, 이는 고구려의 진대법과 비슷합니다. 이 제도는 전국 여러 지방에서도 실시됐는데 조선 시대에도 상평창과 의창 제도를 이어 나갔답니다.

가난한 백성이 의료 혜택을 받을 수 있도록 개경에 동서 대비원을 설치했고, 예종 때(1112년)에는 혜민국을 설치해 의약을 전담하게 했습니다. 동서 대비원과 혜민국 역시 조선 시대에도 이어졌어요.

1036년 정종 때 "동대비원을 수리해 배고프고 헐벗었거나 병들어 오갈 데 없는 사람을 살게 하고 옷을 입히고 밥을 먹여 주었다."라는 기록이 있는 것으로 보아 그 이전에 동서 대비원이 설치됐음을 알 수 있습니다.

각종 재해가 발생했을 때는 구제도감이나 구급도감을 임시 기관으로 설치해 빈민 구제와 병자 치료에 힘썼어요. 예종 4년(1109년) 5월에는 개경에 전염병이 크게 돌아 시체를 거리에 방치하는 사태에 이르렀는데 구제도감을 설치해 문제를 해결했지요. 고려 광종 때(963년)는 기금을 마련한 뒤 이자로 빈민을 구호하는 제위보를 설치했습니다.

4-3 고려의 경제와 사회

1 고려의 경제

- **토지 제도** 전시과(관료를 18등급으로 나누어 농경지인 전지와 땔감을 구할 수 있는 시지의 수조권 지급, 문종 때 현직 관료로 제한), 과전(보수), 공음전(5품 이상 관료에게 지급, 세습할 수 있는 토지로 음서제와 함께 귀족 사회의 기반)
- **수취 체제 정비** 양안(토지 대장)과 호적(호구 장부)을 근거로 조세·공물·부역 부과. 조세는 토지의 비옥도에 따라 3등급으로 나누어 생산량의 1/10 징수, 공물(매년 내는 상공과 수시로 내는 별공), 역(군역과 요역, 16~60세 남자인 정남에게 부과)
- **농업** 소를 이용한 깊이갈이 일반화, 2년 3작의 윤작법(조·보리·콩을 돌아가면서 재배) 보급, 고려 말 남부 일부 지방에 모내기법 보급, 거름을 주는 시비법 발달(휴경 기간 단축)
- **수공업** 관청 수공업(기술자를 공장안에 올려 관리), 소 수공업(공물의 부담을 위해 특정한 물품을 생산하던 촌락에서 행하는 수공업), 민간 수공업(농촌의 가내 수공업)
- **상업** 관영 상점(서적점·주점·다점), 개경에 시전을 만듦, 경시서(상행위 감독)
- **화폐 발행** 건원중보·삼한통보·해동통보·해동중보·활구(은병) 제작. 고려 화폐는 널리 유통되지 못하고 쌀이나 베 등이 주요 거래 수단으로 이용됨

2 고려의 사회

- **귀족** 왕족과 5품 이상의 고위 관료는 음서제나 공음전의 혜택을 받음. 지배층의 변천(호족→문벌 귀족→무신→권문세족→신진 사대부)
- **중류층** 지배 계급의 말단 행정직을 담당했으며 직역이 세습됨. 서리(중앙 관청의 실무 관리), 남반(국왕의 시중을 들며 왕명을 받듦), 향리(호족 출신은 귀족과도 통교), 군교(하급 장교)
- **양민** 농민(백정)·상인·수공업자. 향·부곡(농업)·소(수공업·광업)의 주민은 차별당함
- **천민** 공노비(입역 노비, 외거 노비), 사노비(솔거 노비, 외거 노비), 매매·상속·증여의 대상, 일천즉천(부모 중 한 명이 노비면 그 자식도 노비가 됐음)
- **빈민 구제** 상평창(곡식 저장 창고이자 물가 조절 기구), 의창(고구려의 진대법과 유사, 봄에 곡식을 꾸어주고 추수 후에 받음), 동서 대비원(의료 시설), 혜민국(의약 전담), 구제도감과 구급도감(재해 때 빈민 구제와 병자 치료), 제위보(기금을 조성해 그 이자로 빈민 구호)

고려 시대에는
과연 남녀가 평등했을까요?

고려 시대에 여자는 18세 전후, 남자는 20세 전후에 혼인을 했습니다. 남자는 혼인 후 여자의 집으로 가서 살았는데, 자식을 낳고 성장시킨 뒤에 자신의 집으로 돌아갔어요. 고구려 때도 이와 비슷한 '서옥제'라는 결혼 풍습이 있었지요. 이것은 혼인을 한 뒤 여자의 집 뒤꼍에 조그만 집을 짓고 살다가 자식이 장성하면 여자를 데리고 남자의 집으로 돌아가는 제도였어요.

부모의 유산은 자녀에게 골고루 분배됐고, 태어난 순서대로 호적에 기재해 남녀를 차별하지 않았습니다. 아들이 없을 때는 양자를 들이지 않고 딸이 제사를 지냈어요. 여성의 재가는 비교적 자유로웠고 재가한 여성의 자식이 사회에 진출할 때도 차별을 두지 않았습니다. 고려 시대에는 남녀 간의 만남도 비교적 자유로웠어요. 이런 자유로운 남녀 관계는 고려 가요에 잘 나타나 있지요. 고려 가요의 대부분은 남녀 사이의 사랑을 읊고 있는데, 너무 노골적인 표현이 많아 조선 시대 유학자들이 남녀상열지사(男女相悅之詞)라고 비판했습니다. 이로 인해 많은 고려 가요가 상실됐고 그나마 지금 전해지는 고려 가요도 내용 수정이 많았을 것으로 추측되지요.

고려 말의 유학자 이제현이 쓴 『역옹패설』에 나오는 「손변의 재판」을 보면 고려 시대에 여성이 어떤 지위를 누렸는지 잘 알 수 있습니다.

고려 제23대 왕인 고종 때의 일입니다. 경상도 안찰부사 손변은 남동생이 누나를 상대로 낸 소송 사건을 처리하게 됐어요. 손변은 두 사람을 불러 사정을 물었지요. 부인과 사별한 남매의 아버지가 세상을 떠나면서 전 재산을 누나에게 물려주고 남동생에게는 검정 옷 한 벌, 모자 하나, 신발 한 켤레, 종이 한 장만 물려준다는 유서를 남겼다고 합니다. 그래서 남동생이 유서의 내용이 부당하다고 소송을 낸 것이었어요.

손변은 남동생에게 "아버지가 돌아가셨을 때 너희는 각각 몇 살이었느냐?"라고 물었어요. 그러자 남동생은 "누님은 결혼을 했고, 저는 일곱 살인가 여덟 살이었습니다."라고 대답했지요.

손변은 숙고한 후에 엄숙하게 판결을 내렸습니다.

"부모의 마음은 아들에게나 딸에게나 똑같은 것이다. 너희 아버지는 어린 아들이 의지할 데는 누나밖에 없을 거라고 생각했을 것이다. 만약 유산을 똑같이 나눠 준다면 누나가 동생을 제대로 보살피지 않을 것이고, 어린 아들은 자기 몫의 재산을 제대로 관리하지 못할 것이라고 염려했던 것 같다. 아들이 어른이 되어 물려받은 종이에 소장을 쓴 다음, 검정 옷을 입고 모자를 쓰고 신발을 신고 관가에 가서 호소한다면 누군가가 이 일을 제대로 판단해 줄 것이라고 생각했던 것이다. 이제 둘은 재산을 사이좋게 나눠 가져도 된다."

손변의 말을 들은 남매는 서로 마주 보며 울음을 터뜨렸습니다.

이처럼 자녀들은 부모가 유언을 남겼을 경우에는 그 내용에 따랐지만 유언을 남기지 않았을 때는 균등하게 재산을 나누었어요. 결혼한 딸이 재산을 물려받았을 때에는 부부의 재산에 보태지 않고 별도로 소유했지요. 고려 시대에는 재산 상속뿐 아니라 제사를 모시는 데도 남녀 차별이 없었습니다. 그런데 고려의 남녀평등 사상은 조선 시대로 오면서 대를 잇는 남자의 역할이 강조돼 점점 퇴색되지요.

4 외교는 또 다른 전쟁이다 │
거란의 침입과 여진 정벌

동북아시아의 10세기는 격변기였습니다. 거란은 926년에 발해를 멸망시키고 946년 요 제국을 수립했어요. 한반도에서는 고려를 세운 왕건이 936년에 후삼국을 통일했고, 중국에서는 960년에 조광윤이 송(북송)을 건국했지요. 당시 거란은 송을 공격하다가 배후에 있는 고려에게 협공당할 것이 두려워 고려를 먼저 제압하려고 했어요. 그래서 거란은 993년 10월 소손녕을 앞세우고 고려를 침입했지요. 이때 서희는 소손녕과 외교 담판을 벌이는데 고려가 고구려를 계승하고 있음을 분명히 밝혀 강동 6주의 영유권을 획득하고 압록강 주변까지 영토를 넓혔어요. 이후 거란의 성종은 1010년에 제2차 침입을 강행해 개경까지 함락했으나 곧 후퇴했고, 1018년에는 소배압이 이끄는 대군이 제3차 침입을 강행했으나 귀주에서 강감찬 장군에게 격파된 이후 다시는 고려를 침략하지 못했어요.

- **993년** 거란이 80만 대군을 이끌고 고려를 침략하다. 서희가 담판에 나서 압록강 동쪽의 강동 6주를 확보하다.
- **1019년** 강감찬이 귀주 대첩에서 대승을 거두다.
- **1033년** 천리 장성을 쌓아 거란과 여진의 침략에 대비하다.
- **1107년** 윤관이 별무반을 편성해 여진족을 몰아내고 동북 9성을 쌓다.

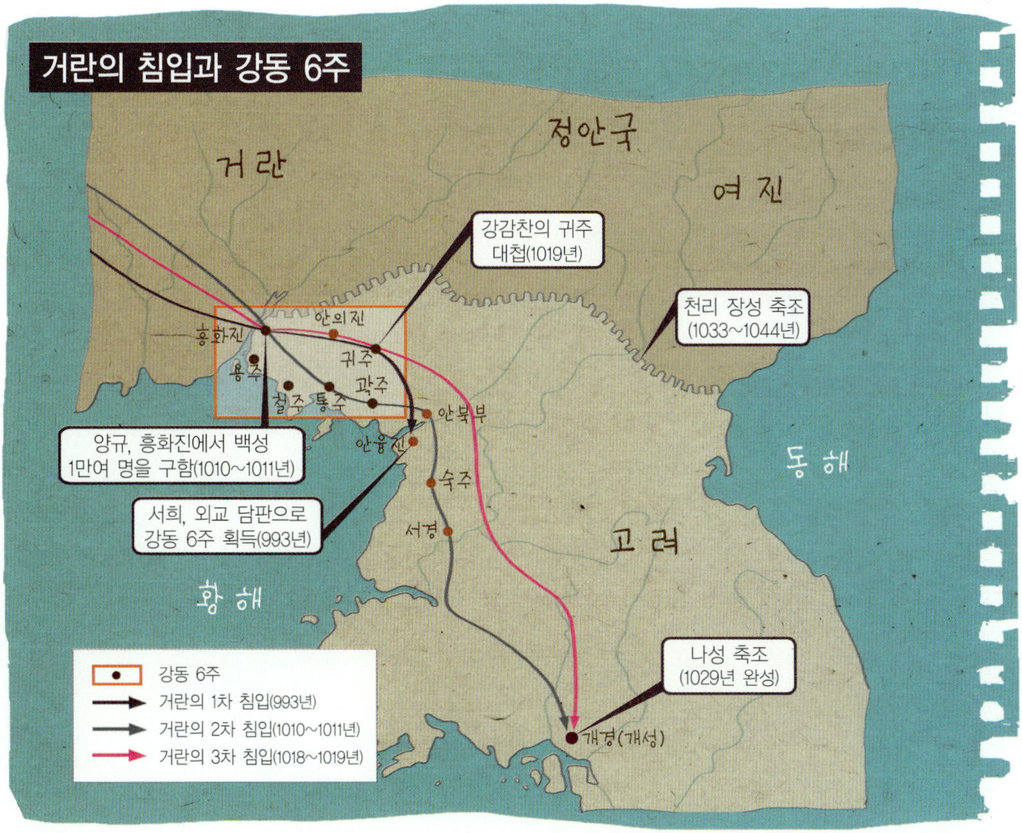

전쟁을 막는 외교

아무리 작은 전쟁을 치르더라도 군사력은 물론 정치, 경제, 문화 등 모든 분야에서 역량을 총동원해야 합니다. 특히 무엇보다 상황 대처 능력이 중요하지요. 아무리 대비를 잘했더라도 모든 측면에서 완벽할 수는 없기 때문이에요.

다른 나라의 침략을 막으려면 우리나라의 장점을 극대화하고 단점을 최소화해야 합니다. 그래야 이길 수 있는 방도가 생기지요. 반대로 상대의 약점은 철저히 추궁해야 합니다.

예를 들어 상대방의 집권 세력이 알력 다툼을 벌이고 있다면 그것을 더욱 조장해 서로 협력하지 못하도록 책략을 꾸며야 합니다. 만약 적이 기병전에 뛰어나다면 산악전을 전개해 기병을 무용지물로 만들어야 해요. 이렇게 하려면 상대방에 대해 잘 알고 있어야 하지요. 『손자병법』에서 지피지기(知彼知己)를 최고의 병법으로 강조하는 것은 이 때문입니다.

그런데 안타깝게도 우리는 주변국에 너무 무관심하게 대응하는 바람에 침략을 막지 못했을 뿐만 아니라 침략을 자초했던 적이 많았습니다.

임진왜란 때 신립 장군은 조총으로 무장한 왜군을 대적하기 위해 활과 칼로 무장한 채 강을 등지고 배수진을 쳤어요. 근접전을 벌이기도 전에 수많은 희생자를 낼 게 분명한 상황이었지요.

일본이 운요호 사건을 일으켜 조약을 맺자고 강요했을 때는 어떻게 대응했나요? 국가 간 외교 조약을 어떻게 맺어야 하는지도 정확히 알지 못해 일부 외교관에게나 허용하는 치외 법권을 모든 일본인에게 인정한 데다 일본이 우리 해안을 마음대로 측량하는 것까지 수락하는 강화도 조약을 체결했지요. 한마디로 일본에게 우리나라를 갖다 바친 것이나 다름없었습니다.

왜 이런 일이 일어났을까요? 상대방에 대해 알려고 하지 않았기 때문입니다. 외세의 침략은 갑자기 총 한 방 쏘고 막무가내로 쳐들어오는 상황이 아닙니다. 침략 과정에는 여러 조짐이 보이기 마련이에요. 먼저 사신을 보내 여러 요구 조건을 내걸면서 우리의 움직임을 떠보곤 하지요. 그렇다면 응당 그들이 왜 이렇게 나올까 경각심을 갖고 주시해야 하지 않겠어요? 그것은 나라를 이끄는 사람들의 당연한 책무입니다.

'전쟁은 외교의 연장'이라는 말이 있습니다. 외세의 침략을 막느냐 막지 못하느냐 하는 문제는 외교에 달려 있다고 해도 과언이 아닙니다. 전쟁을 막는 외교가 있는가 하면 전쟁을 부르는 외교도 있으니까요.

물론 외교가 꼭 침략과 관련된 것만은 아닙니다. 나라와 나라 간에 평화와 친선을 도모하는 것은 물론이고, 교역과 교류를 더욱 활성화하는 역할을 하기도 합니다.

하지만 외교는 언제나 자기 나라의 주권과 관련이 있어요. 외교적으로 대응할 때는 무엇보다 상황에 대한 대처 능력이 필요합니다. 무조건 원칙만을 고수하는 것이 좋은 것은 아닙니다. 그렇다고 주권을 포기하는 것도 바람직하지 않지요. 변해 가는 상황 속에서 민족의 이익과 주권을 고수하는 원칙에 따라 모든 것을 결정해야 합니다.

이렇게 자기 나라의 이익과 주권을 지키기 위해 전개되는 외교전이 오늘날에만 해당되는 일은 아닙니다. 과거에도 그렇게 진행되었습니다. 대표적인 예가 거란의 침략을 맞았을 때 벌인 서희의 담판 외교예요.

거란의 1차 고려 침략

서희가 담판 외교를 벌인 것은 거란의 제1차 침략이 일어난 993년의 일입니다. 그렇다면 거란은 왜 고려를 침략한 것일까요?

동북아시아에서 10세기는 매우 혼란스러운 전환기였습니다. 랴오허 강의 상류인 내몽골 일대에 흩어져 살고 있던 거란족은 916년 야율아보기에 의해 통일되고 946년에 요가 들어섰어요. 요는 926년 발해까지 멸망시키면서 나라의 기틀을 다졌지요. 당이 멸망한 뒤 중국 대륙 중심부에는 후량(907~923년), 후당(923~936년), 후진(936~946년), 후한(947~950년), 후주(951~960년) 등 다섯 왕조가, 서쪽과 남쪽에는 남당, 오월 등 열 개의 왕조가 버티고 있었어요. 즉, 5대 10국의 혼란기를 겪고 있었던 것이지요. 한반도에서는 고려를 세운 왕건이 936년에 후삼국을 통일합니다. 이때 고려는 적극적으로 발해 유민의 입국을 받아들이면서 북진 정책을 추진하고 있었어요. 적의 혼란을 이용하려는 현명한 판단이었지요.

이런 상황에서 거란은 자신들의 기반을 다지기 위한 방편으로 고려에게 교류를 청합니다. 922년에 사신을 보내 낙타와 말을 바치고, 942년에는 낙타 50필을 바칩니다. 하지만 고려 태조는 발해 멸망 이후부터 거란을 증오해 교류는커녕 사신 30명을 유배시키고 낙타를 만부교(萬夫橋)에서 굶어 죽게 방치했어요. 이는 북진 정책의 의지를 내보인 것이라고 할 수 있지요. 태조 이후에도 이런 정신이 계승돼 정종 때 광군 30만 명을 조직하고 국방력을 강화하기에 이릅니다. 아울러 외교를 통해 중국 대륙의 국가들과 친선 관계를 맺고 거란을 압박했어요.

한편 중국 대륙에서는 거란으로 인해 커다란 변화가 일어났습니다.

점차 힘을 키워 나가던 거란이 후진을 세운 석경당에게 연운 16주를 할애받은 것입니다. 물론 그 이후 후주의 2대 황제 세종 시영은 연운 16주를 되찾기 위한 원정을 단행합니다. 하지만 시영이 원정 중 병을 얻어 죽고, 조광윤이 정변을 일으켜 송을 건국했어요.

세력을 키운 거란은 중국 대륙 전체를 넘보았는데, 걸림돌이 되는 나라가 바로 고려였습니다. 송을 공격할 때 배후에 있는 고려가 함께 쳐들어오면 꼼짝 없이 포위당할 수밖에 없는 상황이었거든요. 당시 고려는 북진 정책을 추진하겠다는 의사를 내비치고 있었습니다. 게다가 발해 유민이 세운 압록강 유역의 정안국도 송과 화친하면서 거란을 협공할 움직임을 보이고 있었어요.

이런 상황에서 거란은 986년 정안국을 멸망시킵니다. 991년에는 위구, 진화, 내원 등의 압록강 유역에 성을 쌓고 고려를 침략하기 위한 준비에 들어갑니다. 그렇다면 이에 적극적으로 대비해야 하겠지요. 북진 정책을 추진해 옛 땅을 회복하자는 것이 빈말이 아니라면 실질적으로 군사력을 강화해야 할 것입니다. 그러나 당시에는 거란의 침략에 대한 준비가 부족했어요. 993년 10월, 거란의 장수 소손녕은 손쉽게 압록강을 넘어 의주 땅으로 침입해 들어왔습니다.

고려에서는 상군사 박양유, 중군사 서희, 하군사 최량을 지휘관으로 삼고 방어군을 편성해 서북 지방에 진을 쳤습니다. 그리고 봉산성에서 거란과 첫 전투를 치렀지요. 고려군은 완강하게 싸웠지만 분패해 봉산성을 빼앗겼어요. 이에 고려 조정에서는 이몽전을 청화사로

거란 문자가 새겨진 청동 거울(국립중앙박물관)
거란의 청동 거울은 고려와 거란의 교류를 통해 들어왔을 가능성이 크다. 관련 자료가 적어 거란의 문자를 해독하기가 어려운 실정이다.

정안국
10세기 초 발해가 거란에 의해 멸망한 후, 발해의 유민이 압록강 중·상류로 피난해 세운 소국이다. 후당에 사신을 파견하기도 했는데, 이 시기에는 '후발해'라고 불렸다. 내분으로 인해 대광현 등 상류층이 고려에 투항했다.

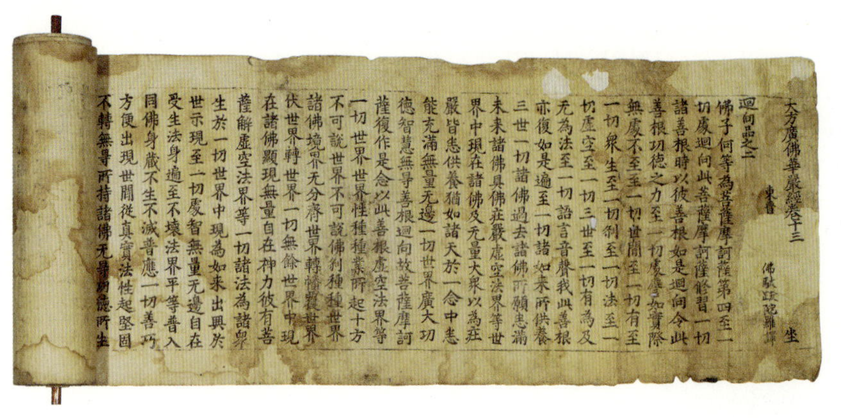

거란의 침입을 막기 위해 만든 화엄경(11세기, 크기 28.0 x 50.0cm, 국립중앙박물관)
고려 현종에서 선종에 걸쳐 이루어진 초조대장경 가운데 목판으로 찍어 낸 두루마리 대방광불화엄경이다. 대방광불화엄경은 보통 '화엄경(華嚴經)'이라고 불리는데 석가의 크고 넓은 깨달음과 장엄하고 방정한 이치가 담긴 대승 경전을 일컫는다.

보내 화의를 표명했습니다. 하지만 전쟁에서 승리한 거란이 단순히 화의만 맺고 물러갔을까요? 얻을 것은 최대한 얻어 내려고 했겠지요. 고려의 약한 모습을 본 소손녕은 더욱 고압적인 자세로 협박했습니다. 자신들이 고구려의 후계자이니 고구려의 영토를 내놓으라는 것이었지요.

"곧 80만 대군이 올 것이니 빨리 항복하라! 그러지 않으면 모두 도륙하겠다."

소손녕의 협박에 다급해진 성종은 회의를 열어 대책을 강구합니다. 회의에 참석한 대신들은 소손녕의 엄포에 기가 질려 대부분 투항할 자세를 보였어요. 항복하는 것은 물론이고 심지어 서경(평양) 이북의 땅을 떼어 주자는 할지론(割地論)까지 주장하고 나섰습니다. 성종도 할지론에 동조해 서경 창고에 있던 쌀을 거란에게 뺏기지 않기 위해 모두 백성에게 나누어 주고, 나머지는 대동강에 버리기로 결정하지요.

참으로 기가 막히지 않습니까? 대개 이런 상황에서는 협상파와 강경파로 나뉘는 게 일반적입니다. 그런데 대책으로 내놓은 게 무조건 항복하자는 것이고, 그것도 모자라 싸움도 안 해 보고 평양 이북의 땅을 내주자고 서슴없이 말하고 있으니 어이없는 노릇 아닙니까? 그렇다면 도대체 북진 정책의 실체는 무엇이었을까요?

하지만 모두가 그랬던 것은 아니에요. 서희는 임금과 중신들의 주장에 맞서 "식량이 넉넉하면 성을 지킬 수 있고, 싸움에서 승리할 수도 있습니다. 전쟁의 승패는 병력이 강하고 약한 데만 있는 것이 아닙니다. 적의 약점을 알고 행동하면 승리할 수 있습니다."라고 주장했어요.

상황이 이렇다 보니 고려 조정에서는 결정을 빨리 내릴 수 없었습니다. 따라서 소손녕은 더욱 자신의 요구를 관철시키기 위한 무력시위를 했지요. 그는 군대를 움직여 청천강까지 진출해 가장 약한 곳이라고 판단한 안융진(안주 지방)을 공격했어요. 하지만 중랑장 대도수와 낭장 유방이 이끄는 고려군에 참패를 당하고 맙니다. 기병에 강한 거란이었지만 강점을 살리지 못하고 오히려 약점을 드러낸 것입니다. 이런 상황에서 고려와 오랫동안 전쟁을 치러야 한다는 것은 부담이 될 수밖에 없었어요. 이에 소손녕은 사신을 보내 회담을 열자고 청합니다.

서희, 담판 외교로 강동 6주를 얻다

서희는 거란군의 약점이 무엇이고, 그들이 원하는 것이 무엇인지 파악했어요. 그래서 그는 "아무리 적이 대군이라고 해도 한번 싸워 보지도 않고 항복할 수는 없습니다. 소신을 적진에 보내 주시면 적장 소손녕과 담판을 짓겠습니다."라고 성종에게 청해 허락을 받아 냈습니다.

서희가 안융진에 가자, 소손녕은 기선을 제압하려고 "네 어찌 소국의 신하인 주제에 귀인인 내 앞에 고개를 들고 들어오느냐? 마땅히 뜰 아래에서 삼배구고두(三拜九叩頭)의 예를 올려라."라고 겁을 주었어요.

하지만 서희는 당당하게 "신하가 임금을 대할 때는 밑에서 절하고 삼배구고두를 하는 법이지만 두 나라의 대신이 만나는데 어찌 그렇게 한단 말인가? 80만 대군의 지휘자가 타국 사신에 대한 예의도 모르는가?"라고 입바른 소리를 했습니다.

오히려 기선을 제압한 서희는 소손녕에게 침공한 이유를 따져 물었어요. 이에 소손녕은 "고려는 신라를 계승했고 우리는 고구려를 계승했으니 고구려 땅은 우리 것이오. 그런데 당신들은 어째서 고구려 땅을 침범하는 것이오? 게다가 무슨 까닭으로 인접한 거란을 피해 바다 건너 송과 교류하고 있소? 마땅히 고구려 땅을 우리에게 바치고 우리를 섬기시오."라고 위협했습니다.

이에 서희가 "아니오. 우리나라는 고구려를 이어받았기에 나라 이름도 고려라 했고 고구려의 수도였던 평양을 수도로 삼아 서경이라 부르고 있소. 경계를 논한다면 거란의 수도 동경도 모두 우리 땅이오. 또한 압록강변도 우리 땅인데, 지금은 여진족이 멋대로 들어와 살고 있는 상황이오. 지금 여진족이 가로막고 있어 거란에 가는 것은 바다 건너 송에 가는 것보다 더 힘이 드는 일이오. 따라서 여진족을 몰아내고 길을 닦아야 국교를 할 수 있지 않겠소?"라고 반론을 폈습니다.

서희의 주장은 북진 정책의 원칙을 지키면서도 현실적인 정세를 반영한 것이었어요. 먼저 고구려 계승 문제에서 국호와 수도를 들어 거란보다 고려가 우위에 있다는 사실을 언급했어요. 같은 고구려 땅에서 일어난 나라라 하더라도, 고구려의 오랜 수도였던 평양을 차지하고 있는 고려와 그렇지 않은 거란을 비교할 때 설득력이 있는 주장이었습니다.

물론 이런 주장만으로 거란이 순순히 사실을 인정하지는 않았을 것

고려의 문신이자 외교가였던 서희는 거란의 1차 고려 침입 때 적장 소손녕과 담판을 벌여 거란군을 철수시켰을 뿐만 아니라 강동 6주의 땅을 얻어 냈다.

입니다. 외교적 문제는 힘이 뒷받침되어야지 몇 마디 말로 해결할 수 있는 것은 아닙니다. 서희는 거란에게 국교를 맺으려면 두 나라 사이의 교류를 가로막고 있는 여진족을 제압해야 한다고 밝혔어요.

이런 서희의 주장은 거란 측에서 볼 때 참으로 당혹스러운 것이었습니다. 거란으로서는 고려 측의 입장을 들어줘야 할 것인지, 전쟁을 벌여야 할 것인지 양자택일을 해야 했기 때문이에요. 거란은 안융진에서의 패배가 무엇보다 마음에 걸렸어요. 거란은 고려를 간단하게 제압할 수 없다는 것을 잘 알고 있었을 거예요. 그러려면 시간이 걸리고, 결국 송의 협공을 우려할 수밖에 없다는 사실을 소손녕이 모를 리 없었지요.

전략적인 판단은 일개 장수인 소손녕이 곧바로 결정할 수 없었습니다. 결국 답장을 받아 오는 기간이 일주일 정도 걸렸고, 마침내 협상은 서희가 요구한 대로 결정됐어요. 고려가 송과의 관계를 끊고 거란과 국교를 맺기로 약조한 것이지요. 그러려면 압록강변에 대한 고려의 영유권을 거란이 인정할 수밖에 없었습니다.

서희가 압록강변에 대한 영유권을 거란으로부터 인정받은 것은 중요한 의미를 지니고 있습니다. 이 문제가 해결되지 않았다면 다시 거란과 전쟁을 치러야 했으니까요. 게다가 북진 정책을 추진하려면 근거지를 마련해야 하는데, 강동 6주를 기지로 삼을 수 있게 됐어요.

그런데 거란은 왜 압록강변에 대한 영유권을 인정했을까요? 고려와 국교를 맺고 조빙하려면 두 나라를 가로막고 있는 여진족을 고려가 장악해야 한다는 논리가 타당하기도 했지만, 서희의 주장을 들어주지 않으면 곧 전쟁을 해야 하는 상황이었기 때문에 전략적 판단을 내린 것입니다. 게다가 당시 거란이 그 지역을 장악하고 있지도 않았기에 자기 영토를 떼어 주는 것도 아니었지요. 서희는 이 미묘한 지점을 파고 들어가, 북진 정책을 추진할 영토 확보에 대한 묵인을 받아 냈던 거예요.

이런 서희의 외교 성과는 말로만 북진 정책을 외치다가 침공을 받자마자 항복하는 것도 모자라 땅을 떼어 주자는 태도와는 다릅니다. 거란과 국교하고 조빙한다고 한 것을 주권을 제약받았다고 생각할 수도 있고, 북진 정책을 포기한 것으로 볼 수도 있습니다. 하지만 이것은 송의 연호를 버리고 거란의 연호를 사용하며 교류하겠다는 의미예요. 주권적인 측면에서 볼 때 송의 연호를 사용하는 것과 거란의 연호를 사용하는 것은 무슨 차이가 있을까요? 더욱이 북진 정책을 추진하려면 치밀하게 준비해야 하지 않을까요? 서희는 빈말에 그치지 않고 실질적으로 압록강 유역을 개척해 북진 정책을 추진할 교두보를 확보하고자 했던 것입니다.

서희는 994년 평장사에 임명됐어요. 이후 3년에 걸쳐 흥화진, 용주, 통주, 철주, 귀주, 곽주 등에 강동 6주의 기초가 되는 성을 쌓고 압록강변까지 영토를 넓힙니다. 즉, 담판 외교의 성과로 힘을 키워 강동 6주를 개척했던 거예요.

귀주 대첩으로 끝난 거란의 3차 침입

고려는 거란과 교류를 지속하지 않고 송과 계속 교류했습니다. 거란은 강동 6주가 동 여진을 정벌하는 데 전략적 가치가 크다고 인식해 재침할 기회를 엿보았어요. 이후 거란의 2차, 3차 침략이 이어집니다.

1010년 2차 침략에서는 거란의 성종이 직접 40만 대군을 거느리고 개경까지 함락했어요. 하지만 이후 포위된 형국으로 쫓겨나는데 이때 고려 장수 양규의 힘이 컸습니다.

그러다 고려와 거란과의 관계에 결정적인 전환이 일어납니다. 거란의 침략에 철저하게 대비한 결과가 나타난 것이지요. 1018년 거란의 3차 침략에서 고려군이 대승을 거둔 것입니다.

소배압은 10만 대군을 이끌고 압록강을 건넜습니다. 고려에서는 거란군이 밀려올 것을 대비해 20만 병력을 준비해 둔 상태였어요. 71살의 노장 강감찬은 흥화진에서 쇠가죽으로 강물을 막아 대승을 거두었습니다. 이 싸움을 귀주대첩으로 잘못 알고 있는 경우가 많은데 사실은 흥화진 전투입니다.

흥화진 동쪽에는 강물이 흐르고 있었습니다. 강감찬은 쇠가죽을 연결해 강 상류를 막고 정예 기병 1만 2,000명을 매복하게 했어요. 아무 것도 모르는 거란군이 강을 건너려고 뛰어들자 강감찬은 막아 놓은 강물을 터뜨렸어요. 갑자기 물살이 들이치자 거란군은 어쩔 줄 몰라 했습니다. 이때를 놓치지 않고 고려는 거란을 맹공격해 대승을 거두었지요.

소배압은 흥화진 전투에서 패하긴 했지만 다시 전열을 가다듬어 개경으로 밀어닥쳤습니다. 그러자 강감찬은 개경 주변의 백성에게 곡식을 한 톨도 남기지 말고 모두 가지고 성안으로 피신하라는 명령을 내렸어요. 적이 굶주림과 피로에 지쳐 물러나게 하기 위해서였지요. 이것을 '들을 비운다' 라는 의미를 지닌 '청야(淸野) 전술' 이라고 합니다. 시간을 끌수록 불리하다고 생각한 소배압은 물러나기 시작했어요.

강감찬(948~1031년, 전쟁기념관)
고려의 명장인 강감찬은 거란이 10만 대군을 이끌고 쳐들어왔을 때 흥화진에서 적군을 무찔렀고, 이듬해에는 달아나는 적을 귀주에서 크게 격파했다.

강민첨(보물 제588호, 국립중앙박물관)
현종 10년(1019년)에 강감찬과 함께 10만 거란군을 격퇴한 고려의 명장이다.

흥화진 전투 기록화(전쟁기념관)
흔히 귀주 대첩은 강감찬이 강물을 이용해 거란군을 무찌른 싸움이라고 알려져 있다. 그러나
실제로 귀주 대첩은 평야에서 벌어진 전투였다. 『고려사』에 따르면 강물을 이용한 전투는 거란
의 3차 고려 침입 때의 첫 번째 전투인 흥화진(평안북도 의주)에서의 전투라고 한다.

귀주 대첩 기록화(전쟁기념관)

1019년 고려군이 귀주에서 거란군에게 대승을 거둔 전투다. 1018년 거란은 고려 국왕의 친조와 강동 6주의 반환을 요구하면서 소배압이 이끄는 10만 대군을 보내 3차 침략을 감행했다. 소배압은 흥화진에서

고려군에게 패배했지만 개경 부근까지 내려갔다. 소배압의 거란군은 병력 손실이 커지자 정벌을 포기하고
회군해 가다가 청천강 유역에서 강감찬의 공격을 받아 대패하고 만다. 특히 귀주에서는 살아남은 병력이

하지만 강감찬은 우리 국토를 유린한 적을 그냥 돌려보낼 수 없었습니다. 거란군이 압록강 근처의 귀주에 도착했을 때 동쪽 벌판에서 대규모 공세를 펼쳤지요. 그때 예측한 대로 거센 비바람이 거란군 쪽으로 몰아치기 시작했고, 고려군은 바람을 이용해 적진에 화살을 퍼부었어요. 거란군은 갑자기 쏟아지는 화살에 혼비백산했습니다. 혼란에 빠진 거란군은 속수무책으로 당하고 말았어요. 10만 군사 중 살아남은 자가 수천 명밖에 안 되었다고 합니다. 이 전쟁 이후 거란은 고려를 더 이상 넘보지 못했지요.

고려와 거란은 전쟁을 중단하고 강화를 맺어 사신을 교환했습니다. 그러나 고려는 현종 때 강감찬의 건의에 따라 개경 주위에 나성을 쌓았어요. 북방 민족의 침입에 대비하기 위해서였지요. 또한 압록강 하구에서 동해안의 도련포에 이르는 천리 장성을 쌓아 경비를 더욱 강화했어요. 이후 고려는 몽골이 침입해 올 때까지 약 200년 동안 평화를 누렸지요.

서희와 강감찬의 활약에서 알 수 있듯이, 외교는 민족의 주권과 이익을 지키기 위해 치열하게 펼치는 또 다른 전쟁입니다. 협상 또한 튼튼한 군사력이 뒷받침되었을 때 비로소 성과를 낼 수 있지요.

4-4 거란의 침입과 여진 정벌

1 거란의 침입과 격퇴

· **원인** 거란이 만리장성 이북 지역을 점령하면서 세력 확장 → 옛 고구려의 영토를 회복하려는 고려의 북진 정책과 충돌, 송은 거란을 견제하기 위해 고려와 관계 개선 도모

· **1차 침입(993년)** 거란은 송의 배후 세력을 없애기 위해 발해 유민이 세운 정안국 정벌 → 성종 때 80만 대군을 이끌고 고려 침략 → 옛 고구려 땅을 내놓고 송과 교류를 끊을 것을 요구 → 서희가 소손녕과의 외교 담판에서 송과 단교하기로 하고 대신 고구려의 후계자임을 인정받고 압록강 동쪽 280리 지역을 돌려받기로 약조함 → 고려는 이 지역의 여진족을 몰아내고 강동 6주에 성을 쌓아 고려의 영토로 편입함

· **2차 침입(1010년)** 고려가 송과의 관계를 계속하자 거란이 또다시 침략함 → 개경이 함락되기도 했으나 양규가 거란군을 크게 격파함

· **3차 침입(1018년)** 소배압이 10만 거란군을 이끌고 침략하지만 강감찬이 대승을 거둠 → 고려와 송, 거란 사이에 세력 균형이 유지됨 → 현종 때 강감찬의 건의에 따라 개경 주위에 나성을 쌓음 → 압록강 하구에서 동해안의 도련포에 이르는 천리 장성을 쌓아 거란과 여진의 침략에 대비함

2 여진 정벌과 대외 관계

· **여진의 성장** 고려를 부모의 나라로 섬기며 말과 화살을 바쳤고 고려는 식량과 농기구를 주어 회유 → 12세기에 거란이 쇠퇴하자 여진족이 동북아시아 지역에서 점차 강성해짐 → 천리 장성까지 남하해 고려와 충돌함

· **동북 9성 축조(1107년)** 윤관은 별무반(기병인 신기군, 보병인 신보군, 승병인 항마군)을 편성해 여진족을 몰아내고 동북 9성을 개척 → 9성 설치 이후에도 여진족의 침입이 잦아지자 해마다 조공을 받겠다는 약속을 받고 돌려줌

· **금의 사대 관계 요구** 강성해진 여진족은 금을 세우고 거란 공격 → 거란은 금과 싸우기 위해 고려에 군사 요청 → 고려는 금과의 관계 개선을 꾀하여 거란이 점령했던 압록강 유역의 보주(의주) 획득 → 금은 거란을 멸망시킨 뒤 고려에 군신 관계 요구 → 이자겸은 무력 충돌을 피하기 위해 이들의 요구를 받아들임

서희의 담판 외교와
한미 FTA를 비교해 보세요

오늘날과 같은 글로벌 외교 환경에서는 어느 나라든지 자국의 이익을 지키기 위해 치열하게 협상할 수밖에 없습니다. 하지만 외교 무대에서 자국의 이익을 지킨다는 것이 말처럼 쉬운 일은 아니에요. 명분만 고수할 수 있는 것도 아니고, 그렇다고 실리에만 치우칠 수도 없으니까요. 그러다 보니 다른 나라와 협정을 체결할 때 서로 입장이 충돌하며 갈등을 빚는 일이 다반사입니다. 한미 FTA의 추진 과정에서 벌어진 여러 가지 논란도 그중 하나라고 할 수 있습니다. 정부가 한미 FTA를 체결할 때 농민을 필두로 수많은 반대 세력이 협정의 조인을 반대하며 시위를 벌였습니다. 그 이유 중의 하나로 정부의 저자세 협상 태도를 지적하기도 했지요. 사실 여부를 떠나 이런 지적을 받았다는 것 자체가 문제입니다. 그렇다면 우리 역사에서 외교적 담판의 성공 사례로 거론되는 서희의 담판 외교와 정부의 한미 FTA 협상은 서로 어떻게 다를까요?

만고불변의 진리가 따로 없듯이 외교적 관계에서도 불변의 주장이 있을 수 없습니다. 외교 관계에서는 힘의 관계나 정세 변화 등을 면밀히 검토한 후에 결정을 내려야 하지요. 서희는 두 나라의 힘의 관계와 거란의 의도 등을 면밀히 분석한 후에 자신의 입장을 관철시킨 거예요.

한미 FTA는 많은 사람이 협상 그 자체를 우려하는 상황에서 체결됐습니다. 만약 정부가 우리나라의 이익을 철저히 지키고자 했다면 우려하는 사람들부터 먼저 설득해야 하지 않았나 하는 아쉬움이 남습니다. 찬성하는 사람이나 반대하는 사람이 머리를 맞대고 최선의 방안을 찾기 위해 노력하는 과정이 선행됐어야 했지요.

만약 정부가 그러한 노력을 했다고 주장한다면 얼마나 치밀하게 준비했느냐고 되묻지 않을 수 없습니다. 즉, 협상 전에 양국의 손익을 충분히 고려했느냐는 것이지요. 서희가 담판 외교를 벌일 당시 고려는 끊임없이 북진 정책을 추진하고, 정종은 30만 명의 광군을 조직하려고 했습니다. 미리 거란의 침입에 대비한 것이지요. 물론 그 대비가 얼마가 철저했는지는 의문입니다. 거란의 1차 침공을 받았을 때 무

조건 항복하자는 투항파가 많았거든요. 소손녕은 80만 대군을 앞세워 고구려 땅을 빼앗으려고 했지만, 서희는 송과 고려의 협공을 두려워한 거란의 약점을 꿰뚫어 보고 우리와 전면전으로 싸울 것이냐, 아니면 우리의 요구 조건을 들어줄 것이냐고 으름장을 놓았습니다. 서희가 거란에게 양자택일을 요구했던 것처럼 한미 FTA에서도 요구 조건을 전략적으로 관철했는지 의심스럽습니다.

협상 시기를 늦추는 것도 대안이 될 수 있었을 것입니다. 미국이 우리나라를 먼저 협상 대상으로 삼은 것은 그만큼 만만하게 생각하고 있었다는 뜻이겠지요. 우리도 가장 유리한 상대와 먼저 협정을 체결하는 것을 고려해야 했어요. 나쁜 선례를 남긴다면 다른 나라와 협정을 맺을 때 손해가 될 테니까요. 특히 외교 협상에서는 한 번 물러서면 더한 요구 조건을 들고 나온다는 점을 염두에 두어야 할 것입니다.

5 조선 역사상 1,000년 이래 제1대 사건 | 묘청의 난

고려 사회는 12세기를 전후해 변혁기를 맞이했습니다. 1126년 이자겸의 난 이후 귀족 세력과 신흥 세력 간의 갈등이 더욱 첨예해졌지요. 김부식이 중심이었던 개경의 문벌 귀족은 사대적인 반면, 묘청이 중심이었던 지방의 신흥 세력은 개혁적이었어요. 묘청은 개경의 땅기운이 쇠했으므로 서경으로 천도해 고려 왕조를 중흥시키자고 주장했어요. 이에 대해 인종은 호의적이었지만 개경의 문벌 귀족들은 거세게 반대했지요. 묘청은 무력을 사용하지 않고서는 목적을 이룰 수 없다고 판단해 1135년 1월에 난을 일으켰어요. 약 1년간 관군에게 저항하던 묘청의 군대는 이듬해 2월에 항복했습니다. 신채호는 묘청의 난이 실패한 이후 우리 역사가 사대주의에서 벗어나지 못하게 됐다고 개탄했습니다.

- **1126년** 둘째 딸이 예종의 비가 되면서 벼슬길에 오른 이자겸은 예종이 죽자 태자를 인종으로 즉위시켰고, 딸을 시켜 왕을 독살하려 했으나 결국 실패하다.

- **1135년** 묘청이 음양 도참설을 이용해 어린 인종에게 서경 천도를 건의했으나 여의치 않자 난을 일으키다. 김부식의 토벌군에 의해 약 1년 만에 진압되다.

묘청의 난에 대한 재평가

세상에는 크고 작은 사건이 숱하게 일어납니다. 그 사건들을 하나로 모아 놓으면 역사가 됩니다. 우리의 현실이 끊임없이 미래를 향해 변해 가듯 역사도 끝없이 변해 가지요. 그래서 역사학자인 에드워드 카는 역사를 가리켜 "현재와 과거, 미래와의 대화"라고 말했습니다.

우리가 알고 있는 역사적 사실은 아주 미미한 부분에 불과할 것입니다. 그런데도 역사를 모두 알고 있는 것처럼 생각하거나 자신이 알고 있는 사실이 고정불변한 진리라고 믿는다면 얼마나 어리석은 일일까요?

지금도 새로운 역사적 사실이 속속 밝혀지고 있습니다. 그동안 역사적 사실이라고 믿었던 것들이 사실이 아닌 것으로 드러나기도 합니다. 예를 들면 우리나라에는 구석기 문화가 존재하지 않았다고 알려져 왔지만, 사실은 존재했던 것으로 밝혀졌어요. 또 우리 민족을 흰색을 좋아하는 백의민족이라 여겼지만, 고구려 벽화의 발견으로 다양하고 화려한 색채를 애용해 왔다는 사실이 확인됐지요. 이뿐만이 아닙니다. 과거엔 큰 의미가 없는 사건으로 취급받았는데 역사상 중대한 의미를 지닌 것으로 다시 주목받는 경우도 많습니다. 한글의 창제가 좋은 예이지요. 당시에는 한글을 아녀자나 평민이 사용하는 하찮은 글로 여겼지만, 지금은 백성을 사랑하는 마음에서 창제된 과학적인 문자로 평가하고 있습니다.

학자들은 똑같은 사건을 놓고 다른 평가를 하기도 합니다. 묘청의 난은 서경으로 천도하기 위해 일으킨 단순한 반란으로 여겨져 왔습니다. 하지만 신채호가 문제를 제기함에 따라 한국사의 최대 사건으로 평가받게 되었지요.

에드워드 카(Edward H. Carr, 1892~1982년)
영국의 정치학자이자 역사가다. 국제 연합 '세계 인권 선언'의 기초위원회 위원장을 지내기도 한 그는 『위기의 20년』, 『역사란 무엇인가』, 『평화의 조건』 등의 저서를 통해 혁명적인 역사 진보의 개념을 확립했다.

신채호(1880~1936년)
일제 강점기의 독립운동가이자 사학자, 언론인이다. 〈황성신문〉과 〈대한매일신보〉 등에 민족 영웅전과 논설 등을 발표하며 민족의식을 높이는 데 힘썼다. 역사를 '아(我)와 비아(非我)의 투쟁'이라고 파악했다.

신채호가 묘청의 난을 높이 평가한 이유는 무엇일까요? 사실 사건의 규모만 놓고 본다면 중대한 사건으로 받아들이기는 어렵습니다. 묘청의 난은 전국에 걸쳐 진행된 것이 아니라 서경 지역을 거점으로 일어난 것에 불과하기 때문이에요. 따라서 이자겸의 난보다 덜 위협적이었던 사건으로 볼 수 있습니다. 그런데 이런 사건을 신채호는 왜 '조선 역사상 1,000년 이래 제1대 사건'이라고 했을까요?

우선 그 배경부터 살펴보겠습니다. 숙종 때 이르러 고려는 동북아시아에서 송, 거란과 대등하게 맞섰어요. 고려 국왕은 스스로 황제라 칭하고 국제 무역을 통해 아라비아 상인들에게까지 이름을 알렸지요. 이때 고려가 'Korea'로 소개됩니다. 고려는 수도인 개경과 동경(경주), 남경(서울), 서경(평양) 등 3경을 중심으로 나라를 통치했습니다. 1103년 여진족이 침입해 임간이 나섰으나 정주에서 패했고, 3월에는 윤관이 여진 정벌을 계획했지만 역시 이기지 못하고 화약을 맺었어요. 윤관은 "저들은 기병이고 우리는 보병이므로 대적할 수 없었습니다."라고 아뢰며 별무반 설치를 주장했어요. 그 결과 기병으로 구성된 신기군(神騎軍), 보병으로 구성된 신보군(神步軍), 승도(僧徒)로 구성된 항마군(降魔軍)을 두어 별무반이라 칭하고 여진 정벌을 준비합니다.

윤관은 1107년 예종 때 여진을 정벌하고 천리 장성 동북 지역에 9성을 설치했어요. 그러나 계속적인 여진족의 침입과 9성 방비의 어려움, 윤관의 공을 시기하는 자들로 인해 1년 만에 9성을 철폐하고 여진에게 반환했지요.

여진은 1115년 금을 세우고 송과 연합해 거란을 멸망시킨 후 아예 대놓고 상국임을 자처하며 고려에 압력을 가해 왔습니다. 12세기 초만 해도 고려를 부모의 나라라고 섬겨 오던 여진족이 말입니다.

윤관의 여진 정벌(전쟁기념관)
고려 제15대 왕인 숙종 때 여진의 침략이 잦아지자 윤관이 여진의 동태를 파악한 후
척준경을 적장에게 보내 화의를 맺었다. 이후 조정으로 돌아온 윤관은 1104년
여진을 정벌하기 위해 특수 군대인 별무반을 편성했다. 1107년 윤관은 17만 대군을
이끌고 여진을 정벌한 후 동북 9성을 얻었다.

이런 정세 속에서 권력을 잡고 있던 사람은 인종의 장인인 이자겸이었습니다. 11세기 이래 이자겸은 대표적인 문벌 귀족인 경원 이씨 출신으로 왕실의 외척이 되어 80여 년간 정권을 잡았습니다. 경원 이씨는 이자연의 딸이 문종의 왕비가 되면서부터 권력을 장악하기 시작했어요. 이자연의 손자인 이자겸도 예종과 인종의 외척이 되었지요. 이자겸은 예종의 측근 세력을 몰아내고 인종이 왕위에 오를 수 있게 도우면서 막강한 세력을 지니게 되었습니다. 이자겸은 금의 사대 요구를 받아들였어요. 지방 출신인 신진 세력과

척경입비도
(고려대학교박물관)
고려 예종 2년(1107년)에 윤관 (?~1111년) 장군이 17만 군사를 이끌고 여진족을 물리친 뒤, '고려의 영토(高麗之境)'라고 새긴 경계비를 세우는 장면을 그린 조선 후기 작품이다.

의 갈등을 해결하는 것이 우선 과제였기 때문입니다. 이자겸은 여기에 머물지 않고 왕위까지 넘보았어요. 이에 불안을 느낀 인종은 이자겸을 제거하려 했지만 무신 척준경과 손을 잡고 반격해 온 이자겸에게 포로로 잡힙니다. 하지만 인종은 척준경을 이용해 이자겸을 사로잡아 유배에 처하고, 이어 척준경까지 제거했어요.

사대주의에 무너진 자주 의식

이자겸의 난 이후 권력의 중심이 김부일, 김부식 일가의 경주 김씨로 이동했을 뿐 별다른 변화는 없었습니다. 금과의 외교 정책에서도 이자겸의 방침이 그대로 이어졌지요. 금에 대한 굴욕적인 외교 자세는 조정 대신 사이에 불만을 불러일으켰습니다. 급기야 윤관의 아들 윤

언이는 '칭제북벌'을 제기하며 금을 정벌하자고 주장했어요.

　이러한 때 도참설을 이용해 중앙 정계에 진출했다가 1127년 왕실 고문으로 추대된 묘청은 정지상, 백수한 등 서경 출신 관료들과 함께 강력한 주장을 하고 나섭니다. 고려가 어려움을 겪게 된 것은 개경의 지덕이 쇠약하기 때문이니 지덕이 왕성한 서경으로 천도해야 한다고 말이에요. 이자겸의 난 이후 왕권 강화를 꾀하고자 한 인종은 묘청의 주장에 귀를 기울였어요. 더욱이 당시 고려 사회에서는 풍수지리설이 크게 유행하고 있었지요. 인종은 이런 분위기에 편승해 천도 계획을 세우고 서경에 대화궁이라는 궁궐을 짓게 했어요.

　하지만 인종의 천도 계획은 개경에 기반을 둔 문벌 귀족들의 끈질긴 반발에 부닥쳤어요. 대화궁을 지으면 금이 와서 조공할 것이라고 했지만 그럴 기미는 보이지 않았지요. 도리어 인종의 서경 행차 중에 폭풍우가 몰아쳐 사람과 말이 죽고, 대화궁 근처에 벼락이 떨어지는 등 불상사가 잇달아 발생했어요. 이를 빌미로 개경의 귀족들은 묘청을 제거하자고 주장했고, 결국 서경 천도는 중단되기에 이릅니다.

　묘청을 중심으로 한 서경 세력은 자신들의 주장이 먹혀들지 않자 속임수를 썼어요. 그들은 대동강 물에 기름을 넣은 떡을 던졌는데 멀리서 보면 물 위에 뜬 기름 때문에 강물에 오색 빛깔이 서린 것 같았습니다. 그들은 왕에게 "용이 침을 토해 오색구름을 만들었는데, 이는 능히 금을 제압할 수 있음을 의미합니다."라고 말했지요. 하지만 속임수가 발각되고 입지가 좁아지자 묘청은 조광, 유감, 조창언 등과 함께 1135년 서경을 거점으로 반란을 일으킵니다.

　이에 김부식을 중심으로 한 문벌 세력은 개경에 남아 있던 정지상, 백수한 등을 처단하고 반란 진압에 나섰습니다. 이때 많은 사람이 호응해 전세가 정부군에게 유리하게 돌아갔지요. 정부군의 기세에 겁을 먹은 조광은 묘청을 죽이고 항복 의사를 밝혔습니다. 그런데 항복의 의미로 묘청의 목을 가지고 온 윤첨이 그만 옥에 갇혔지요. 이 사실을 안 조광은 항복을 포기하고 끝까지 맞서 싸울 것을 결심하고 1년 여 넘게 저항했지만 결국 1136년 2월에 진압됩니다.

이것이 묘청의 난이 일어난 배경이자 과정입니다. 신채호는 묘청의 난에 대해 다음과 같이 말했어요.

민족의 성쇠는 매양 그 사상의 방향 여하에 달린 것이다. 그것이 좌로 혹은 우로 향하는 것은 어떤 사건의 영향을 입은 탓이다. 그러면 조선 근세에 종교, 학술, 정치, 풍속이 사대주의의 노예가 됨은 무슨 까닭인가? …… 왕건의 창업 때문인가, 위화도 회군 때문인가, 임진왜란 때문인가, 병자호란 때문인가, 사색당파 때문인가, 양반과 상인의 계급 때문인가. 나는 한마디로 대답하여 가로되 고려 인종 13년 서경 천도 운동을 주도한 묘청이 김부식에게 패한 것이 그 원인이라고 생각한다. …… 서경 천도 운동을 역대 사가들이 다만 왕의 군대가 반란의 무리를 제압한 전쟁으로만 알고 있을 뿐이었으나 이는 근시안적 관찰이다. 실상 그 전쟁은 곧 낭불양가(郎佛兩家) 대 유가(儒家)의 싸움이고, 국풍파(國風派) 대 한학파(漢學派)의 싸움이고, 독립당 대 사대당의 싸움이고, 진취적인 사상 대 보수적인 사상의 싸움이니 묘청은 곧 전자의 대표요, 김부식은 곧 후자의 대표다. 이 전쟁에서 묘청 등이 패하고 김부식이 이겼으므로 조선사가 사대적, 보수적, 속박적 사상인 유교 사상에 정복되고 말았거니와, 만일 이와 반대로 김부식이 패하고 묘청 등이 이겼더라면 조선사가 독립적, 진취적 방면으로 나아갔을 것이니, 이 전쟁을 어찌 1,000년 이래 제1대 사건이라 하지 아니하랴.

이 글에 나타난 주장은 발표된 당시(1925년)는 물론 지금까지도 유효합니다. 그만큼 민족사에서 사대주의적 노예근성은 우리를 두고두고 뼈아프게 했기 때문이에요. 물론 묘청의 난이 꼭 낭불양가 대 유가, 국풍파 대 한학파, 독립당 대 사대당, 진취 사상 대 보수 사상 등의 싸움이라고 할 수 없을지도 모릅니다.

신채호가 말한 것처럼 공자의 조선이 아니라 조선의 공자가 될 정도로 어떤 사상을 자신의 것으로 섭취하면 되니까요. 유가나 한학이라고 해서 꼭 사대주의적 사상이라고 말할 수는 없어요. 중요한 것은 어떤 입장에서 수용하느냐는 것이지요. 신채호가 주장한 것처럼 대립되는 사상을 단정적으로 구분할 수는 없지만, 대체로 묘청의 난 이후 우리 역사가 사대주의로 기울었다는 점에는 이견이 없습니다.

이 점은 민족사적인 맥락에서 살펴보면 쉽게 이해할 수 있어요. 우리 민족은 고려를 창건한 이래 새로운 과제를 안고 있었습니다. 남부 지역을 통일한 상황에서 북방 지역과 영토를 통합하는 것이었지요.

고려는 이 점을 분명히 했습니다. 고려가 고구려의 계승 의식을 견지하고 있었던 것에서도 확인할 수 있어요. 고구려 계승 의식은 다른 말로 단군 조선의 뿌리와 계통을 이어 나가려는 정신입니다. 남방이 통일된 상황에서 남은 곳은 고구려뿐이었고, 고구려를 계승해야 단군 조선의 뿌리와 계통을 확고히 잇는 것이었지요. 그래서 고려 시대에 위기를 맞았을 때 민족

봉선 홍경사지 사적갈비
(事蹟碣碑, 국보 제7호)
충청남도 천안시에 있는 봉선 홍경사지는 묘청과 관련된 남한 내 유일한 유적이다. 고려 현종 때 해동공자로 불리던 최충이 비문을 지었다. 비는 거북 모양의 받침인 귀부와 이무기를 조각한 덮개돌인 이수를 갖추고 있는데, 가장 완전하게 남아 있는 사적비다. 『고려사』에 "인종이 즉위 8년에 묘청의 말에 따라 봉선 홍경사에서 재난을 물리치기를 기원하는 법회를 27일간 개최했다."라는 기록이 있다.

의식을 고취하기 위해 단군을 높이 떠받들려는 움직임이 활발하게 일어났던 것입니다.

이런 민족사적 요청에 부응해 고려는 고구려를 계승하기 위한 조치를 취해 나갔습니다. 고구려가 멸망한 후 황폐화된 평양을 서경으로 삼고 재건에 힘썼던 것이지요. 발해 유민을 받아들이고 거란과 항쟁을 벌이며 강동 6주를 개척하기도 했어요.

하지만 거란을 멸망시킨 금이 등장하면서 이런 민족사적 요청에 찬물을 끼얹는 사건이 발생합니다. 바로 금에 대한 사대 외교였지요. 이는 단군 조선의 뿌리와 계통을 이어받느냐, 포기하느냐 하는 상황과도 직결된 문제였어요. 민족주의적 입장을 취했던 사람들은 금에 대한 사대 외교를 더 이상 두고 볼 수 없었고, 서경으로 천도해 단군 조선을 이어 나가자고 주장합니다. 하지만 앞에서 살펴보았듯이 안타깝게도 이 시도는 실패로 끝납니다.

그런데 문제는 한 번의 실패로만 끝나지 않았다는 것입니다. 신채호의 지적대로 이 한 번의 실패로 인해 조선에 사대주의 사상이 판을 치게 되었지요.

왜 이렇게 되었을까요? 바로 묘청의 난을 진압했던 김부식이 『삼국사기』를 저술했기 때문입니다. 정사의 편찬은 당대의 역사의식을 담는 작업입니다. 그런데 묘청의 세력을 진압한 당사자가 정사를 썼으니 더 말할 것도 없지요. 이런 점에서 신채호는 묘청의 난을 '조선 역사상 1,000년 이래의 제1대 사건'이라고 단언한 것입니다.

4-5 묘청의 난

1 12세기 이후의 고려 사회

· **사회 불안 확대** 권세가들은 국가에서 전시과로 받은 토지를 자신의 소유로 만들거나 고리대 등을 통해 백성들의 땅을 빼앗는 등 경제적 기반을 확대함. 백성들은 토지를 빼앗겨 생계가 어려운 데다가 무거운 조세 부담으로 고향을 등지고 떠돌게 됨

· **풍수지리설 성행** 개경은 지덕이 쇠해 수도를 옮겨야 한다는 위기의식이 널리 퍼짐

2 이자겸의 난(1126년)

· **배경** 문벌 귀족의 성립(지방 호족 출신, 6두품 계열의 유학자→성종 이후 중앙 지배층 형성), 경원 이씨 가문이 왕의 외척으로 80여 년간 정권 장악

· **경과** 이자겸이 예종의 측근을 몰아내고 인종 옹립→반대파를 제거하고 척준경과 함께 왕위 찬탈 반란을 일으켜 권력 장악→포로가 된 인종이 척준경을 시켜 이자겸을 축출하고 척준경까지 제거→문벌 귀족 사회의 붕괴 촉진

3 묘청의 서경 천도 운동(1135년)

· **배경** 이자겸의 난으로 왕실의 권위가 크게 떨어지고 특정 가문이 정치를 독점하는 현상에 대한 반성의 기운이 일어남→이자겸의 주도로 고려가 금과 형제 맹약을 맺은 데 대한 불만 팽배→보수적인 개경 세력과 개혁적인 서경 세력이 대립

· **서경 세력** 묘청과 정지상 등은 인종에게 서경 천도 주장→인종은 서경에 대화궁을 지음

· **개경 세력** 김부식 중심, 유교 이념에 충실, 사회 질서 확립을 위해 금과 사대 관계 유지

· **반란 진압** 개경 세력의 반대로 서경 천도가 실패하자 서경 세력이 반란을 일으킴→김부식이 이끄는 관군에 의해 진압됨

· **의미** 문벌 귀족 사회 내부의 분열, 지역 세력 간의 대립, 풍수지리설이 결부된 자주적 전통 사상과 사대적 유교 사상의 충돌

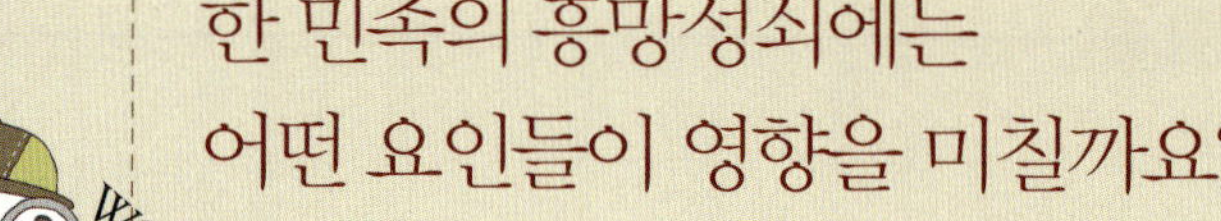

한 민족의 흥망성쇠에는 어떤 요인들이 영향을 미칠까요?

한 나라의 역사에는 언제나 흥망성쇠의 과정이 존재합니다. 이는 사람의 생로병사와 크게 다를 바 없습니다. 우리 민족사에서도 흥망성쇠의 과정이 존재하는데 여기에는 여러 가지 원인이 작용하지요.

흥망성쇠의 원인 가운데 가장 중요한 요인으로 외세의 침략이나 내부의 부패를 들 수 있습니다. 그런데 이 모든 현상에는 통치자든 백성이든 결국 사람이 개입됩니다. 이들에게 가장 큰 영향을 미치는 요인은 바로 자신의 이익이지요. 이때의 이익이란 결코 경제적 측면에만 한정되지 않습니다. 명예를 소중히 여기는 사람도 있고, 의리를 소중히 여기는 사람도 있기 때문입니다. 명예를 소중히 여기는 사람이라면 아무리 경제적 이익이 크다 하더라도 자신에게 불명예를 가져다주는 일은 하지 않겠지요.

이렇듯 사람마다 이익을 달리 생각하는 까닭은 무엇일까요? 그것은 어떤 사상을 갖고 있느냐에 따라 자신의 이익을 바라보는 척도가 달라지기 때문입니다.

그렇다면 민족사의 흥망성쇠 또한 그 민족이 어떤 사상을 견지하고 있는가에 따라 달라진다고 할 수 있지 않을까요? 물론 이런 논리를 곧바로 민족사에 직결시킬 수는 없습니다. 하지만 민족을 구성하는 주체가 사람이라는 점에서 밀접하게 관련되어 있는 것은 분명해요.

민족의 가장 큰 이익은 자신의 뿌리를 찾는 데 있습니다. 자신의 뿌리를 버린다면 민족이 존재할 수 있는 기반 자체가 사라지게 되니까요. 민족이 존재하지 않는다면 민족의 이익을 논하는 것 자체가 무의미합니다. 따라서 민족의 가장 큰 이익은 민족의 존립 근거이고 자신의 뿌리와 계통을 계승하는 거예요.

정치적으로 안정을 누리든, 경제적으로 부유하게 살든, 높은 문화적 수준을 누리든, 군사적으로 강대국이 되든 간에 자기 민족의 정신을 드높이려는 욕구가 작용합니다. 이런 정신이 없다면 그 나라는 오래가지 못하고 망해 버릴 거예요. 북방 민족은 한때 중국을 지배하고 영화를 누렸지만 자신들의 고유한 정신과 문화를 포

기하고 중국에 동화되자 나중에는 민족마저 보존하지 못하게 되어 버렸지요.

우리 역사도 마찬가지입니다. 묘청의 난 이후 단군 조선의 뿌리와 계통을 이으려는 정신이 크게 좌절되었지요. 이에 신채호는 묘청의 난을 '조선 역사상 1,000년 이래 제1대 사건'이라고 말했던 것입니다. 신채호가 살았던 당시로부터 1,000년 전까지의 기간을 두고 보았을 때, 우리가 사대주의 노예근성의 수렁에 빠진 것은 바로 묘청의 난이 실패한 데 있다고 파악한 것이지요. 이를 통해 민족이 흥하기 위해서는 자기 민족이 존재하는 뿌리와 계통을 철저히 세워 민족의식을 확고히 수립해야 한다는 것을 알 수 있습니다.

6 잃어버린 우리의 역사책 |
삼국·고려의 역사서

우리 고대사를 연구할 때 가장 큰 문제 중 하나는 우리 선조들의 손으로 기록한 고대 역사서가 거의 없다는 것입니다. 설사 있다고 해도 우리 역사의 뿌리와 계보를 세우려 한 사서인지 의문이 드는 경우도 종종 있어요. 모든 기록물을 있는 그대로 믿을 수밖에 없는 상황이지만 비판적인 안목에서 바라봐야 합니다. 이렇게 된 이유는 수많은 외침을 받았기 때문이지요. 외세의 침략을 받아 많은 문화재가 소실됐고, 역사 기록물 또한 사라졌어요. 이런 가운데 김부식의 『삼국사기』와 일연의 『삼국유사』가 전해 오는 것은 그나마 다행이라고 할 수 있습니다.

- **1145년** 김부식이 최초의 기전체 정사인 『삼국사기』를 펴내다.
- **1281년** 일연이 기사본말체 형식의 야사인 『삼국유사』를 펴내다.

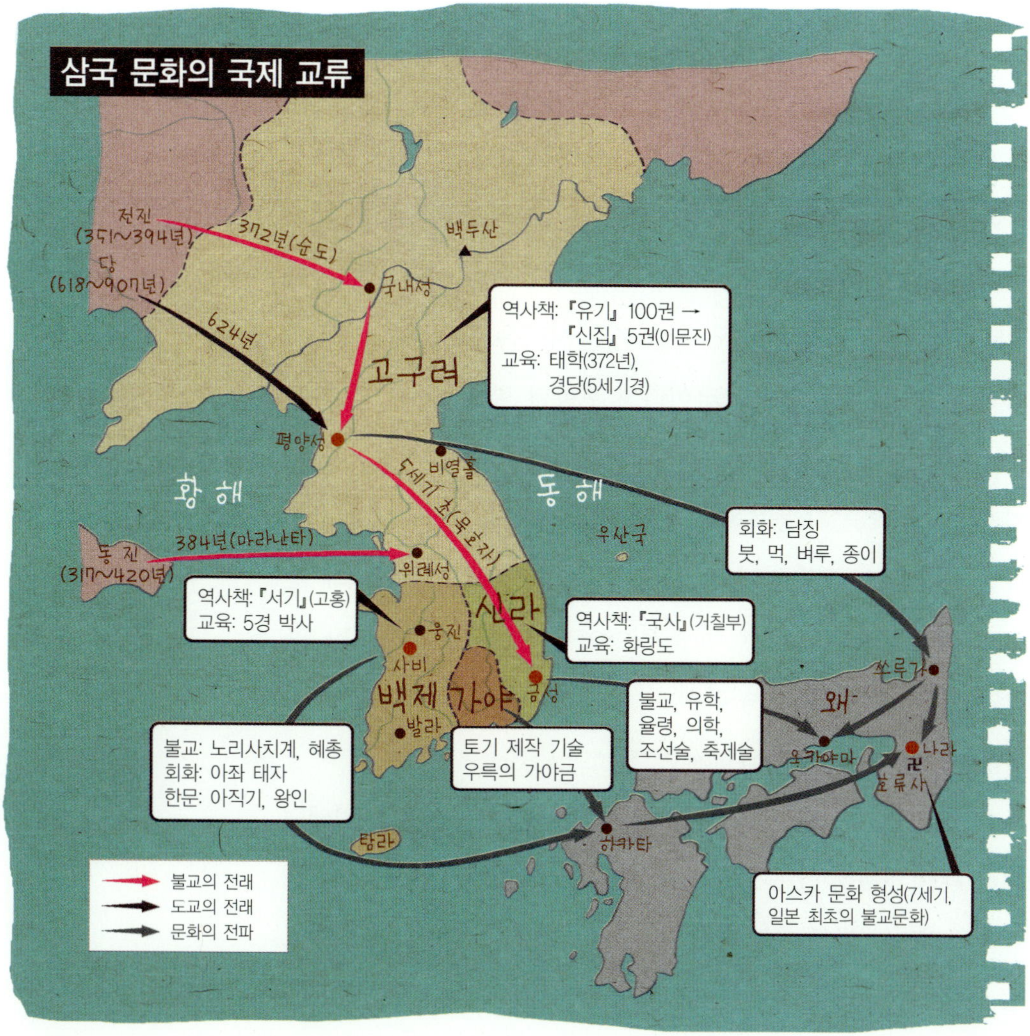

사라져 간 우리의 역사서들

당에 의해 멸망한 고구려를 보더라도 문화재와 역사 기록물의 소실을 어렵지 않게 확인할 수 있습니다. 당은 700년에 걸친 고구려의 역사를 보호하기는커녕 파괴하는 데 혈안이었어요. 당은 황궁부터 불태웠습니다. 그리고 고구려가 다시 대항하지 못하도록 10만에 가까운 사람들을 포로로 끌고 갔을 뿐 아니라 고구려의 사상적 뿌리와 긍지가 담긴 책을 모조리 불태워 버렸어요. 이때 고구려와 관련된 수많은 책이 사라졌지요.

당만 역사 기록물을 불태운 것이 아니에요. 조선을 침략한 일제도 그랬습니다. 일제의 경찰은 전국의 책방이나 향교, 서원은 물론 개인의 집까지 샅샅이 뒤져 수십만 부의 책에 '불온서적'이라는 딱지를 붙여 압수했습니다. 대상은 단군 관련 역사 서적은 물론 우리 민족의 역사의식을 고취하는 내용이 조금이라도 포함된 책이었어요. 압수 서적 중에 신채호가 쓴 『을지문덕』과 『미국독립사』까지 있었다고 하니 탄압이 어느 정도였는지 충분히 짐작할 수 있지요.

외세의 침탈로 인해 우리의 손으로 기록한 역사서가 사라지게 된 것은 가슴 아픈 일입니다. 그런데 문제는 여기서 끝나지 않습니다. 우리의 역사서가 없기 때문에 우리 역사를 이해하려고 할 때 다른 나라의 역사서를 참고할 수밖에 없었지요.

여기에는 함정이 도사리고 있어요. 우리의 책을 불사르고 없앴던 나라들이 과연 역사를 있는 그대로 기록했을까요?

일제만 하더라도 단군 관련 서적을 소각하고 난 다음 단군을 신화로 만들고 역사에서 아예 지우려고 했어요. 우리의 역사를 왜곡하고 축소한 것이지요. 중국도 마찬가지였습니다. 중국의 사서에는 외교적인 관례로 진행되는 것조차 무조건 조공이라는 식으로 표현되어 있어요.

최근 들어서도 크게 달라진 것이 없습니다. 중국은 동북공정을 추진하면서 새롭게 역사를 서술하고 있고, 일본도 독도를 자기 땅이라고 우기면서 자기 식대로 서술하고 있어요. 우리도 이런 상황에 대응하며 역사를 바로 세우기 위해 노력하고 있지요.

기록에 따르면 고구려에는 『유기』와 이문진의 『신집』 5권, 백제에는 『서기』, 신라에는 『국사』라는 역사책이 존재했다고 합니다. 이 책들은 다른 나라의 역사 기록에 대한 우리의 관점을 담은 사서라고 할 수 있어요. 만약 이 책들이 전해졌다면 우리가 기록한 역사를 확인할 수 있었을 것입니다. 하지만 안타깝게도 이 책들은 지금은 전해지지 않고 있습니다.

우리의 소중한 역사서, 『삼국사기』와 『삼국유사』

역사는 여러 관점으로 서술됩니다. 이 가운데 우리에게 가장 먼저 영향을 미치는 것은 자국인이 서술한 역사예요. 이런 점에서 가장 오래된 사서인 『삼국사기』와 『삼국유사』가 있다는 것은 매우 다행스러운 일입니다.

『삼국사기』와 『삼국유사』는 우리의 기록물이라는 점에서 매우 소중한 역사서입니다. 하지만 우리의 사서에 접근할 때도 다른 나라의 사서에 접근할 때처럼 어떤 관점에 의해 서술됐는지 파악해야 합니다. 역사 왜곡은 다른 나라에 의해서도 이루어지지만, 바로 세우지 못한 자기 나라의 역사 기록에 의해서도 일어날 수 있기 때문입니다.

예를 들어 어떤 학자는 한국 근현대사를 쓰면서 일제 식민지가 근대화에 도움이 되었다고 주장했습니다. 명백한 역사 왜곡이지요.

『삼국사기』와 『삼국유사』도 이런 각도에서 바라보아야 합니다. 즉, 어떻게 저술되었는지, 어떤 관점을 취하고 있는지 따져 보아야 하지요. 다른 나라의 사서를 인용할 때는 그 사서가 얼마나 우리의 상황에 맞게 서술되었는지도 살펴보아야 합니다.

그렇다면 『삼국사기』와 『삼국유사』는 어떻게 기록되었고 어떤 관점을 담고 있을까요? 『삼국사기』는 고려 인종 23년(1145년) 김부식에 의해 기록된 최초의 기전체(紀傳體) 정사이고, 『삼국유사』는 고려 충렬왕 7년(1281년) 일연에 의해 기록된 기사본말체(紀事本末體) 형식의 야사입니다.

기전체라는 것은 역사서를 본기와 세가, 열전, 지, 표로 구성하는 방식이에요. 글자 그대로 기사의 본말을 기록하는 기사본말체는 하나의 사건을 이야기로 전개해 끝을 맺고, 또 다른 이야기를 전개하는 형식을 의미합니다.

『삼국사기』는 역사적 인물을 다루는 「세가」를 제외하고 「진삼국사기표」, 「본기」, 「열전」, 「지」, 「연표」로 구성되어 있어요. 「본기」는 신라 12권, 고구려 10권, 백제 6권으로 구성되어 있습니다. 반면에 『삼국유사』는 내용에 따라 9편으로 구성되어 있는데, 이 중 7편이 불교에 관한 내용이에요.

『삼국사기』가 기전체로, 『삼국유사』가 기사본말체로 기록된 것은 지은이의 관점 및 주변 상황과 관련이 있습니다. 『삼국사기』는 묘청의 난을 진압하고 난 후 우리 역사를 체계적으로 저술하라는 인종의 명령을 받고 기록한 관찬 사서입니다. 반면 『삼국유사』는 『삼국사기』보다 140여 년이 지난 후, 무신 집권이나 몽골의 침략 등을 겪으면서 민족의식을 고취하려는 시대적 요구가 부각되는 상황에서 집필됐습니다. 또한 『삼국유사』는 『삼국사기』에 빠진 부분을 소개하고 역사의 저변에 깔린 불교문화를 알리기 위해 일연이 개인적으로 지은 야사예요. 즉, 『삼국사기』는 유교 사관에 의해 집필됐고, 『삼국유사』는 불교 사관에 의해 집필됐다고 볼 수 있습니다.

『삼국사기』는 사대주의적 요소를 가지고 있지만 『삼국유사』는 자주적 관점에서 쓰였다고 평가됩니다. 『삼국유사』에는 우리 민족의 뿌리인 단군 신화가 기록되어 있지만 『삼국사기』에는 없습니다. 이 점에 대해서 많은 사람이 반론을 제기하기도 해요. 『삼국사기』는 삼국의 역사를 기록한 것이지, 단군 조선의 역사를 기록한 것이 아니라는 거예요. 『삼국유사』에서 '사'가 '일 사(事)' 자라는 것에서 알 수 있듯이 역사 서술의 목적과 의도 때문에 『삼국유사』에 단군 신화를 기록하는 것이 가능했다고 볼 수도 있습니다.

하지만 불교 이야기를 하면서도 우리의 뿌리와 관련된 내용을 거론하고 있다면, 정사를 담은 사서에는 우리의 뿌리에 관한 내용을 더욱 자세하게 써야 하지 않을까요? 단군 조선에 대한 이야기는 쓰지 않더라도 그 뿌리와 계통을 어떻게 이어받으려고 했는지 밝혀야 하는 것이지요. 뿌리와 계통에 관한 내용이 없다면 체계가 제대로 서지 못한 역사로 전락할 뿐입니다.

『동명왕편』을 지은 이규보는 김부식 같은 유학자였지만 동명왕의 사적은 나라를 창건한 신성한 자취라는 입장을 취했어요. 이런 점에서 이규보의 관점이 김부식의 관점보다 더 낫다고 할 수 있지요.

김부식은 『삼국사기』「진삼국사기표」에서 "지금의 학자와 관리들 가운데 오경 제자의 서적과 진·한의 역사에 대해서는 정통해 이를 자세하게 설명하는 사람도 있지만, 정작 우리나라의 서적에 대해서는 그 전말을 알지 못하니 심히 통탄할 일이다. …… 중국에 대해서는 상세한 기록이 있지만 외국에 대해서는 소략하게 다루어 상세한 기록이 보이지 않는다.”라고 밝히고 있어요. 그렇다면 철저하게 이런 관점을 유지했어야 하는데 안타깝게도 그러지 못했습니다.

당시에는 자료를 인용할 때도 중국 측의 사료에 의존하는 경우가 많았어요. 중국 측의 사료를 참고하는 것 자체는 문제가 되지 않습니다. 『삼국유사』도 『위서』를 인용하고 있으니까요. 하지만 문제는 『삼국사기』에서 인용한 사서가 중국 측의 관점을 반영한 자료라는 데 있습니다. 이는 고구려가 수·당과 싸운 부분을 기록한 내용만 봐도 쉽게 확인할 수 있어요.

이에 비해 『삼국유사』는 불교적이지만 우리의 관점에서 자료를 인용해 서술하고 있습니다. 그래서 많은 사람들이 『삼국사기』보다 『삼국유사』를 더욱 높게 평가하는 거예요. 『삼국사기』의 사료적 가치도 높으나 역사서를 평가할 때는 그것이 얼마나 우리의 관점에 서 있느냐를 고려해야 합니다. 중요한 가치를 지닌 사서일수록 더욱 이런 점을 감안해 활용해야 하지요. 그 이유는 다음과 같은 신채호의 말을 살펴보면 알 수 있습니다.

조선사는 내란이나 왜구의 병화보다 조선사를 저작하던 기인들의 손에 의해 더 훼손됐노라. 우리 조선 사람은 석가가 들어오면 조선의 석가가 되지 않고 석가의 조선이 되며, 공자가 들어오면 조선의 공자가 되지 않고 공자의 조선이 되며, 무슨 주의가 들어오면 조선의 주의가 되지 않고 주의의 조선이 되려 한다. 나는 조선의 도덕과 조선의 주의를 위해 곡하려 하노라.

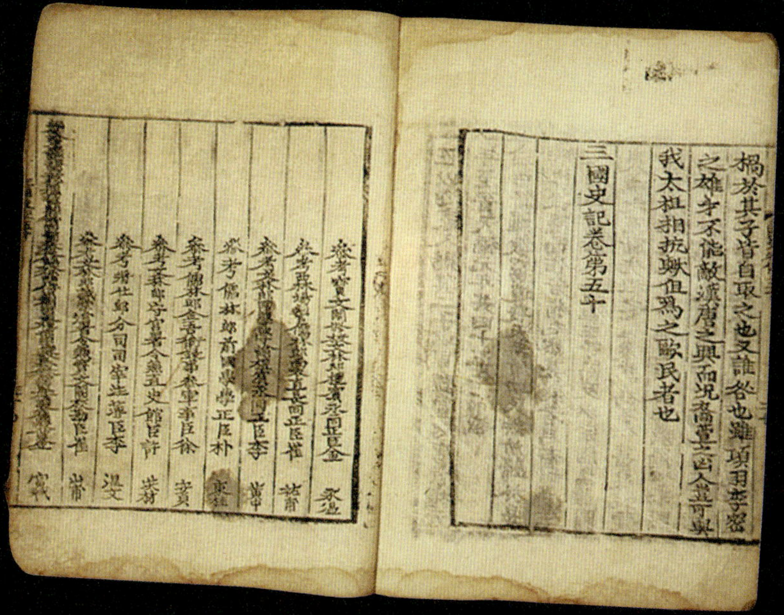

『삼국사기』(보물 제525호, 옥산 서원)

『삼국사기』는 고려 인종 23년 (1145년)에 당대 최고의 유학자인 김부식의 주도하에 삼국과 후기 신라의 역사를 기전체 형식으로 정리한 관찬 역사서다.
『삼국유사』와 더불어 우리나라 고대사 연구에 중요한 자료다.

『삼국유사』(국보 제306-2호, 서울대학교 규장각)

『삼국유사』는 고려 충렬왕 7년(1281년)에 승려 일연이 지은 역사서다. 고려 시대의 판본은 현재까지 발견되지 않았다. 완본으로는 1512년(조선 중종 7년) 경주 부사 이계복이 중간한 정덕본이 최고본이다. 『삼국사기』에서는 볼 수 없는 많은 고대 사료들이 실려 있어서 소중한 가치를 지니는 문헌이다.

운문사 대웅보전(보물 제835호)

신라 진흥왕 21년(560년)에 창건된 운문사의 대웅보전 앞에는 동서로 배치된 쌍탑의 3층 석탑(보물 제678호)이 있다. 운문사는 고려 때 일연이 4년간 머물며 『삼국유사』를 집필한 장소로 알려져 있다.

신채호의 말은 역사에 대한 글을 쓸 때 얼마나 역사의식이 투철해야 하는지 생각하게 합니다. 아직도 많은 사람들이 역사에 관한 글을 쓰면서 우리 관점이 아닌 다른 나라의 관점이 담긴 자료를 쉽게 이용합니다. 그래서 일제의 식민 지배가 우리 근대화에 도움을 주었다는 글까지 나오는 게 아닐까요?

역사에 대한 글을 쓸 때에는 자신의 글이 민족에게 어떤 영향을 주는지 고민해야 합니다. 아울러 외국의 사료는 물론 우리나라 사료를 이용할 때도 어떤 시각에서 활용해야 하는지 신중하게 판단해야 합니다.

인각사 보각 국사 부도
(보물 제428호)
경상북도 군위군 고로면 화북리에 위치한 인각사에는 고려 충렬왕 15년(1289년)에 입적한 보각 국사 일연의 사리탑과 그의 행적을 기록해 놓은 부도가 있다. 비문에 따르면 충렬왕 21년(1295년)에 비를 세웠으므로 부도도 1289년에서 1295년 사이에 건립한 것으로 추정된다.

4-6 삼국 · 고려의 역사서

1 삼국 시대의 역사서 편찬

· 『유기(留記)』, 『신집』 5권 이문진이 영양왕의 명에 따라 『신집』 5권을 편찬했으나 전해지지 않음

· 『서기(書記)』 백제 근초고왕 때 박사 고흥이 지었다는 기록이 『삼국사기』에 있으나 전해지지 않음

· 『국사(國史)』 신라 진흥왕의 명을 받아 거칠부가 편찬(545년)했으나 전해지지 않음

· 중국과 일본의 역사서 중국의 『춘추』(기원전 5세기), 일본의 『고서기』(712년경)를 보면 우리의 역사 기록이 크게 뒤진 것처럼 보이나 사실은 수많은 역사서가 외세의 침략에 의해 불타거나 분실됨

2 고려의 실록과 삼국 역사서 편찬

· 왕조 실록 유교적 역사 서술 체계가 확립돼 많은 역사서가 편찬됨. 초기부터 왕조 실록이 편찬됐으나 거란의 침입으로 소실됨. 태조~목종 7대 실록을 현종 때 편찬하기 시작해 덕종 때 완성했으나 전해지지 않음

· 『삼국사기』 1145년 김부식이 인종의 명을 받아 편찬한 우리나라 현존 최고(最古)의 역사서. 고려 초에 쓰인 『구삼국사』를 기본으로 유교적 합리주의 사관에 기초해 기전체로 서술됨. 고려 초의 고구려 계승 의식에서 벗어나 중국에 의존한 신라 계승 의식이 더 많이 반영됨

· 『삼국유사』 고려 충렬왕 7년(1281년) 때 일연이 기사본말체 형식으로 기록한 야사. 불교사를 중심으로 고대의 민간 설화나 전래 기록을 수록함. 고유문화와 전통을 중시하고 단군 건국 이야기를 수록함

· 『해동고승전』 각훈이 삼국 시대의 승려 30여 명의 전기를 수록함. 현재 일부가 전해짐

· 『동명왕편』 이규보가 지은 영웅 서사시. 고구려 건국의 영웅인 동명왕의 업적을 칭송함. 고구려 계승 의식을 반영함

· 『제왕운기』 이승휴가 지은 사서. 우리나라의 역사를 단군에서부터 서술하면서 중국사와 대등하게 파악하는 자주성을 보임

『환단고기』의 기록을 어떻게 봐야 할까요?

우리 역사에서 안타까운 사실 중 하나는 우리의 관점에서 쓰인 고대 역사서가 별로 없다는 점입니다. 그나마 위안이 되는 것은 구한말 계연수가 예부터 전해 오는 『삼성기』, 『단군세기』, 『북부여기』, 『태백일사』를 한데 묶어 편찬한 『환단고기(桓檀古記)』라는 책입니다. 이 책에는 한인 시기의 7대와 환웅 시기의 18대, 단군 시기의 48대 통치 과정이 기록돼 있어요. 한편에서는 이 책이 나온 과정이 다소 애매모호하고, 사용된 용어가 현대를 반영하고 있다는 점 등을 들어 『환단고기』를 위서라고 주장합니다. 다른 한편에서는 참다운 우리의 고대 역사서라고 주장하고요. 우리는 이런 상반된 주장을 어떻게 봐야 할까요?

어쩌면 『환단고기』에 대한 위서 논쟁 자체가 무의미하다고 볼 수도 있습니다. 부분적이지만 현대적 용어를 사용했고 내용이 너무나 파격적이기 때문이에요. 하지만 『환단고기』의 기록은 지금까지 정확히 알지 못했던 역사적 사실을 확인시켜 주기도 합니다. 이 책에 나온 별자리에 대한 묘사 부분을 놓고 한 교수가 컴퓨터 그래픽을 이용해 확인한 결과 많은 부분이 실제와 맞아떨어졌던 거예요. 이처럼 『환단고기』 자체를 전혀 무시할 수는 없습니다. 다만 계속 연구하며 풀어 나가야 할 과제가 있을 뿐입니다.

그렇다면 『환단고기』는 왜 위서 논쟁에 휩싸인 걸까요? 이 책에는 역사적 관점이 일정하게 존재하기 때문입니다. 그렇지 않다면 이토록 예민하게 논쟁할 필요가 없을 거예요. 한편에서는 위서라고 보고 연구하면 되고, 다른 한편에서는 역사적인 사실이라고 보고 연구하면 됩니다.

폐쇄적 민족주의나 국수주의의 시각이 결국엔 침략적 팽창주의로 치달을 수 있다는 점을 우려할 수도 있습니다. 어느 정도는 수긍이 가지만 우리의 현실을 놓고 보면 구더기 무서워 장 못 담근다는 느낌이 강합니다. 과연 우리 역사의 기록이 폐쇄적 민족주의나 국수주의를 지녔기 때문에 문제가 된 것일까요? 자주적인 관점에서 역사를 바라보지 못했던 것이 더 문제가 되지는 않을까요?

우리 역사상 단군 사상이 가장 고취되었던 때는 언제였을까요? 바로 몽골 침략이나 일제 침략 등 외세의 침탈을 받아 위기에 처했을 때였어요. 우리 민족에게 자긍심을 심어 주고, 역사와 나라를 지키게 하기 위해 단군 사상을 강조했던 것입니다. 이런 것을 팽창적인 민족주의나 침략적인 민족주의라고 할 수 있을까요?

이런 사고는 히틀러의 나치즘이나 일본의 천황 민족주의, 중국의 한족 팽창주의 등을 보면 잘 드러납니다. 우리에게 아쉬운 것은 우리 역사에 철저한 민족적 관점이 세워지지 못한 거예요. 단군을 '국조(國祖) 단군'이라고 표현하면서도 이제 와서야 단군 조선을 역사로 편입하고 있는 상황이니까요. 민족주의를 폄하하는 것은 보수 우파적 발상에 불과합니다.

『환단고기』가 위서이든 아니든 우리의 중요한 자산으로 삼아야 할 이유는 분명합니다. 최소한 이 책은 우리 민족의 관점으로 역사를 서술하고 있기 때문이지요. 그렇다면 쓸데없이 위서 논쟁을 할 것이 아니라, 우리 민족의 관점이 분명히 드러나는 역사서를 쓸 때 마땅히 참고해야 하지 않을까요?

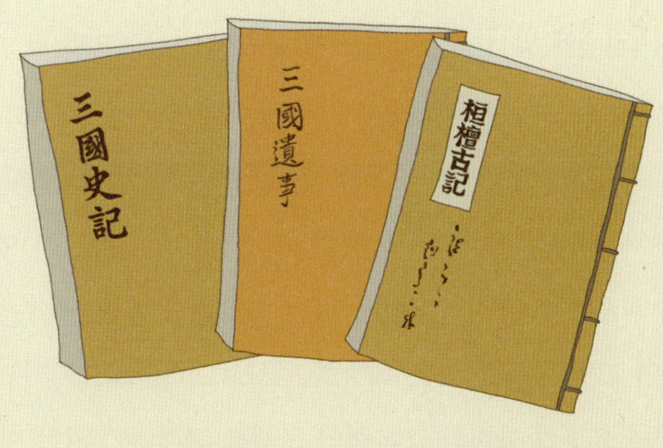

7 왕후장상의 씨가 따로 있나! |
무신 정권과 민중의 봉기

무신 정권에 맞서 하층민의 저항 운동이 전국적으로 확산됐습니다. 하층민은 지배
층과 달리 사회의 근본적인 변화를 요구했지요. 창주, 성주, 철주 등지에서 농민
봉기(1172년)가 일어난 데 이어 공주 명학소의 천민 망이 · 망소이 형제의 난(1176년), 전
주 관노들의 난(1182년), 농민 항쟁인 김사미와 효심의 난(1193년) 등 하층민의 투쟁이
꼬리를 물고 이어졌습니다. 최충헌의 노비였던 만적은 "왕후장상의 씨가 어찌 따로 있
느냐?"라며 1198년 5월 신분 해방을 목표로 난을 일으키지요. 이들은 비록 실패했지
만 하층민의 요구가 사회의 근본적인 문제를 해결하기 위한 방향으로 전개된다는 것을
보여 주었습니다.

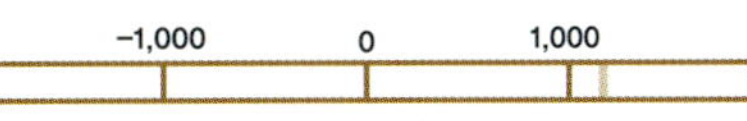

- **1170년** 대장군 이소응이 젊은 문신에게 뺨을 맞은 사건을 계기로 정중부, 이의방과 함께 문신들을 살해하고 의종을 폐하다.
- **1173년** 김보당이 의종 복위를 명분으로 군사를 일으키나 의종은 이의민에게 살해당하고 김보당은 체포되다.
- **1179년** 경대승이 정중부 부자를 죽이고 신변 보호를 위해 도방을 설치하다.
- **1196년** 최충헌이 이의민을 죽이고 정권을 장악하다.
- **1198년** 최충헌의 사노비였던 만적이 노비 해방 운동을 벌이다.

무신 정권의 성립

묘청의 서경 천도 운동 이후 문벌 귀족 지배 체제의 모순이 더욱 커지면서 귀족들은 정치적으로 분열되기 시작했습니다. 의종은 측근 세력에 의존하고 향락에 빠져 실정을 거듭했어요. 문신 우대와 무신 차별이 심화되면서 무신의 불만은 커져 갔습니다. 게다가 군인전을 지급받지 못한 하급 군인들의 불만도 점점 높아졌지요.

무신의 최고 관직은 정3품인 상장군이어서 무신은 그 이상 승진하기 어려웠습니다. 군대의 최고 지휘권마저 문신이 장악하고 있었어요. 거란의 침입을 물리친 강감찬과 여진을 정벌한 윤관, 묘청의 난을 토벌한 김부식 모두 문신 출신이었습니다. 사정이 이렇다 보니 문신들은 더욱 교만해져 무신들을 무시했어요.

무신 정변이 일어날 즈음 고려 조정은 한마디로 썩었다고 해도 과언이 아니었습니다. 의종은 1146년부터 1170년까지 재위 기간 대부분을 술 마시고 놀면서 보냈으니까요. 『고려사』나 『고려사절요』를 보더라도 의종이 이 절이나 저 산으로 놀러 다녔다는 기록밖에 없습니다. 그냥 놀러만 다닌 것이 아니에요. 의종은 재위 기간 동안 별궁이나 정자를 무려 32개나 세웠는데, 그것도 굉장히 화려하게 꾸몄다고 합니다. 그 공사에 동원된 백성들의 고통은 얼마나 컸을까요?

그런데도 의종은 백성들의 고통에는 아랑곳하지 않고 환락에 젖어 지냈습니다. 정중부 등의 무신들이 난을 일으켜 내시 10여 명과 환관 10여 명을 살해했을 때도 의종은 악사들의 음악을 들으면서 술에 취해 잠들었다고 합니다.

문인을 우대하고 무신을 천대하는 분위기는 고려 초기부터 이어져왔지만 의종 때처럼 심하지는 않았습니다. 이 시기 무신들은 왕이 환락에 취해 있을 때 주위의 경계를 서는 호위병 신세로 전락해 있었습니다. 문신들은 자신들을 호위하는 무신들을 걸핏하면 조롱했지요.

의종이 신하들을 거느리고 보현원으로 향할 때였습니다. 길을 가던 의종은 오문에 이르러 행차를 멈추고 잔치를 벌였어요. 분위기가 무르익자 의종은 주변을 호위하고 있던 무신들에게 오병수박희를 시켰습니다. 나이 많은 정3품 직책의 이소응이 젊은 무신과 겨루게 되었지요. 이소응은 나이 탓인지 힘이 부쳐서 기권을 했습니다. 그러자 왕의 총애를 받고 있던 한뢰라는 젊은 문신이 이소응의 뺨을 후려쳤어요. 이소응은 그만 섬돌 아래로 굴러떨어지고 말았지요. 이를 본 왕과 문신들이 손뼉을 치며 웃었습니다.

이 모습을 지켜본 정3품 상장군 정중부는 분을 참을 수 없었습니다. 정중부는 20여 년 전의 치욕을 떠올렸어요. 39세였던 정중부는 왕을 모시고 나례에 참석했습니다. 그런데 내시로 있던 김부식의 아들 김돈중이 갑자기 정중부의 턱 밑에 촛불을 들이댔지요. 정중부는 애지중지하던 수염이 타 버렸지만 참을 수밖에 없었습니다.

이제 정중부는 무신들의 신망을 받는 65세의 노장이었어요. 정중부의 분노가 드디어 폭발하고 말았지요.

"이소응은 비록 무신이지만 정3품인데, 네놈이 어찌 이리 무례한 짓을 한단 말이냐!"

정중부의 청천벽력 같은 고함에 겁을 먹은 의종은 그의 손을 잡고 달랬습니다.

행차는 오문을 떠나 보현원에 도착했습니다. 정중부 일당은 이미 보현원에서 거사를 일으키기로 계획을 세워 놓고 있었어요. 의종이 보현원에 들어가자 문신들은 물러 나왔습니다. 그러자 문밖에서 기다

리고 있던 이의방과 이고가 문신을 모조리 죽였습니다. 한뢰와 환관
들, 그리고 거사에 동조하지 않은 무신들까지 가차 없이 살해했지요.
여기에 그치지 않고 무신들은 개경의 궁궐로 달려가 "무릇 문관을 쓴
자는 씨를 남기지 말고 모두 없애라."라고 소리치면서 문신을 닥치는
대로 죽였습니다.

정중부, 이의방 등 무신들은 의종을 거제도로 귀양 보낸 뒤 명종을
세우고 정권을 장악했어요. 정중부의 심복인 이의민은 귀양 간 의종
의 갈빗대를 으스러뜨리고 커다란 가마솥에 넣어 연못에 던져 버렸다
고 합니다.

무신들이 반란에 성공한 이유는 문벌 귀족의 횡포에 시달리던 농민
과 하급 군인의 지지를 받았기 때문입니다. 하지만 무신은 사병을 길
러 저희끼리 권력 다툼을 벌이느라 농민을 돌보는 데는 소홀했어요.
무신은 중방을 중심으로 권력을 행사하면서 주요 관직을 독차지하고
토지와 노비를 늘려 갔습니다.

처음에는 이의방이 실권을 행사했지만 이고가 권력을 독점하기 위
해 난을 일으켰다가 발각되어 죽었고, 이후 정중부의 아들 정균이 이
의방을 살해해 정중부가 권력을 독점하게 됩니다. 하지만 경대승이
나타나 정중부 세력을 제거하고 권력을 장악하지요. 경대승이 갑자기
죽자 경주로 내려가 있던 이의민이 개경으로 돌아와 권력을 잡게 됩
니다. 이후 최충헌 형제가 이의민을 제거하고 권력을 장악했지만 이
들 형제 또한 권력을 놓고 다투었습니다. 결국 최충헌이 동생 최충수
의 반발을 진압함으로써 최씨 무신 정권은 4대에 걸쳐 권력을 차지하
게 되었습니다.

최충헌은 정권을 잡자 무신 정권 초기의 혼란을 극복하기 위해 사

회 개혁책인 봉사 10조를 제시했습니다. 하지만 최충헌이 수많은 토지와 노비를 차지하고 사병을 양성해 권력 유지에 몰두하면서 사회 개혁책은 흐지부지되고 말았어요. 최충헌은 최고 집정부의 구실을 하는 교정도감을 설치해 권력을 행사했고, 사병 기관인 도방을 설치해 신변을 보호했습니다. 도방은 삼별초와 함께 최씨 정권을 유지하는 군사적 기반이 되었지요.

최충헌의 뒤를 이은 최우도 교정도감을 통해 권력을 행사했을 뿐 아니라 자신의 집에 정방을 설치해 인사권까지 장악했습니다. 정국이 안정되면서 최우는 문학적인 소양과 행정 실무 능력을 갖춘 문신을 등용해 고문 역할을 맡았어요.

반란이 줄을 잇다

무신 정권 시기에 최초로 반란을 일으킨 사람은 김보당이었습니다. 그는 영광 김씨 출생으로 무신 정권에 참여했던 인물이었어요. 그러나 의종 이래로 문란해진 정치 질서를 바로잡으려는 기대가 좌절되자 정중부와 이의방의 집권에 반발하고 나섰지요.

김보당은 이고의 반란이 진압된 지 1년 후인 1173년, 동북면병마사라는 병권을 쥐게 됩니다. 그는 거제도에 유폐되어 있던 의종을 복위시키겠다는 명분을 내세워 군사를 일으키지요. 하지만 의종은 이의민에 의해 경주에서 체포되어 살해당하고, 김보당 또한 안북 도호부에서 체포되어 개경으로 압송됐습니다. 그런데 김보당이 이의방의 고문을 받던 중 "문신 중에 이 거사에 가담하지 않은 자가 없다."라고 밝히는 바람에 간신히 목숨을 부지하고 있던 문신들까지 붙잡혀 죽임을 당하는 참극이 벌어졌어요. 이것이 바로 '계사(癸巳)의 난'입니다.

계사의 난으로 대대적인 숙청이 감행되자 무신에 대한 반발은 더욱 거세졌습니다. 그중 하나가 1174년 왕족과 문신 귀족의 비호 속에 번창한 불가의 승려들이 궐기한 사건이에요. 개경 부근의 귀법사, 중광사, 홍왕사 등에서 수천여 명의 승려가 개경의 북문과 동문까지 진격했지만 결국 진압됩니다.

1174년에는 서경유수 조위총이 반란을 일으켰습니다. 이 반란에는 자비령 이북의 40여 개 성이 동참했는데 묘청의 난보다 위세가 대단했다고 합니다. 특이한 사실은 수많은 농민이 가담했다는 거예요. 조위총의 반란은 하층민이 투쟁의 대열에 본격적으로 나서기 시작했음을 보여 준 일대 사건이라고 할 수 있습니다.

이의방은 직접 나서서 진압하려고 했지만 이내 물러났어요. 12월에 다시 전력을 정비해 출전하고자 했지만 정중부의 아들 정균에게 살해당하고 맙니다. 이로써 정권은 이의방에서 정중부로 넘어가게 되었어요. 결국 조위총의 난은 1176년 2월에 이르러 윤인첨과 두경승이 이끄는 토벌군에 의해 평정됩니다.

하층민의 봉기

권력자에 대항하는 과정에서 제일 먼저 일어서는 세력은 하층민이라고 생각하기 쉽습니다. 하지만 실제 역사에서는 그렇지 않은 경우가 많아요. 한 국가가 세워지면 가장 먼저 권력층 내부에서 분란이 발생합니다. 그다음 사회 개혁을 요구하는 지배층 세력 간에 분란이 일어나고, 열기는 점차 하층민으로 확산됩니다. 하층민은 권력 다툼을 지켜보다가 자신들의 권리를 찾기 위한 투쟁에 나서는 것이지요.

하지만 하층민의 투쟁은 권력 암투나 지배층 세력 간의 다툼과는 큰 차이가 있어요. 권력 암투나 지배층 세력 간의 다툼은 권력자의 변동 등 좁은 범위에서의 변화만을 가져옵니다. 하지만 하층민은 여기에 머물지 않습니다. 똑같은 사회 질서 속에서는 자신들의 처지가 개선될 수 없기 때문에 새로운 질서의 수립을 요구합니다. 따라서 하층민은 근본적인 변화를 요구하며 완강한 투쟁을 벌일 수밖에 없어요. 무신 정권 시기에 벌어진 백성의 투쟁이 이런 경우입니다.

무신 집권 시기인 1170년 이후 60여 년 동안 백성의 투쟁이 많이 일어났습니다. 그만큼 사회가 문란했기 때문이에요. 무신 정변이 성공한 다음에는 수시로 무신 간의 암투가 벌어졌고, 무신 집권에 반대하는 지배층의 반란도 일어났습니다. 하층민은 이런 과정을 지켜보면서 자신들의 권리를 찾기 위해 스스로 일어섰어요. 기득권 세력의 권력 투쟁은 억압적인 사회 질서가 투쟁에 의해 극복될 수 있다는 것을 백성에게 가르쳐 주었지요.

조위총의 난 이후 투쟁은 새로운 모습으로 바뀌게 됩니다. 서경을 중심으로 전개되다가 점차 남쪽으로 확산되었고, 지배층의 반란에서 민란으로 변화된 거예요. 이런 양상을 보인 최초의 투쟁이 바로 망이·망소이 형제의 난입니다. 서경 지방에서 권력 투쟁이 전개되고 있을 때 1176년 1월 공주 명학소에 거주하는 수백 명의 농민과 천민이 망이와 망소이의 지휘 아래 횃불을 든 것입니다.

공주 명학소의 농민과 천민은 억압적인 질서를 뜯어고치기 위해 망이를 '산행병마사'로 내세우고 자신들을 수탈했던 공주 고을을 함락했어요. 그러자 무신 집권 세력은 당황하며 명학소를 '충순현'으로 고쳐 고을의 격을 올리고, 현령과 현위를 파견해 회유에 나섭니다. 이에 아직 철저한 입장을 내세우지 못했던 망이는 개경에 들어가 집권

망이·망소이의 난

1176년(명종 6년) 망이와 망소이 형제의 주도로 공주 명학소에서 일어난 민중 봉기다. 무신 집권기의 가혹한 수탈 체제에서 벗어나기 위한 신분 해방이 목적이었다. 소민과 군현민의 큰 호응을 얻어 충청도 전역을 확보했다. 하지만 정부의 대대적인 군대 파견으로 1177년 7월 망이와 망소이가 붙잡히고 1년 반 동안의 민란은 끝이 났다.

소(所)

향이나 부곡처럼 군현과 구별되는 특수 행정 구역이다. 일반 군현에 거주하는 백성보다 더 천시받고 가혹한 수탈에 시달렸다.

세력과 화의를 합니다. 하지만 무신 집권 세력은 협상을 하고도 농민군의 어머니와 처자를 체포하는 이중성을 보였어요. 이미 서경의 조위총 세력과 나머지 세력을 진압한 상태였기 때문에 이들을 소탕하는 데 전력을 기울일 수 있었던 것이지요.

농민군은 조정의 기만 술책에 분개하면서 1177년 2월에 다시 봉기합니다. 그해 4월에는 청주를 제외한 청주목의 군현이 모두 함락되지요. 그러자 조정에서는 충주현의 현호를 삭제해 다시 명학소로 강등시키고 대대적인 토벌 작전을 감행합니다. 결국 1177년 6월에 망이는 왕을 찾아가 화의를 청하지만 무신 집권 세력은 이들을 진압하고 감옥에 가둡니다. 이로써 망이·망소이의 난은 평정되지요.

망이·망소이의 난은 ' '에서 일어났다는 점에서 농민 반란의 성격을 띠고 있습니다. 또한 현재의 신분에서 벗어나고자 하는 신분 해방 운동의 성격도 지녔지요.

망이·망소이의 난이 일어나고 있을 때 남도 지방에서도 농민군의 투쟁이 일어났습니다. 대표적인 부대는 손청이 지휘하는 가야산 중심의 농민군과, 이광이 지휘하는 미륵산 중심의 농민군이었어요. 이광의 부대는 1176년 7월까지 활동했지만 손청의 부대는 1176년 11월부터 이듬해 2월까지 활동했습니다. 안타까운 것은 이들 세력이 서로 연계하지 않고 망이·망소이의 난과도 관계를 맺지 않았다는 거예요. 그래서 결국 각개 격파당하고 말지요.

서북 지방에서도 1177년 5월부터 여러 농민군이 투쟁 대열에 동참했습니다. 조위총의 나머지 무리라고 불리던 '서적(西賊)'이었지요. 대표적인 세력은 광수, 김보, 사진 등이 지휘하는 농민군 부대와 김단, 강축, 조충 등이 지휘하는 부대였습니다. 하지만 조정에서 농민군의 일부 지휘관에게 '교위', '대정' 등의 무관 벼슬을 내려 매수하고, 곡식을 농민에게 나눠 주며 전시 행정을 벌이는 바람에 이들 세력은 와해되고 맙니다. 결국 1176년부터 1178년까지 거세게 일어났던 농민 폭동의 기세는 한풀 꺾였고, 1180년대에 들어와서는 산발적으로 투쟁이 벌어지지요.

이때 조정에서는 또 한 번의 권력 투쟁이 벌어집니다. 1179년 9월 경대승과 허승이 정중부 세력을 몰아내고 권력을 장악한 거예요. 1181년 1월에는 수백 명의 폭동군이 국가 창고인 태창을 습격하는 사건이 일어났고, 1182년 2월에는 충청도 관성(옥천)과 부성현(서산)에서 농민을 가혹하게 수탈하던 벼슬아치와 그 앞잡이들이 처단되는 사건이 일어납니다. 같은 해 3월에는 전주에서 군인들이 폭동을 일으키기도 하지요. 산발적이기는 하지만 1180년대 들어서 일반 농민과 천민, 군인, 노비 등 여러 계층이 투쟁에 참여하게 된 것입니다.

1183년 7월 경대승이 갑자기 죽자 경주에서 올라온 이의민이 권력을 쥐게 됩니다. 이의민이 권력을 장악했다는 것은 시사하는 바가 큽니다. 그의 아버지는 소금과 체를 파는 장사꾼이었고, 어머니는 영일현 옥령사의 여종이었어요. 천민 출신이 실권자로 득세한 것을 보고 사람들은 무슨 생각을 했을까요? 자신들도 세상을 바꿀 수 있다고 생각했겠지요.

1190년이 되자 백성의 거센 투쟁이 또 한 번 일어납니다. 대표적인 것이 1193년 운문산(청도)을 중심으로 활동한 김사미의 농민군과 초전(울산)을 중심으로 일어난 효심의 농민군이었어요. 이들 부대는 경주 부근의 여러 고을을 공격해 지방관과 토호들을 처단하며 급속히 세력을 확장시켜 나갔습니다. 이에 조정에서는 대장군 전존걸과 이지순 등을 보내 토벌하게 하지요.

이지순은 당시 집권자인 이의민의 아들이었어요. 당시 이의민은 '십팔자(十八子)', 즉 이씨 성을 가진 자가 왕이 된다는 말을 믿고 경상도 백성들의 반항 정서를 이용하려고 했습니다. 이지순은 이의민에게 도움이 될지도 모른다는 생각에 김사미의 농민군과 내통했어요. 그러니 전투가 있을 때마다 관군이 계속 질 수밖에 없었지요. 관군의 총지휘자였던 전존걸은 이지순이 농민군과 내통한다는 사실을 알았지만 이의민 때문에 이지순을 잡아들이지 못하고 결국 자결해 버리고 맙니다.

이로써 1193년 말 관군의 지휘부는 새로운 사람으로 바뀌었고 지원군은 더욱 늘어나게 됩니다. 새 지휘부의 총공세에 농민군 지휘자 중한 명이었던 득보란은 생업에 종사하겠다면서 투항했어요. 1194년 2월에는 김사미도 투항했지만 참형을 당하고 맙니다. 효심은 이와 달리 완강하게 투쟁을 전개해 나갔지요. 같은 해 4월 밀양 저전촌에서 일대 전투가 벌어지는데 농민군 7,000여 명이 전사하면서 패하게 됩니다. 물론 이후에도 농민군은 운문산을 비롯한 산간 지대를 본거지로 1200년까지 산발적인 투쟁을 진행했어요.

노비 만적의 난

무신 집권 세력 내에서는 또 한 번의 권력 투쟁이 벌어집니다. 1196년 4월 섭장군이었던 최충헌과 최충수 형제가 이의민을 살해하고 권력을 잡은 것이지요. 이들 형제는 권력을 놓고 1197년 10월에 다시 한 번 세차게 부딪칩니다. 최충헌은 조카 박진재의 도움을 받아 동생 최충수를 제압하고 권력을 다졌어요. 이로부터 4대에 걸친 최씨 무신 집권 시대가 열리게 됩니다.

최충헌이 권력을 장악한 후 1198년 5월에 노비 만적이 난을 일으킵니다. 만적은 당시 최충헌의 사노비였어요. 그는 비록 노비 출신이었지만 온갖 투쟁과 봉기를 지켜보면서 미천한 신분도 출세할 수 있다는 사실을 깨달았습니다. 노비라는 출생이 결코 운명적이지 않다는

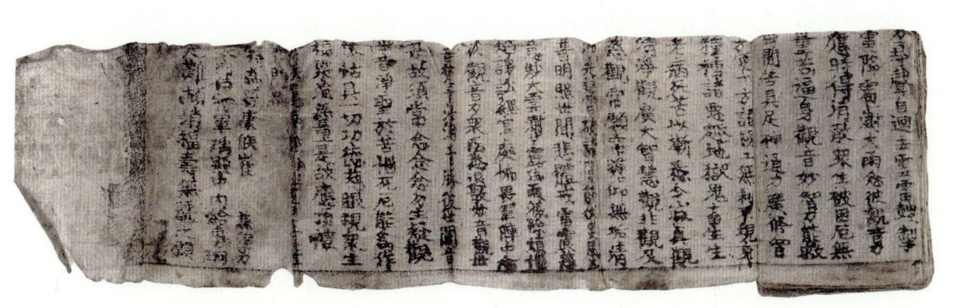

최충헌 가족을 위한 호신용 경전과 경갑(국립중앙박물관)
최충헌과 그의 두 아들인 최우, 최항을 위해 만든 휴대용 불경과 경갑이다. 불경은 호신과 재난 예방을 위해 사가판(私家版)으로 간행한 것이다. 은 바탕에 금을 입힌 경갑에 넣어 차고 다니도록 했다.

것을 깨달은 것이지요. 이렇듯 혁명이란 불합리한 세상을 깰 수 있다는 자각에서 비롯되는 것입니다.

만적은 동료인 미조이, 연복, 성복, 소삼, 효삼 등과 함께 북산에서 나무를 하다가 주변의 노비를 불러 모아 선동하기 시작했어요. "무신정변 이후 많은 고관대작이 천한 출신에서 나왔는데 왕후장상의 씨가 어찌 따로 있느냐? 때를 만나면 우리도 양반이 될 수 있다. 그런데 왜 우리만 상전에게 매질을 당해 가면서 뼈 빠지게 일을 해야 하는가?"라며 거사를 촉구했지요.

이에 노비들은 고개를 끄덕이며 거사에 동참하기로 결의합니다. 이들은 누런 종이 수천 장을 오려서 정(丁) 자 휘장을 만들어 차고, "우리가 힘을 합해 최충헌과 상전들을 죽이고, 노비 문서를 불태워 이 나라에 천민이 하나도 없게 만들면 공경과 장상은 모두 우리 차지가 될 것이다."라고 결의를 다졌어요.

그들의 계획은 인원수가 적어 연기됐는데, 율학박사 한충유의 집종 순정이 변절해 밀고하는 바람에 탄로 나고 말지요. 이로써 만적 등 100여 명이 체포되고 거사는 좌절되고 맙니다. 순정은 밀고한 공로로 백금 80냥을 상으로 받고 종의 신분을 면하게 되었지요.

만적의 거사는 비록 실패했지만 사회적 파장은 컸습니다. 노비의 폭동이 일어나는 계기가 된 것이지요. 1200년 4월에는 진주의 공노비와 사노비 수천 명이 난을 일으켰고, 그해 5월과 8월에는 밀성, 협주, 금주에서 노비의 폭동이 일어났으며, 1202년에는 밀양에서 관노의 난이 일어났습니다. 이들의 투쟁은 사회의 근본적인 문제를 해결하려는 의지를 생생하게 보여 주었어요.

4-7 무신 정권과 민중의 봉기

1 무신 정권

· **배경** 무신에 대한 차별 대우, 의종의 실정

· **무신 정권의 변화** 의종이 개경 부근의 보현원에서 잔치를 벌일 때 정중부와 이의방이 정변을 일으킴 (1170년) → 처음 실권자는 이의방이었으나 정균이 제거함 → 정중부가 독점, 중방을 중심으로 권력 행사 → 경대승(1179년, 도방) → 이의민(1183년) → 최충헌(1196년, 교정도감, 도방) → 최우(정방) → 최항 → 최의

· **무신 정권의 기구** 중방(2군 6위의 상장군과 대장군으로 구성된 군사 회의 기구로 최충헌이 권력을 잡을 때까지 최고 권력 기구였음), 도방(처음에는 경대승에 의해 조직되었는데 최씨 무신 정권기에 크게 확대됨, 무신 집권자의 신변을 보호하고 무신 정권을 무력으로 뒷받침함), 교정도감(최충헌이 설치했으며 국정을 총괄하는 최고 정치 기구였음), 정방(최우가 자기 집에 설치해 모든 인사권을 행사함)

· **특징** 4대 60년에 걸친 최씨의 집권으로 무신 정권 안정, 국가 통치 질서의 약화, 몽골의 침입으로 혼란 지속

2 잇단 반란과 하층민의 봉기

· **김보당의 난(1173년, 계사의 난)** 무신 정권 시기 최초로 동북면병마사 김보당이 의종 복위를 명분으로 군사를 일으킴 → 의종은 이의민에게 살해당하고 김보당은 체포됨 → 이의방의 고문을 받던 중 김보당이 "문신 중에 가담하지 않은 자가 없다."라고 토설해 피바람이 몰아침

· **조위총의 반란(1174년)** 자비령 이북의 40여 개 성이 동참, 많은 농민이 가담 → 이의방이 정중부의 아들 정균에게 살해당함 → 2년여의 공방전 끝에 토벌군에 의해 평정됨 → 이후엔 민란이라는 투쟁 양상으로 전개

· **하층민의 투쟁** 무신 정변으로 신분제 동요, 국가 통제력 약화, 문신의 농장 확대로 수탈 심화 → 공주 명학소의 망이 · 망소이의 난(1176년)과 농민의 반란인 김사미와 효심의 난(1193년) 등 하층민의 투쟁이 전국적으로 거세게 일어남

· **만적의 신분 해방 운동** 최충헌의 사노비 만적은 신분 해방을 목표로 거사를 도모(1198년) → 비록 실패했으나 하층민의 투쟁이 사회의 근본적인 문제를 해결하기 위한 방향으로 귀착된다는 것을 보여 줌

무신 집권기의 권력 싸움과
오늘날 정치인의 정쟁을 비교해 보세요

고려 시대에 정권을 잡은 무신 세력은 정변 이후에도 끊임없이 권력 투쟁을 벌였습니다. 물론 당시 무신 정변이 일어났던 이유는 무신에 대한 홀대와 멸시 때문이었어요. 하지만 무신 정변을 일으키고 난 다음 일정한 개혁 조치를 내걸어야 했는데 아무런 조치도 없었습니다. 그러다 보니 결국 백성이 투쟁에 나서게 된 것이지요.

이런 권력 투쟁은 한국 정치의 현실을 떠올리게 합니다. 물론 당시와 지금은 시대가 다르므로 단순하게 비교하는 것은 적절하지 못할 수도 있어요. 더욱이 정권 획득이 목표인 정당은 목적을 달성하기 위해 뭉치고 흩어질 수 있습니다. 하지만 국민의 요구와는 상관없이 자신들끼리 벌이는 권력 다툼이라면 납득하기 힘들지요. 그렇다면 한국의 정치 투쟁은 어떻게 전개되어야 할까요?

우선 정당의 정강 정책을 실현하려는 것이 아닌, 권력을 잡기 위한 투쟁은 지양돼야 합니다. 정쟁은 국민의 이해와 요구를 실현하기 위해 필요한 거예요. 아무리 정권 획득이 목표라고 해도 국민의 요구에 귀를 기울이지 않으면 안 됩니다.

고려 시대에 무신 세력이 정변을 일으킨 것은 어느 정도 이해가 됩니다. 하지만 그들은 권력을 장악한 이후 투쟁만을 일삼으며 무신 정변의 정당성마저 무너뜨렸어요. 여러 개혁 조치를 전혀 취하지 않은 채 백성의 투쟁을 진압하기에 급급했지요. 이런 모습이 한국의 정치 현실과 무관하다고 할 수 있을까요? 물론 시대적 배경이 다르기 때문에 완전히 똑같다고 할 수는 없지만, 정당 간의 정책 차이가 뚜렷하게 존재하지 않기 때문에 아니라고 말하기도 어렵습니다.

실제로 수많은 철새 정치인이 나타났다 사라지고, 수시로 합당과 분열이 이루어지고 있어요. 하나의 정당이 존립하려면 다른 정당과의 차이점이 분명해야 하는데 실제로는 그렇지 못하지요. 그러니 제대로 된 개혁안이 활발하게 제시되지 못하는 것입니다.

한국의 정치가 바로 서려면 각 정당이 국민의 요구에 귀를 기울이면서 자신들의 노선과 정책을 명확히 세워야 합니다. 즉, 정당은 노선과 정책을 실현하기 위한 본

한국의 정치가 바로 서기 위해서는 정치인의 노선과
정책이 우선시돼야 해요.

연의 모습을 갖춰야 할 것입니다.

무신은 권력 싸움만 벌이다가 몽골의 침략을 받았을 때 백성을 내팽개쳤어요. 그러고는 자기들만 살려고 강화도로 천도해 사치스러운 생활을 누렸습니다. 이런 역사적 사실을 교훈 삼아 정치인은 노선과 정책에 따른 정당으로 재편되도록 노력해야 할 것입니다. 그래야 정쟁만을 일삼고 있는 한국의 정치 풍토를 국민을 위한 정치 풍토로 끌어올릴 수 있을 거예요.

8 마지막까지 싸우다 |
고려의 대몽 항쟁

고려가 최씨의 무단 정치하에 있는 동안 중앙아시아 대륙에서는 테무친이라는 인물이 나와 몽골 족을 통일하고, 1206년에는 스스로를 칭기즈 칸이라 칭했습니다. 몽골은 국경 지대에서 일어난 몽골 사신 살해 사건을 계기로 고려를 침략하지요. 강화도로 천도한 무신 정권은 최씨 정권의 마지막 실권자인 최의가 살해된 다음 김준, 임연 등이 뒤를 잇지만, 임연의 아들인 임유무가 피살되면서 100년 만에 막을 내리게 됩니다. 이때 삼별초의 지휘자였던 배중손은 개경 천도를 반대하며 몽골의 침략에 항거했지요. 이들은 진도와 탐라 등으로 근거지를 옮겨 가면서 투쟁했으나 고려와 몽골의 연합군에 의해 3년 만에 진압되고 말았습니다.

- **1231년** 몽골 사신이 귀국길에 피살된 사건을 계기로 몽골이 고려를 침공하다.
- **1232년** 집권자 최우가 몽골에 장기적으로 대항하기 위해 수도를 강화도로 옮기다.
- **1258년** 최의가 김준에게 살해돼 60년 최씨 정권이 막을 내리고 왕정이 복구되다.
- **1270년** 배중손을 중심으로 한 삼별초가 탐라에까지 가서 항쟁했으나 3년 후 진압되다.

몽골의 침략

칭기즈 칸은 동서양 각국을 공격해 세계 최대의 제국을 건설한 다음 여진족이 세운 금을 공격했습니다. 금은 대내적인 분열을 일으켰고 요의 유민 일부는 여진족과 뜻을 같이해 다시 일어설 기회를 노렸지요. 하지만 다시 몽골에 쫓겨 마침내 1216년 고려 국경을 넘어서게 되었습니다.

이에 몽골은 동진과 동맹을 맺고 이들을 무찌르기 위해 고려에 들어왔습니다. 고려도 군사를 동원해서 몽골과 협력해 강동성에서 거란을 무찔렀지요. 몽골은 이를 계기로 고려에 큰 은혜라도 베푸는 듯이 고려와 협약을 맺었습니다. 몽골 사신은 고려에 들어와 오만하게 행동했고 해마다 과중한 세공을 요구했지요. 그러자 고려도 몽골을 적대시하게 됐습니다.

이러한 상황에서 1225년(고종 12년) 몽골 사신 저고여가 국경 지대에서 살해되는 사건이 발생했어요. 몽골은 이를 고려의 소행이라 주

고려군은 털을 댄 투구와 검은 군화를 착용했고, 몽골군은 목 앞을 가리는 투구와 무늬가 있는 군화를 착용했다.

장하고, 고려는 저고여가 금에 의해 피살된 것이라 주장했습니다. 양국 간의 관계는 점차 악화되었고 마침내 몽골은 고려를 침략하기로 결정하지요.

칭기즈 칸의 대를 이은 오고타이 칸(원 태종)은 1231년(고종 18년) 살리타 장군에게 고려 정벌을 명령했습니다. 살리타는 압록강을 넘어 의주, 철주 등을 함락하고 계속 남하했어요. 고려군은 구주(귀주), 자주, 서경 등에서 몽골군을 크게 무찔렀지만 갈수록 전세가 불리해졌지요. 드디어 몽골군이 개경을 포위하자 고종은 할 수 없이 몽골과 강화를 맺었습니다. 그 결과 일단 싸움은 중지되고 몽골은 이듬해인 1232년 음력 1월에 군대를 철수했습니다.

몽골과 강화를 맺긴 했지만 이는 고려의 본심이 아니었어요. 앞으로 몽골이 어떤 태도를 취할지 몰라 집권자인 최우는 수도를 강화도로 옮기고 장기 항전의 각오를 굳혔습니다. 강화도 천도를 몽골에 대한 도전으로 간주한 살리타는 7개월 만에 대군을 이끌고 고려를 침입해 개경을 함락하고 남경(한양)을 공격한 다음, 한강을 넘어 남쪽을 공략했어요.

강화산성(사적 제132호)

강화읍을 에워싸고 있는 강화산성은 몽골의 침입에 방어하기 위해 쌓았고 내성, 중성, 외성으로 이루어져 있다. 내성이 지금의 강화성이고 중성은 내성을 지키기 위해 쌓았다. 외성은 몽골군이 바다를 건너 공격하지 못하게 1233년에 강화 동쪽 해안을 따라 쌓았다. 이 외성은 정부가 39년간 육지로부터 물자를 지원받은 곳이기도 하다.

강화산성 동문인 망한루(望漢樓)

전란 속에 간행된 대장경

해전에 약한 몽골은 강화도를 치지 못하고 사신을 보내 항복을 권고했지만 고려가 응하지 않자 다시 남하해 처인성(용인)을 공격합니다. 처인성 전투에서는 사회적으로 천대받던 노비와 부곡 지역의 주민까지도 몽골에 대항해 싸웠어요. 이 전투에서 살리타는 고려의 승장(僧將) 김윤후의 화살을 맞고 전사합니다. 대장을 잃은 몽골은 사기를 잃고 철수했는데, 이때 부인사에 소장된 초조대장경이 불타 없어졌어요.

초조대장경은 현종 때 부처의 힘을 빌려 거란을 물리치려고 간행한 것입니다. 70여 년 동안 목판에 새겨 간행한 초조대장경은 인쇄본 일부가 남아 고려 인쇄술의 정수를 보여 주고 있지요. 의천은 초조대장경을 보완하기 위해 고려는 물론, 송과 요의 대장경에 대한 주석서를 모아 교장(속장경)을 편찬했습니다. 이를 위해 신편제종교장총록이란 목록을 만들고 교장도감을 설치해 10년에 걸쳐 신라인의 저술을 포함한 4,700여 권의 전적을 간행했어요. 초조대장경에 이어 교장을 완성한 의천은 대장경의 편찬을 '천 년의 지혜를 정리해 천 년의 미래로 전해 주는 일'이라고 했습니다.

강화도 피난 시에는 금속 활자로 『상정고금예문』을 인쇄했습니다(1234년). 이는 서양에서 금속 활자 인쇄가 시작된 것보다 200여 년이나 앞서 이루어진 것이에요. 이 책은 오늘날 전해지지 않아 청주 흥덕사에서 간행한 『직지심체요절』(1377년)이 현존하는 세계 최고의 금속 활자본으로 공인받고 있습니다. 이로 미루어 12세기 말이나 13세기 초에 이미 금속 활자 인쇄술이 발명됐을 것으로 추측할 수 있지요.

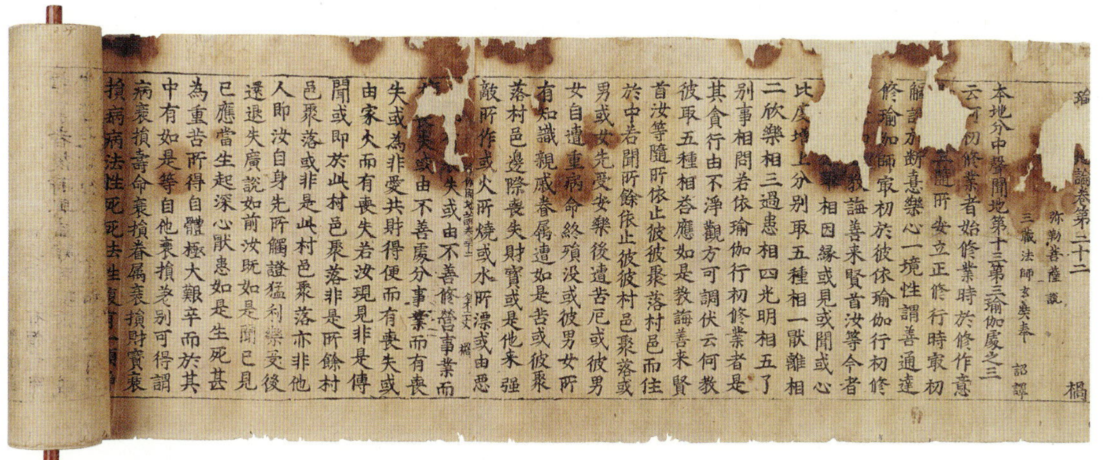

초조본 유가사지론 권32
(국보 제272호, 11세기 초,
국립중앙박물관)
고려 대장경의 초간본인 초조대
장경 가운데 『유가사지론』의 제
32권을 경판으로 인쇄한 것이
다. 『유가사지론』은 인도의 미
륵보살이 지은 글을 당의 승려
인 현장이 번역해 천자문 순서
대로 수록한 100권의 책이다.

경(經), 율(律), 논(論)
경은 부처가 말한 근본 교리이
고 율은 교단에서 지켜야 할
윤리 조항과 생활 규범이며 논
은 경과 율에 대한 승려나 학
자의 의론과 해석을 일컫는다.

1235년 몽골은 남송을 공격하는 길에 당을태에게 대군을 주어 다시 고려를 치게 했습니다. 이때부터 몽골군은 4년여간 국토를 유린했는데, 1238년에 황룡사 9층 목탑이 파괴됐어요.

몽골은 육지에서 활개를 쳤지만 강화도만은 침공하지 못했습니다. 고종은 강화도에 웅거해 방위에 힘쓰는 한편 부처의 힘을 빌려 난을 피하고자 대장경을 재조하기 시작했어요. 대장도감을 설치한 지 16년 만에 이룩한 재조대장경은 현재 합천 해인사에 보존되어 있습니다. 8만 장이 넘는 목판이므로 팔만대장경이라고 부르지요. 방대한 내용을 담았으면서도 잘못된 글자나 빠진 글자가 거의 없고 글씨가 아름다워 세계에서 가장 우수한 대장경으로 꼽힙니다. 경, 율, 논의 3장으로 구성된 대장경은 교리 체계에 대한 정리가 선행되어야 이루어질 수 있었다는 점에서 문화적 가치가 높지요.

고종 때 대장도감에서는 약재의 자급자족을 위해 『향약구급방』을 간행하기도 했습니다. 이것은 현재 전해지고 있는 우리나라 최고의 의학 서적인데, 각종 질병에 대한 처방과 국산 약재 180여 종을 소개하고 있지요.

세계 최고의 인쇄 문화

무구 정광 대다라니경은 세계에서 가장 오래된 목판 인쇄물이고 직지심체요절은 세계 최초의 금속 활자본이다. 인쇄와 출판은 '문화의 꽃' 이라고 할 수 있다. 이런 점에서 당시의 인쇄술은 우리 선조들이 일구어 낸 빛나는 문화유산이다.

금속 활자(1.0×1.2cm, 국립중앙박물관)
이규보의 문집에는 1234년에 금속 활자로 『상정고금예문』을 찍었다는 기록이 있다. 그리고 1921년 고려 왕릉에서 발견된 복활자로 미루어 이미 고려는 12세기부터 금속 활자를 사용한 것으로 보인다. 사진은 개성 지역의 개인 무덤에서 출토된 고려 시대 금속 활자 실물이다.

무구 정광 대다라니경(국보 제126~6호, 751년경 후기 신라, 길이 642cm)
1966년 불국사의 석가탑을 보수하기 위해 해체했을 때 제2층 탑신에 봉안한 금동제 사리외함에서 나온 것이다. 751년 김대성이 불국사를 다시 고쳐 지을 때 석가탑이 세워졌으므로 그 무렵에 간행된 것으로 보인다. 현존하는 가장 오래된 목판 인쇄물이다.

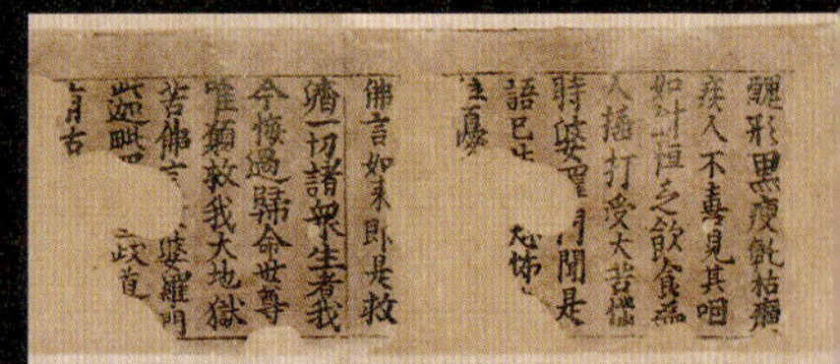

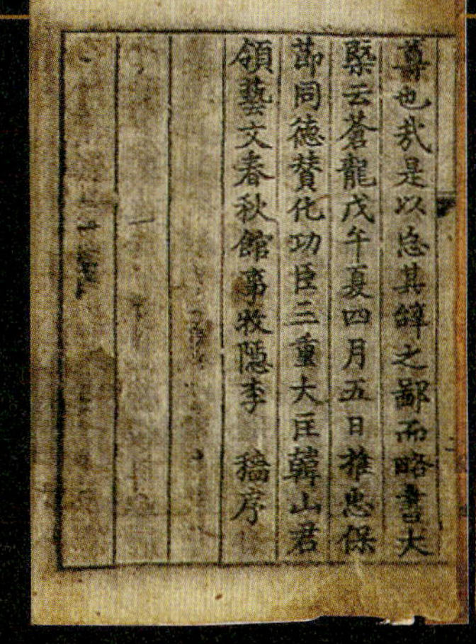

백운화상 초록 불조 직지심체요절

백운화상이 선(禪)의 핵심을 깨닫는 데 필요한 내용을 뽑아 1372년에 펴낸 불교 서적이고 세계에서 가장 오래된 금속 활자본이다. 현재 프랑스 국립 도서관에 소장돼 있는 『직지심체요절』은 유네스코 세계 기록 유산에 등재되어 있다.

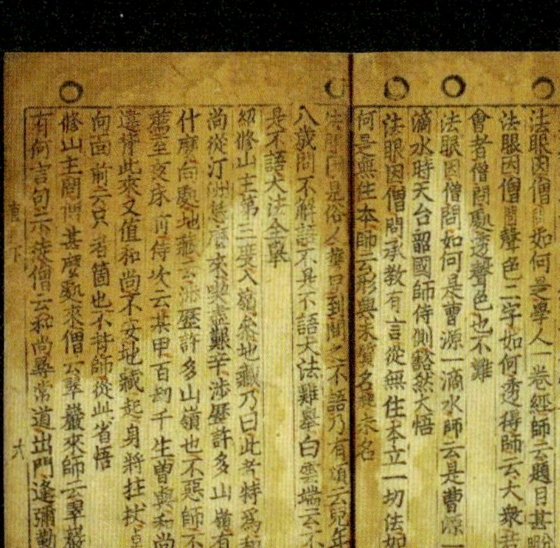

백운화상 초록 불조 직지심체요절 목판본
(보물 제1132호, 1378년, 한국정신문화연구원)

1378년(우왕 4년) 『직지심체요절』의 초록을 목판으로 닥종이에 찍어낸 책이다. 이 책은 백운화상이 1372년(공민왕 21년)에 원에서 받아온 『직지심체요절』 1권의 내용을 대폭 늘려 2권으로 엮은 것이다.

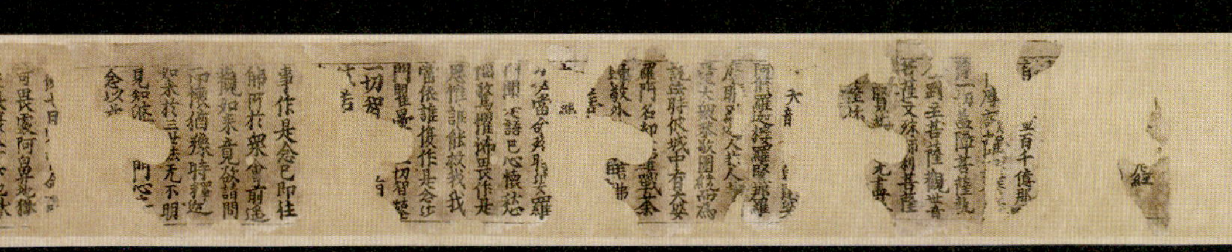

합천 해인사 고려 대장경 목판
현존하는 한문 대장경의 완벽한 목판이다. 중국과 일본의 대장경도 이를 본보기
로 판각됐다.

해인사 장경각(藏經閣)
불경이나 불경을 새긴 목판을 봉안하고 있는 전각을 장경각이라고 한다. 팔만대
장경은 장경각에 보관돼 있다.

팔만대장경(고려 대장경, 국보 제32호)
고려 현종 때 새긴 초조대장경이 몽골의 침입으로 불타 없어지자 고종 때 다시
간행된 경판이다. 고려 시대에 간행돼서 고려 대장경이라고도 하고, 판수가
8만여 개이고 8만 4,000의 법문을 실었다고 해서 팔만대장경이라고도 부른다.
몽골군의 침입을 불교의 힘으로 막고자 했던 염원을 담고 있다. 현존하는
대장경 중 가장 오랜 역사와 내용의 완벽함을 자랑한다.

처인성 전투 기록화(전쟁기념관)
1232년(고종 19년) 12월 처인성에서 승장 김윤후가 몽골의 적장
살리타를 사살한 전투다. 살리타는 500여 기병으로 처인성을
공격했으나 승병과 백성들이 힘을 합쳐 몽골군을 물리쳤다.

경기도 용인시 남사면에 있는 고려 시대의 토성이다. 처인성 북쪽 들판은
김윤후가 적장을 사살했다고 해서 사장(射場)터라고 불린다. 용인시청 사진 제공

강화냐 항전이냐

강화도 정부는 백성에게 미치는 피해를 우려해 1238년 김보정을 몽골 측에 보내 강화를 제의했고, 몽골은 왕의 입조를 조건으로 이듬해 봄 철수를 시작했습니다. 몽골군이 철수했지만 고려는 약속을 지키지 않았어요. 몽골이 독촉하자 고려는 왕의 입조가 불가능함을 전하고 귀족을 왕의 아우와 왕자로 가장해 몽골에 인질로 보냈습니다.

오고타이 칸에 이어 구유크 칸(정종)이 즉위하자 몽골은 고려 왕이 강화도에서 나와 입조할 것을 요구하며 다시 고려를 침략했습니다. 이때 몽골은 구유크 칸이 죽고 후계자 문제로 분규가 생기자 한때 철군했어요. 하지만 몽케 칸(현종)이 즉위하자 1251년 예케를 보내 또다시 고려에 침입했지요.

고려는 전쟁을 각오하고 강화도를 굳게 지켰습니다. 해전에 약한 몽골은 강화도를 함락하지 못하고 동주(철원), 춘주(춘천), 양근(양주), 양주(양양) 등을 공격한 다음 충주성에 이르렀지요. 이때 예케는 병을

이유로 갑자기 귀국했습니다.

이후 예케가 타협적인 태도로 나와 고종은 예케의 사신과 회견하기 위해 강화도에서 나오지요. 한편 몽골은 충주성 전투에서 70여 일에 걸친 치열한 전쟁을 치렀지만 점점 불리해지자 철수하기 시작했습니다. 북부 지방에 있던 몽골군은 철수를 주저하고 있었는데, 고려가 왕자를 몽골에 보내 항복을 표시하자 완전히 철수했지요.

몽케 칸은 왕자의 입조만으로 만족하지 않았습니다. 고려 왕이 강화도에서 나와 입조할 것을 요구하면서 1254년 자랄타이에게 대군을 맡긴 후 고려를 침략하게 했어요.

몽골군은 전국 각처를 휩쓸면서 계속 남하해 충주성과 상주 산성을 공격했지만 실패했습니다. 이때 자랄타이는 갑자기 몽케 칸의 명으로 군대를 철수시켰는데 이때 고려가 받은 피해는 어느 때보다도 심했어요. 『고려사』에 따르면 포로만 20만 6,800여 명에 달했다고 합니다.

이듬해 자랄타이는 또다시 강화도에 돌입할 기세를 보였어요. 그러나 김수강이 몽케 칸을 설득해 결국 몽골은 고려에서 철수했습니다.

1257년 고려가 해마다 몽골에 보내던 세공을 더 이상 보내지 않자 몽골은 자랄타이에게 고려를 또 침략하게 했습니다. 고려가 출륙과 친조를 조건으로 내세우자 몽골은 일단 군대를 북으로 후퇴시켰지요.

이처럼 7차에 걸친 몽골의 침입으로 고려는 막대한 피해를 입었어요. 몽골은 고려 왕의 입조와 출륙을 끊임없이 요구했습니다. 고려는 몽골의 철수를 우선적으로 요구해 두 나라 사이의 교섭이 잘 진행되지 않았지요. 하지만 1258년 최의가 김준에게 피살되자 정세가 돌변해 몽골에 대한 평화의 기운이 싹트게 됐어요.

1259년 왕의 출륙과 입조를 약속한 고려는 태자 등 40여 명을 몽골에 보냈고 강화도의 성을 헐었어요. 이로써 28년 동안의 싸움이 끝나고 고려는 몽골에 굴복하게 됩니다.

그해 고종이 죽고 태자가 귀국해 원종이 됐어요. 그는 몽골에 태자를 다시 인질로 보내 성의를 표시했지만 강화도에서 나오지는 않았습니다. 그 후 강화도에서는 무신 간의 충돌이 생겨 한때 왕이 폐위되었다가 복위했어요. 원종은 몽골의 초청을 받고 연경에 들어가서 1270년에 귀국해 개경으로 환도합니다. 이로써 고려는 완전히 몽골의 지배하에 들어가게 되지요. 강화도로 천도한 지 39년 만의 일이었습니다. 이와 동시에 100년 만에 무신 정권이 무너지고 왕이 다시 정권의 중심에 서게 됐는데 이를 '왕정복고'라고 합니다.

삼별초의 대몽 항쟁

몽골의 지원으로 권력을 되찾은 원종이 1270년 삼별초를 해산하기로 결정하자 배중손이 이끄는 삼별초는 반기를 들고 봉기했습니다. 무신 정권의 사병 집단으로 대몽 항쟁의 선봉에 섰던 삼별초는 원종의 강화와 무신 정권의 와해를 처음부터 못마땅하게 여겼습니다. 그래서 원종이 개경 환도를 발표하자 즉각 반대하고 나선 거예요.

하지만 이탈자가 속출하자 삼별초는 1,000여 척의 함선을 징발해 고려 정부의 재화와 백성을 싣고 강화도를 떠나 서해안의 중심지를 공략하며 진도에 이르렀습니다. 그곳에 오래 머물 수 있는 근거지를 마련하고 용장사를 행궁으로 삼았어요. 그런 다음 용장사 주변에 산성을 쌓고 관아를 세우는 등 도읍지의 면모를 갖추었지요. 그들은 고려의 유일한 정통 정부임을 주장하고 일본과 연계하고자 외교전을 펼치기도 했어요. 진도와 인근 지역에는 과거 최씨 무신 정권이 소유한 대규모 농장이 있었습니다. 또한 진도는 경상도와 전라도 지방의 세곡이 서울로 운송되는 길목에 있었어요. 삼별초가 식량과 자금을 탈취해 군량을 확보할 수 있을 뿐 아니라 개경 정부를 압박할 수도 있는 군사적으로 아주 중요한 곳이었지요.

삼별초는 남해 연안과 나주, 장흥은 물론이고 동으로는 마산, 김해, 부산, 북으로는 전주까지 출병해 관군을 격파했고 탐라도 점령했어요. 또한 1271년 초까지 여몽 연합군과의 싸움에서 승리하며 개경 정부를 위협했습니다.

그러나 상장군 김방경과 흔도가 지휘하는 여몽 연합군이 세 방향에서 공격하자 정권이 수립된 지 9개월 만에 진도는 함락당하고 맙니다. 삼별초는 순식간에 무너졌고 배중손은 남도석성에서 전사하지요.

삼별초 가운데 남아 있던 세력은 탐라로 거점을 옮겨 항쟁을 계속했어요. 처음 1년 동안은 조직 정비 및 방어 시설 구축에 나섰지요. 이후 약 반 년 동안은 전라도 연해안에 군사 활동을 전개해 충청도와 경기도 연해안까지 세력이 확대되었고 개경까지 위협할 정도였습니다.

탐라순역도

탐라는 1276년(충렬왕 2년)부터 원의 목마장이 됐다. 탐라에는 자생하는 말 외에도 2만~3만 필의 말이 방목됐다고 한다. 사진은 조선 시대에 그려진 탐라순역도 중에서 말을 공물로 바치는 장면이다. 관리들이 말들의 발육 상태와 건강 상태를 검사하고 있다.

가미카제

제2차 세계 대전 때 전투기에 폭탄을 싣고 적함에 충돌해 자살 공격을 한 일본 특공대다. '가미카제'는 일본어로 '신이 일으키는 바람'이란 뜻인데, 여몽 연합군이 일본에 침입했을 때 이들의 상륙을 막은 태풍의 이름에 따라 붙여졌다.

그러나 여몽 연합군의 조직적인 공략으로 1273년 탐라의 삼별초 역시 무너지고 말았어요. 몽골은 탐라총관부를 설치해 1294년까지 탐라를 직접 통치했습니다.

삼별초의 대몽 항쟁으로 인해 원의 일본 정벌이 2년이나 늦춰졌어요. 일본은 삼별초의 항쟁 덕분에 나라를 보존하게 되었는지도 모릅니다. 만약 삼별초가 없었다면 여몽 연합군은 가미카제가 불지 않았을 때 정벌에 나섰을 것이고, 일본은 결국 고려와 몽골의 지배를 받게 되었겠지요. 그랬다면 임진왜란이나 일제의 강점이 없었을지도 모릅니다.

4-8 고려의 대몽 항쟁

1 몽골의 침략

· **배경** 13세기 초 칭기즈 칸이 몽골 제국을 건설해 금을 공격하면서 동아시아로 세력 확장 → 금에 복속되었던 거란족이 반란을 일으켰다가 몽골군에 쫓겨 고려를 침입했으나 여몽 연합군이 서경 부근의 강동성에서 물리침

· **과정** 몽골 사신이 귀국길에 피살된 사건을 구실로 고려를 침공함(1231년) → 살리타가 귀주를 공격하자 서북면병마사 박서가 한 달 동안의 격전 끝에 물리침 → 무신 정권은 수도를 강화도로 옮김(1232년) → 김윤후가 이끈 민병과 승병이 처인성(용인)에서 살리타의 군대를 물리침 → 주화파가 득세하고 최씨 정권이 무너지면서 전쟁이 끝남 → 원종이 개경으로 환도(왕정복고)

· **삼별초의 항쟁** 배중손의 삼별초가 개경 환도에 반발해 원종의 아우 온을 왕으로 옹립하고 진도로 거점을 옮김 → 김통정이 이끄는 잔존 세력은 탐라로 거점을 옮김 → 여몽 연합군의 공격에 삼별초가 궤멸되고 탐라총관부가 설치됨(1273년)

2 대장경 간행과 과학 기술

· **초조대장경** 현종 때 거란의 침입을 부처의 힘으로 물리치기 위해 간행, 몽골 침략으로 소실 → 대각 국사 의천이 교장(속장경) 편찬

· **팔만대장경** 대구 부인사에 보관하고 있던 대장경의 판목과 경주의 황룡사 9층 목탑이 몽골군에 의해 불에 탐 → 최씨 정권은 고종 때 대장도감을 설치, 민심을 모으고 부처의 힘으로 몽골군을 물리치기 위해 강화도에서 16년 동안 팔만대장경을 조성해 합천 해인사에 보존

· **의학** 대장도감에서 우리나라에서 가장 오래된 의학 서적인 『향약구급방』 간행, 태의감에서 의학 교육 실시

· **금속 활자** 『상정고금예문』 인쇄(1234년), 『직지심체요절』(1377년, 현존 세계 최고의 금속 활자본)

삼별초의 대몽 항쟁은 과연
자주적인 정신의 발로에서 이루어진 것일까요?

다른 반란군과 달리 삼별초는 난을 일으키기 전에는 고려 정부의 지휘하에 있었습니다. 삼별초는 최씨 무신 정권의 사병 집단이었고, 군부 독재를 유지하는 역할을 했습니다. 몽골이 고려를 침입해 오자 무신 정권은 1232년에 강화도로 수도를 옮긴 후 몽골의 침략에 맞섰어요. 삼별초를 조직한 최우는 임시 수도인 강화도에 개경을 그대로 옮겨 놓으려 했지요. 그래서 개경의 궁궐을 본떠 궁궐을 짓고 성을 쌓았으며 절도 지었습니다. 최씨 무신 정권은 몽골과의 전쟁 중에도 호화로운 생활을 했어요. 『고려사절요』는 최우가 벌인 잔치 장면을 이렇게 묘사하고 있습니다. "최우가 집안사람들과 신하들을 불러들여 잔치를 벌였다. 산더미 같은 비단으로 장막을 치고 가운데에는 그네를 매었다. 거기에는 온갖 꽃을 장식했고 은 단추와 자개까지 붙였다. 호화롭게 단장한 악공들의 거문고와 피리 소리가 천지를 울렸다. 최우는 악공들에게 은 덩어리를 나눠 주고 기생과 광대들에게는 비단을 나눠 주었다."

최씨 정권의 사치스러운 생활과 고려 조정의 허약한 기반으로 인해 고려는 잦은 반란에 직면하게 됩니다. 결국 무신 정권이 무너지고 고려는 몽골 제국에 항복하게 되지요.

고려 정부가 39년간 머물렀던 강화도에서 물러나 개경으로 환도하자 강화도에서 항몽 세력의 주축을 이루었던 삼별초는 개경 환도에 반대하며 배중손의 지휘 아래 반기를 들었습니다. 배중손이 이끈 삼별초는 원종의 아우인 승화후 온을 왕으로 옹립하고, 거점을 진도로 옮겨 남부를 지배하며 대몽 항쟁을 전개했어요. 그러나 정부군과 몽골 연합군에게 진도가 함락되자, 김통정을 중심으로 한 일부 세력이 탐라로 옮겨 저항하다가 1273년(원종 14년) 모두 평정되었지요. 장기간에 걸친 이들의 항쟁은 몽골에 반발하는 민중의 지지가 있었기에 가능했습니다.

삼별초의 항쟁은 외세 침략에 완강하게 저항해 민족정신과 자주정신을 드높인 것으로 평가받고 있어요. 1978년에는 삼별초의 항쟁을 기리기 위한 기념물이 제주

도에 세워지기까지 했지요. 하지만 무신 사병 집단의 저항 정도로만 보는 시각도 있습니다.

사실 삼별초는 무신 정권의 호위병으로 출발했고 항쟁의 동기도 권력의 유지에 있지 민족적 자주성과는 무관하다고 볼 수 있습니다. 군사 정권도 정치적으로 민족을 위해 헌신하는 군인 이미지가 필요했을 것입니다. 삼별초를 미화한 것은 이런 이유에서이기도 하지요. 하지만 삼별초가 백성의 지지를 받은 이유는 몽골과 항쟁했던 유일한 집단이었기 때문이에요. 삼별초가 패한 뒤로는 몽골과 맞서 싸운 세력이 없었지요.

고려 조정에서는 몽골과 강화를 맺자는 주화파가 득세했어요. 마침내 최씨 정권이 무너지면서 몽골과의 전쟁도 막을 내렸지요. 몽골은 고려를 완전히 정복하겠다는 처음의 계획을 포기하고 고려의 주권과 고유한 풍속을 인정했습니다. 이는 고려의 끈질긴 저항 정신이 이루어 낸 결과이지요.

9 영토 회복을 위한 절호의 기회가 지나가다 | 원의 지배와 위화도 회군

주원장이 1368년에 명을 건국하면서 원이 약화됐고, 북원은 북쪽 몽골 지방으로 쫓겨났습니다. 한편 명은 원이 차지하고 있던 땅을 모두 명에 귀속해야 한다고 주장하면서 1374년에 탐라 땅을 내놓으라고 요구하고, 1388년 2월에는 철령(강원도 안변) 이북의 땅도 내놓으라고 통보하지요. 이에 최영은 요동을 정벌할 것을 주장하지만 이성계는 4불가지론을 들어 반대합니다. 결국 최영의 강력한 주장으로 고려군은 요동을 정벌하기 위해 출병하지만, 이성계는 명을 어기고 1388년 5월에 위화도에서 회군하지요. 그 후 최영을 제거하고 1392년 7월에 조선을 건국합니다. 당시 명의 주력군이 북원을 공격하기 위해 몽골 방면으로 출정한 상태였으므로 그 틈을 타서 요동을 접수했다면 우리의 자주성을 회복할 수 있지 않았을까 하는 아쉬움이 남습니다.

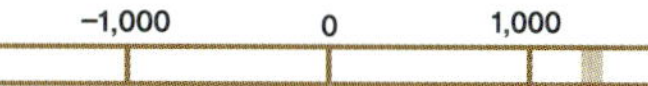

- **1280년** 원이 일본 정벌을 위해 정동행성을 설치했으나 내정 간섭의 전초 기지로 삼다.
- **1359년** 원 말기에 홍건적이 요동을 장악하지만 원군의 토벌에 쫓겨 고려를 침략하다.
- **1362년** 홍건적은 서경(평양)을 점령하기도 하지만 최영과 이성계에 의해 압록강으로 쫓겨나다.
- **1388년** 최영이 요동 정벌을 위해 이성계를 출정시키지만 이성계는 위화도에서 회군하다.
- **1391년** 이성계와 신진 사대부들이 과전법을 시행하다.

원 지배하의 고려

고려는 몽골과 강화한 이후 두 차례 실시된 원의 일본 원정을 계기로 군대와 물자의 제공을 강요받았어요. 또 철령 이북에는 쌍성총관부, 자비령 이북에는 동녕부, 제주도에는 탐라총관부라는 원의 통치 기구가 설립됐습니다.

고려의 국왕은 원의 공주와 결혼해 원 황제의 부마가 됐고 왕실의 호칭도 부마국에 걸맞은 것으로 바뀌었습니다. 관제가 개편되고 격도 낮아졌지요. 중서문하성과 상서성을 합쳐 첨의부로 바꾸었고 6부는 4사로 통폐합됐으며 중추원은 밀직사로 격하됐습니다.

원은 일본 원정을 준비하기 위해 설치했던 정동행성을 계속 유지해 내정 간섭 기구로 삼았고, 만호부를 설치해 고려의 군사 조직에 영향력을 행사했으며, 다루가치라는 감찰관을 파견해 내정을 간섭했어요. 또 금, 은, 베, 인삼, 약재 등 특산물을 징발해 농민의 고통을 가중시켰습니다. 심지어 매를 징발하기 위해 응방이라는 특수 기관을 설치하기도 했지요.

원은 1년에 몇 번씩 고려의 처녀들을 뽑아 갔는데 이렇게 강제로 끌려간 처녀들을 공녀라고 합니다. 결혼도감을 통해 공녀로 끌려간 처녀들 중에는 관리의 아내가 되거나 궁녀가 되는 경우도 있었지만 대부분은 하녀가 되어 어렵게 생활했어요. 공녀 중에는 원의 황제인 순제의 눈에 들어 황후가 된 경우도 있었지요. 황후의 오빠인 기철은 누이동생의 권력을 등에 업고 친원파의 우두머리 행세를 하며 횡포를 부렸어요. 원으로부터 독립을 원했던 공민왕은 기철과 그 집안사람들을 쫓아냈습니다.

고려 말에는 명이 건국되고 원이 약화되면서 북원이 몽골 지방의 북쪽으로 쫓겨 가 있는 상태였습니다. 게다가 1350년대부터 출몰하던 왜구가 내륙 깊숙한 지역까지 침입했고, 원 간섭기에 새롭게 형성된 권문세족들의 횡포는 날로 심해졌지요. 그들은 왕의 측근 세력과 함께 권력을 장악해 농장을 확대하고 양민을 억압해 노비로 삼았습니다. 이에 반발해 신진 관리들을 중심으로 개혁을 추진하려는 움직임이 일어났어요.

공민왕은 원과 명의 교체기를 이용해 개혁 정책을 추진했습니다. 공민왕의 개혁은 대외적으로 반원 자주를 실현하고 대내적으로는 왕권을 강화하려는 것이었지요. 우선 원이 약화된 틈을 타 그들의 지배로부터 벗어나기 위해 1356년 친원파인 기씨 세력을 몰아냅니다. 아울러 1370년대에 내정 간섭 기관인 정동행성 이문소를 폐지하고, 쌍성총관부를 공격해 철령 이북의 땅을 수복하지요. 더 나아가 고구려의 옛 땅을 되찾기 위해 요동 지방을 공략했습니다. 원의 간섭으로 바뀌었던 관제를 복구했으며 변발과 호복 등 몽골(원) 풍속을 금지했어요.

고려는 1356년 공민왕의 반원 운동이 성공하기 전까지 원의 정치적 간섭을 받았는데, 이때 고려와 원 왕실의 혼인을 비롯한 많은 인적 교류가 이루어졌어요. 고려의 풍속이 원에 전해지기도 하고 몽골의 풍속이 고려에 영향을 미치기도 했지요. 대표적인 몽고풍인 변발과 호복은 금지됐지만 몽골의 언어와 풍속 일부는 민간에 남아 계속 전해졌습니다.

'장사치', '벼슬아치' 등 사람을 가리키는 '치'와 임금의 음식상을 가리키는 '수라'라는 말은 몽골 어에서 유래됐지요. 만두, 설렁탕, 소주 등의 음식, 도투락댕기, 두루마기와 저고리 등의 의복 문화에도 몽골의 영향이 있었습니다. 신부가 뺨에 연지를 찍는 것, 여성이 옷고름에 차는 장도 등도 몽고풍으로 보기도 하는데 이와 유사한 풍습은 고구려, 백제 등 삼국 시대에도 있었던 것으로 알려져 있어요.

이처럼 고려 사회에는 변발, 몽골식 옷차림, 몽골 어가 궁중과 지배층을 중심으로 널리 퍼졌습니다. 그리고 고려의 의복, 그릇, 음식 등도 포로나 유민 등에 의해 몽골에 전해졌어요. 이렇게 몽골에 전해진 고려의 풍습을 고려양이라고 합니다.

공민왕은 친원파 권세가들의 반발에 부닥치기는 했지만 대내적으로 왕권을 강화하고 권문세족을 억누르면서 꾸준히 반원 자주 정책을 추진해 나갔어요. 왕권을 제약하고 신진 사대부의 등장을 억제하는 정방을 폐지한 것도 반원 정책 가운데 하나이지요.

역모 죄로 좌절된 신돈의 개혁

공민왕은 내정을 개혁하고자 신돈을 등용합니다. 이름 없는 집안 출신의 승려 신돈은 백성들의 어려움을 누구보다 잘 알고 있었어요. 당시 권문세족은 힘없는 백성들의 토지를 빼앗거나 국가의 토지를 몰래 빼돌려 거대한 농장을 형성했지요. 또 광활한 토지를 경영하기 위해 고리대를 빌미로 해서 양민을 노비로 삼았어요. 토지를 잃은 농민은 초적이나 산적의 무리가 되기도 했지요. 더구나 권문세족은 세금조차 내지 않았습니다. 이에 공민왕으로부터 전권을 위임받은 신돈은 과감하게 칼을 빼들었어요. 먼저 1366년 개혁 기구인 전민변정도감을 설치해 부당하게 뺏은 토지를 본래의 소유주에게 돌려주거나 억울하게 노비가 된 사람을 양민으로 해방시키기 위한 조치를 취합니다.

신돈은 "농민에게 빼앗은 토지를 개경은 15일, 지방은 40일 이내에 돌려주라. 이에 따르지 않는 자는 모든 권한과 토지를 박탈하겠다."라고 엄명을 내렸습니다. 왜곡된 사회 제도의 개혁은 올바른 것이었지만, 척결 대상이 된 권문세족은 신돈을 제거하지 않고서는 생존할 수 없는 처지가 됐어요. 신돈에 의해 기용됐던 신진 사대부들도 왕도 정치를 내세우며 왕의 직접 통치를 건의했지요. 그들은 우왕과 창왕이 신돈의 아들이라며 신돈을 불륜을 저지른 요승으로 둔갑시키고 역모죄까지 씌웠습니다. 결국 공민왕은 자신의 개혁 카드를 버리고 신돈과 그 주변 세력을 모두 처형하지요. 이로써 고려는 개혁의 기회를 영영 잃고 맙니다.

공민왕의 개혁 정책은 향후 권문세족에게 대응하는 신진 세력을 키워 내는 역할을 했어요. 하지만 신돈이 1371년 권문세족의 반격에 의해 역적으로 몰려 죽게 되자 이런 조치들은 흐지부지됐어요.

공민왕의 첫 부인은 원 위왕의 딸인 노국 대장 공주였어요. 공민왕과 노국 대장 공주와의 사랑은 700년이 지난 오늘날에도 확인할 수

공민왕릉
(북한 국보 문화 유물 제123호)
개성시 개풍군 해선리에 있는 공민왕의 무덤 현릉(사진 왼쪽)은 왕비 노국 대장 공주의 무덤인 정릉(사진 오른쪽)과 나란히 있다. 1365년(공민왕 14년) 왕비가 죽자 공민왕이 직접 설계하고 감독해 9년에 걸쳐 완성했다. 공민왕릉은 고려 왕릉 가운데 보존 상태가 가장 좋고 조선의 왕릉 제도에도 큰 영향을 끼쳤다. 중앙일보 사진 제공

있습니다. 개성 근교에 자리 잡은 공민왕릉은 고려 왕릉 가운데 유일한 부부 쌍릉입니다. 이들은 죽어서도 함께했지만 이들의 인연은 정략결혼에서 시작됐어요. 생모가 고려인인 관계로 왕위 계승에서 번번이 낙마한 공민왕은 1349년에 전략적으로 노국 대장 공주와 결혼했고, 2년 뒤 그녀의 도움으로 왕위에 올랐지요. 그러나 1365년(공민왕 14년)에 노국 대장 공주가 아이를 낳다가 죽자, 공민왕은 왕비의 초상화를 벽에 걸어 놓고 밤낮으로 바라보면서 울 뿐 정사를 제대로 돌보지 않았어요. 그사이에 전권을 위임받은 신돈이 개혁 정책을 추진하지요.

노국 대장 공주와의 사이에서 아들을 얻지 못한 공민왕은 왕비가

죽은 뒤 계비를 들이기도 하고, 신돈과 함께 불공을 드리며 축원하기
도 했으나 후사를 얻지 못했어요. 공민왕은 신돈의 집에 자주 드나들
다가 신돈의 비첩인 반야라는 미인을 보고 반하게 됩니다. 공민왕의
사랑을 받은 반야는 1365년 아들을 낳았는데 그가 바로 공민왕의 뒤
를 이어 왕위에 오른 우왕이에요. 우왕은 자신이 신돈의 아들이라는
'우왕 신씨설'을 내세운 이성계 일파에 의해 폐위되고 죽임을 당하지
요. 하지만 우왕 신씨설은 이성계의 역성혁명을 합리화하기 위해 조
작된 것이라는 주장이 설득력을 얻고 있습니다.

신진 사대부의 성장

공민왕이 개혁을 추진하는 과정에서 신진 사대부의 정계 진출이 확대
됐습니다. 이들은 대부분 지방 향리의 자제들이었는데, 무신 집권기
이래 과거를 통해 중앙 관리가 됐어요. 이들 중 일부는 측근 세력으로
성장해 권문세족이 되기도 했지만 대다수가 공민왕의 개혁 정책에 힘
입어 지배 세력으로 성장했습니다. 그러나 권문세족이 인사권을 쥐고
있어서 관직으로의 진출이 제한되었고, 과전과 녹봉도 제대로 받지 못
했어요. 이런 문제를 해결하기 위해 신진 사대부는 왕권과 결탁해 고
려 후기의 각종 개혁 정책에 참여했으나 역부족이었지요. 공민왕의 개
혁 정책이 흐지부지해지자 권문세족이 정치 권력을 독점하고 대토지
소유를 확대해 나가면서 백성의 생활은 극도로 어려워졌습니다.

　공민왕의 뒤를 이어 우왕이 왕위에 오른 후 임인겸, 염흥방 등의 권
신이 국정을 좌지우지했는데 이들의 수탈과 횡포는 극에 달했어요.
그 과정에서 염흥방의 가신인 이광이 양반인 조반의 땅을 빼앗는 사
건이 발생합니다. 조반은 염흥방에게 호소해 땅을 되찾았지만 다시

이제현 초상(국보 제110호,
국립중앙박물관)
고려 후기의 문신이자 유학자인
이제현의 초상화다. 충숙왕
6년(1319년) 왕과 함께 원에
갔을 때 원의 화가가 그린
것이다. 귀국할 때 이 그림을
가져오지 못한 이제현은 21년
뒤 우연히 이 그림을 다시 보게
되고 그 감회를 시로 읊었다고
한다.

이광이 빼앗아 가자 그를 찾아가 돌려줄 것을 간청했어요. 하지만 노비 신분인 이광은 상전인 염흥방을 믿고 양반인 조반에게 모욕을 주었고, 이에 격분한 조반은 가병을 이끌고 가 이광의 목을 베어 버리고 도망쳤습니다. 결국 조반은 염흥방에게 붙잡혀 온갖 고문을 당하지요.

우왕 때에 이르러 권문세족이 토지 겸병을 확대하자 최영은 이성계를 비롯한 사대부 세력의 뒷받침을 받아 이인임, 염흥방 일파를 축출했습니다. 이때 목숨을 잃은 가신과 잔당의 수가 1,000명이 넘었다고 해요. 권력의 중추는 점차 최영으로 넘어왔고 전민변정도감이 다시 설치됐어요. 이 과정에서 이성계는 물론이고 신흥 세력인 이색, 정도전, 정몽주 등이 크게 부상했습니다.

신흥 세력의 부상과 더불어 성리학이 전래됐습니다. 고려에 성리학을 처음 소개한 사람은 충렬왕 때의 안향이었어요. 충선왕 때 이제현은 원의 수도에 설립된 만권당에서 원의 학자들과 교류하면서 성리학에 대한 이해를 높였습니다.

이제현은 귀국한 후 이색 등에게 영향을 주어 성리학 전파에 이바지했어요. 공민왕 때 이색은 정몽주, 권근, 정도전 등을 가르쳐 성리학을 더욱 확산시켰지요. 성리학을 수용한 사람은 대부분 신진 사대부였어요. 이들은 현실 사회의 모순을 바로잡기 위한 개혁 사상으로 성리학을 받아들였지요. 따라서 성리학의 형이상학적 측면보다 일상 생활과 관계되는 실천적 기능을 강조했어요. 이들은 유교적인 생활

관습을 시행하고자 소학과 주자가례를 중시하고 권문세족과 불교의
폐단을 비판했습니다. 이런 가운데 불교는 쇠퇴하고 성리학이 새로운
국가 사회의 지도 이념으로 등장했어요.

고려의 카이사르, 루비콘 강을 건너다

북쪽에서는 홍건적이 침입하고 남쪽에서는 왜구의 노략질이 계속되
었어요. 홍건적은 원이 쇠약해진 틈을 타서 일어난 한족의 농민 반란
군이었습니다. 홍건적이 개경까지 침입해 오자 공민왕은 복주(안동)
까지 대피하고 정세운, 이방실 등이 나아가 격퇴했어요.

　일본의 쓰시마 섬에 근거지를 둔 왜구는 해안 지방에 침입해 노략
질을 일삼았습니다. 공민왕 때에는 왜구가 강화도까지 약탈하고 개경
까지 위협했지요. 왜구의 침입으로 조세의 해상 운송이 어려워지자
국가 재정이 궁핍해졌고, 해안에서 멀리 떨어진 내륙까지 큰 피해를
입었어요. 하지만 1376년(우왕 2년)에는 최영이 충청남도 홍산에 출몰
한 왜구를 거의 전멸시켰습니다.

　왜구의 침략이 심해진 가운데 원의 이원에게서 화약 제조법을 배운
최무선의 건의로 1377년 화통도감이 설치됐어요. 이후 화통 무기가
발명돼 1380년에 나세와 최무선은 진포(금강)에 침입한 500여 척의
왜선을 격퇴시켰고, 1383년에는 정지가 관음포 대첩에서 왜선을 격
침시켰습니다. 예전에는 주로 내륙에서 벌어졌던 전투가, 관음포 대
첩을 계기로 바다에서 왜구를 격퇴하는 양상으로 전개되지요. 1380
년(우왕 6년)에는 이성계가 전라도 지리산 근처의 황산에서 왜구를 무
찌릅니다. 이렇게 고려가 남과 북의 외적을 토벌하는 과정에서 최영
과 이성계가 큰 전과를 올리며 부상하게 되지요.

1383년 왜구는 120척의 군선
을 이끌고 합포(마산)를 공격했
다. 정지가 이끄는 함대는 박
두양(朴頭洋)에서 왜구의 군선
과 맞닥뜨렸는데 이때 화포를
사용해 17척을 대파했다.

최무선(1325~1395년)

최무선은 왜구의 노략질을 막기
위해 화약과 총을 만들기로
결심하고, 벽란도에 가서 원
사람인 이원에게 화약 제조법을
배웠다. 그리고 화통도감을
설치해 1377년부터 화약과
화약 무기의 본격적인 연구를
시작했다.

정지의 관음포 대첩, 최무선의 진포 대첩은 최영의 홍산 대첩, 이성계의 황산 대첩과 함께 왜구의 세력을 크게 약화시키는 데 기여했습니다. 왜구를 격퇴하는 과정에서 신흥 무인 세력이 성장했어요. 이후 창왕 1년(1389년)에는 왜구들이 드나드는 요충지였던 쓰시마 섬을 직접 공략하는 단계까지 나아갑니다. 박위는 전함 100척을 이끌고 왜구의 소굴인 쓰시마 섬을 토벌해 기세를 꺾었지요.

이런 상황에서 명이 1388년 2월 철령 이북을 차지하겠다고 통보합니다. 이 땅은 쌍성총관부와 동녕부에 일시적으로 소속된 적이 있었는데, 원의 멸망 이후 자기 나라 땅이 됐다는 것이 이유였어요. 명은 철령위라는 지방 관청을 설치하겠다고 통보하고 그해 3월에 관리들을 강계에 파견했습니다.

명은 고압적인 자세를 취하면서 고려를 속국으로 삼으려는 의도마저 노골적으로 드러냈어요. 그래서 최영은 요동도사(명의 지방 통치 기관)를 쳐서 명을 꺾어 버리자고 주장합니다. 그러나 이성계는 소국인 입장에서 대국을 치는 것의 무모함과 여름철 농번기에 군사를 동원하면 농사에 지장이 생긴다는 점, 전 병력을 동원하면 빈틈이 생기고 그 사이에 왜구가 침입할 수 있다는 점, 장마철이라 전염병이 돌 우려가 있고 활사위가 늘어나 화살이 멀리 안 나간다는 점 등 네 가지의 불가론을 들어 정벌에 반대했어요.

하지만 최영과 우왕의 강력한 주장에 의해 원정군이 편성됐어요. 최영은 팔도 도통사로 총지휘를 맡았고 조민수는 좌군 도통사, 이성계는 우군 도통사로 임명됐지요. 최영은 직접 요동 정벌에 나서려 했으나 우왕이 옆에 있어 줄 것을 간곡히 부탁해 개경에 남았습니다.

1388년 5월 고려 원정군이 압록강을 건너려고 위화도에 다다르자, 우왕과 함께 안주에 나가 있던 최영은 선봉군에게 진격하라는 명을 내렸어요. 그러나 이성계는 명을 거부하고 도리어 군대를 회군시켜 최영을 공격하지요. 최영은 개경으로 내려와 반란군을 저지하려 했으나 개경에 군사가 거의 없어서 금세 이성계에게 장악됐습니다.

아직도 우리를 아쉽게 하는 위화도 회군

이성계의 위화도 회군을 떠올리면 아쉬운 마음이 먼저 듭니다. 고구려 땅이었던 요동 땅을 되찾을 수 있는 절호의 기회였기 때문이지요. 그러다 보니 위화도 회군에 관한 논쟁은 요동 땅을 되찾을 수 있었느냐 없었느냐, 아니면 되찾았다고 해도 지킬 수 있었느냐 없었느냐에 초점이 맞추어졌습니다. 요동 땅을 찾을 수 있었느냐 없었느냐가 논의의 핵심이라면 실용적 관점에서 판단을 내려야 하겠지요. 하지만 역사의식을 눈앞의 이익으로만 판단해야 할까요?

위화도

평안북도 신의주시 상단리와 하단리에 속해 있는 위화도는 고려 시대에
국방상으로 중요한 곳이었다. 1388년(우왕 14년) 5월에 이성계가 위화도에서
회군을 단행하면서 조선을 건국하기 위한 길이 열리게 되었다.

역사적 소명 의식은 한 민족이 존재하는 이유이자 번영을 누리는 길입니다.

이 문제는 땅을 차지한다는 근시안적인 사고방식에서 벗어나 역사의 뿌리와 계통을 이어 간다는 민족사적 맥락에서 살펴보아야 합니다. 그렇다면 이성계가 내세운 4불가지론은 타당한 주장이었을까요? 이 주장은 대체로 전술적인 측면에 해당하기 때문에 상당 부분 타당한 것인지도 모릅니다.

전술은 전략을 실현하기 위해 필요합니다. 불리한 측면이 있더라도 어떤 문제를 극복하기 위해 다각적인 방법을 찾아내야 하지요. 모든 일에는 불리한 측면만이 아니라 유리한 측면도 있습니다. 하지만 이성계가 제기한 4불가지론은 불리한 측면만 언급하고 유리한 측면은 하나도 거론하지 않은 주장이에요.

당시의 정세만 봐도 그렇습니다. 명에서는 이미 15만의 주력군이 북원을 공격하기 위해 몽골 방면으로 출정한 상태였으므로 곧바로 군사를 보낼 형편이 아니었어요. 요동에 주둔하고 있던 군사 대부분도 참전한 상태였기 때문에 명의 군사는 소수에 지나지 않았습니다. 그마저 한족 출신보다는 고려와 여진 계통의 군사가 더 많았어요.

이 사실은 성종 18년(1487년) 조선의 관리인 최부가 제주도에서 서울로 올라오던 중 풍랑으로 표류해 요동을 지나올 때 그곳에 살고 있던 계면에게 다음과 같은 말을 들었다고 밝힌 것에서도 확인할 수 있어요.

소승은 본디 조선 사람인데, 소승의 할아버지가 이곳으로 도망 온 지 벌써 3대가 되었습니다. 이 지방은 본국의 경계와 가까운 까닭에 우리나라 사람이 많이 왕래하고 있습니다. …… 이 지방은 옛날 우리 고구려의 도읍인데 중국에 빼앗긴 지 1,000여 년이나 되었습니다만, 우리 고구려의 옛 풍속이 아직도 없어지지 않아서 고려의 사당을 세워 제사 지내기를 게을리하지 않으니, 이는 뿌리를 잊지 않았기 때문입니다.

조선 성종 때 상황이 이랬다면 위화도 회군 당시에는 어땠을까요? 고려나 여진 계통의 사람이 훨씬 더 많았을 것입니다. 이를 보면 전술적으로도 불리한 점만 있었던 것은 아니지요. 공민왕 시절 고려의 원정군이 쌍성총관부를 공격해 어렵지 않게 목적을 달성한 것만 보더라도 잘 알 수 있지요. 어쩌면 최영은 이를 계산하고 원정을 강행했을지도 모릅니다. 실제로 고려의 출병 소식을 들은 주원장은 크게 당황해 친히 종묘에 나가 전쟁의 길흉 여부를 점치기까지 했다고 합니다.

이성계가 주장한 전술적인 부분이 완전히 틀린 것은 아니지만 전술적인 범위를 벗어나 전략적인 문제나 민족사적 문제로 넘어가면 전혀 다른 성격을 띠게 됩니다.

전략적인 판단은 대부분 총지휘관, 즉 왕이 합니다. 그러므로 왕이나 왕조를 부정하지 않는다면 대부분 총지휘관의 전략에 따르는 것이 당연한 이치예요. 전술이 마음에 들지 않는다고 자기 마음대로 판단을 내린다면 그것은 반역입니다. 이런 점에서 이성계가 4불가지론을 내세워 회군한 사실은 반역을 꾀한 것입니다.

사실 이성계의 반역은 치밀한 계획에 따라 진행됐어요. 그가 회군할 때 아이들이 '이(李)씨가 나라를 얻는다'라는 뜻의 '목자득국(木子得國)'이라는 노래를 불렀다고 합니다. 이것은 이성계 파의 공작이라고 봐야 하지 않을까요?

반역 행위 자체가 나쁜 것은 아닙니다. 맹자도 역성혁명을 주장했으니까요. 그러므로 회군의 근거가 무엇이냐를 놓고 판단해야 합니다. 그런데 이성계의 회군이 납득되지 않는 이유는 그 근거가 대체로 전술적인 문제에 한정되어 있기 때문이에요. 원대한 역성혁명을 시도하려는 근거가 고작 전술 따위라면 명분이 너무 빈약한 셈이지요. 따라서 4불가지론은 정권 탈취의 욕망으로 가득 찬 주장으로밖에 볼 수 없습니다.

전략적인 측면을 파악하면 이성계의 의도는 더욱 뚜렷하게 드러납니다. 4불가지론은 대체로 전술적인 측면에서 언급하고 있기는 하지만, 전략적인 측면으로 해석할 수 있는 부분도 있습니다. 그 가운데 대표적인 것이 소국의 입장에서 대국을 치는 것이 불가하다는 주장이에요.

　그렇다면 당시에 막 건국된 명은 대국이고 고려는 소국이었다는 뜻일까요? 몽골의 원이나 여진의 청, 거란의 요처럼 점차 세력을 형성해 강국이 되는 것이지 처음부터 강력한 세력을 형성할 수는 없어요. 우리나라의 단군 조선과 고구려도 마찬가지입니다. 언제부터 명이 대국으로 인정을 받은 것일까요? 이런 점에서 이성계의 4불가지론은 사대주의자가 아니라면 찬성하기 힘든 주장이지요.

　당시 고려에서 내린 전략적 판단은 무엇이었을까요? 명의 속국이 되지 않는다면 싸움을 할 수밖에 없다는 판단이었을 거예요. 고려는 처음부터 명과 전쟁을 벌이려고 하지 않았습니다. 명의 고압적인 자세와 고려를 속국으로 만들려는 요구 자체가 부당했기 때문에 불가피하게 전쟁을 선택한 거지요.

　그렇다면 요동을 집어삼키려는 명의 군사적 거점을 장악해 의지를 꺾어 버리려는 전략적 판단은 틀린 것이었을까요? 민족사의 흐름에서 볼 때 고려가 북부까지 통합하지 못한 상태에서 완전한 통일을 이룰 수 있는 기회가 왔는데 최대한 노력하는 것이 당연하지 않을까요?

　그러므로 이성계의 위화도 회군은 단군 조선의 뿌리와 계통을 이어받으려는 우리 역사의 숙원에 찬물을 끼얹은 행위라고 할 수 있어요. 단지 요동 정벌이 좌절되었기 때문이 아니라, 이성계의 4불가지론이 사대주의를 공공연히 주장하도록 만들었기에 더욱 아쉬운 마음이 큰 것입니다.

4-9 원의 지배와 위화도 회군

1 원의 내정 간섭

- **일본 원정** 두 차례 실시, 일본 원정을 위해 충렬왕 6년(1280년)에 정동행성 설치, 고려는 군대와 선박 등 물자 제공 → 가미카제로 실패
- **영토 상실** 쌍성총관부(철령 이북), 동녕부(자비령 이북), 탐라총관부(제주도) 설치
- **관제 · 왕실 호칭 격하** 국왕을 자신들의 통제 아래에 두고 고려를 간접적으로 지배하려는 정책을 펼침. 첨의부와 4사 체제로 관제가 개편됨. 황제 → 왕, 폐하 → 전하, 태자 → 세자
- **내정 간섭** 정동행성이 내정 간섭 도구로 변질됨. 만호부(군사 간섭), 다루가치(내정 간섭)
- **경제 수탈 및 몽고풍** 공녀(공물로 바친 여자) 요구, 금 · 은 · 베 · 인삼 · 매 수탈, 매를 기르기 위한 기관인 응방 설치, 몽고풍(연지 · 곤지 · 족두리 등과 수라 · 진지 등의 표현) 유행

2 권문세족의 폐해

- **권문세족의 등장** 종래의 문벌 귀족 가문으로 무신 집권기에 등장. 원의 세력을 등에 업은 역관 · 환관 출신이나 그 친척들이 새로운 지배 세력으로 등장
- **개혁의 시도** 음서를 통해 관직 독점, 대농장을 소유하고 백성들을 노비로 만들어 조세 수입 감소 → 충선왕과 충목왕이 개혁을 추진했으나 원의 조종과 간섭을 받고 있었으므로 철저하게 시행할 수 없었음

3 공민왕의 개혁 정치

- **반원 자주 정책** 원이 쇠퇴하기 시작한 14세기 중엽 반원 개혁 추진. 기철 등 친원 세력 숙청, 정동행성 폐지, 관제 복구, 몽고풍 금지, 쌍성총관부를 공격해 철령 이북의 영토 회복
- **내정 개혁** 과거제를 정비하고 정방을 폐지해 왕권 강화. 신돈을 등용해 전민변정도감(권세가들이 빼앗은 토지를 원래 주인에게 돌려주거나 노비가 된 사람들을 해방시키기 위해 설치한 임시 개혁 기구) 설치
- **개혁 실패** 개혁을 적극적으로 추진할 세력이 미약했고, 홍건적과 왜구의 침입으로 국내외 정세가 불안함. 권문세족의 반발로 신돈이 제거되고 공민왕도 시해당함

4 신진 사대부의 성장

- **배경** 대부분 지방의 향리 자제들로 무신 집권기 이래 과거를 통해 중앙 관리가 됨 → 공민왕이 개혁을 추진하는 과정에서 신진 사대부의 진출이 확대됨 → 일부는 측근 세력으로 성장해 권문세족이 되지만 대다수가 지배 세력으로 성장 → 자신들의 기반을 무너뜨리려는 권문세족과 충돌
- **신진 사대부의 성장** 공민왕의 개혁 정치 때 크게 성장, 과거를 통해 관직 진출, 성리학 수용, 권문세족

과 대립, 사회 개혁 추구 → 우왕 때 권문세족이 토지 겸병을 확대하자 최영이 이성계를 비롯한 신진 사대부 세력의 뒷받침을 받아 이인임·염흥방 일파를 축출 → 전민변정도감 다시 설치 → 신흥 세력인 이성계·이색·정도전·정몽주 부상
· **성리학의 전래** 충렬왕 때 안향이 처음 소개 → 충선왕 때 이제현은 원의 수도에 설립된 만권당에서 원의 학자들과 교류 → 이제현이 귀국 후 이색 등에게 영향을 주어 성리학 전파에 기여 → 공민왕 때 이색은 정몽주·권근·정도전 등을 가르쳐 성리학을 더욱 확산시킴 → 신진 사대부 성장, 고려 불교 쇠퇴, 성리학이 국가 이념으로 등장

5 홍건적과 왜구 토벌
· **최영의 홍산 대첩(1376년)** 최영이 진두지휘해 충청남도 홍산에 출몰한 왜구를 거의 전멸시킴
· **나세·최무선의 진포 대첩(1380년 8월)** 최무선의 건의로 1377년 화통도감이 설치되고 이후 화통 무기가 발명됨 → 나세와 최무선은 진포(금강)에 침입한 500여 척의 왜선을 격퇴함
· **이성계의 황산 대첩(1380년 9월)** 이성계가 전라도 지리산 근방 황산에서 왜구를 격퇴
· **정지의 관음포 대첩(1383년)** 예전에는 주로 내륙에서 왜구와 싸웠지만 바다에서 왜구를 격퇴하는 양상으로 전개됨
· **박위의 쓰시마 섬 정벌(1389년)** 박위가 전함 100척을 이끌고 왜구의 소굴인 쓰시마 섬을 토벌

6 요동 정벌과 위화도 회군
· **명의 영토 요구** 주원장이 1368년에 명을 건국하면서 북원은 북쪽 몽골 지방으로 쫓겨 감. 명은 원의 땅이 모두 귀속되어야 한다고 주장. 1388년 2월에는 철령위(강원도 안변 이북 직할지) 설치를 통보
· **위화도 회군** 고려는 명이 차지한 요동 지역 수복에 나섬 → 요동을 향해 출정한 이성계는 압록강의 위화도에서 군사를 돌려 개경 점령 → 우왕을 폐위하고 요동 정벌을 주장한 최영 제거

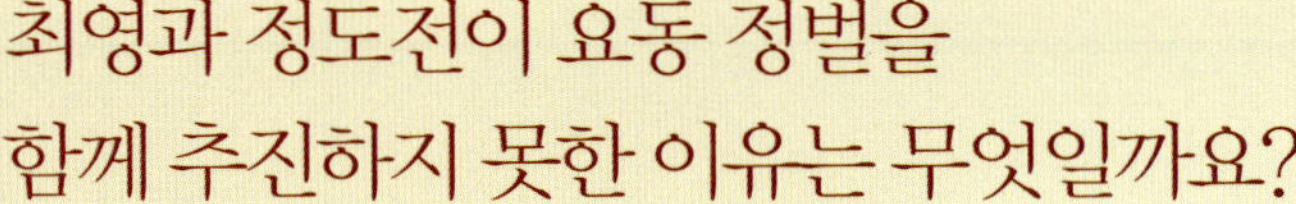

최영과 정도전이 요동 정벌을 함께 추진하지 못한 이유는 무엇일까요?

이성계와 손잡은 신진 사대부들은 명과의 관계에서 사대적인 입장을 취했습니다. 반면에 권문세족으로서 구질서의 대표자라고 할 수 있는 최영과 신흥 세력이었던 정도전은 요동 정벌을 제기했어요. 이 두 사람은 최소한 요동 정벌이라는 목표에서는 뜻을 함께할 수 있었는데 그러지 못했습니다. 왜 그랬을까요?

고려 말 신흥 세력은 주로 중소 지주층에 기반을 두고 있었지만 최영은 권문세족을 대표하는 인물이었습니다. 즉, 서로 계급이 다르기 때문에 이해관계도 다를 수밖에 없었지요. 최영은 요동을 정벌해 우리의 옛 땅을 회복하자고 주장했지만 성리학으로 무장된 신흥 세력은 사대적인 입장을 취했습니다.

그렇다면 이들은 결코 함께할 수 없는 관계였을까요? 함께하려면 어떤 방법이 필요했을까요? 우선 민족적인 문제와 계급적인 문제를 나누어서 생각해 보아야 합니다. 그렇다고 이 둘을 분리해서 볼 필요는 없어요. 서로 긴밀하게 연결되어 있기 때문이지요.

최영은 일부 신진 사대부와 공동의 이해관계를 형성할 수도 있었습니다. 최영은 권문세족이었지만 임인겸, 염흥방 일파의 권문세족을 제거했어요. 또한 공민왕 때 설치했던 전민변정도감을 다시 설치해 개혁을 추진하고자 했습니다.

물론 이는 신진 사대부에 의해 추진된 사전 정리와 양전 사업처럼 철저한 개혁은 아니었습니다. 하지만 최영은 권문세족 출신이라고 해서 개혁에 반대하지는 않았지요.

신진 사대부들은 무조건 요동 정벌에 반대했을까요? 꼭 그렇지는 않습니다. 일부는 명에 대한 사대주의적 태도 때문에 반대했지만 정도전 같은 신진 사대부는 요동 공략 자체를 반대하지는 않았어요. 우선 내부 개혁을 실시한 다음 요동을 공략해야 된다고 생각했을 뿐입니다. 정도전은 이성계 일파와 권력을 장악한 후 요동을 공략하기 위한 대책을 마련하고자 했던 거예요. 하지만 이방원에 의해 제거되면서 그 꿈을 이루지 못했습니다.

최영은 민족적 문제를, 정도전은 권문세족의 제거를
우선 과제로 생각했어요.

이렇게 보면 최영과 정도전의 입장이 별반 다르지 않았다는 것을 알 수 있습니다.
그런데도 왜 이들은 손을 잡지 못했을까요? 그것은 두 사람의 관점이 달랐기 때문
이에요. 최영이 민족의 뿌리와 계통을 이어 나가기 위한 측면에서 문제 해결의 방
법을 생각했다면 정도전은 권문세족을 제거하는 것이 우선 과제였습니다.
결국 두 사람은 민족적 과제를 해결하지 못하고 각개 격파당하고 맙니다. 이를 통
해 우리는 함께해야 할 세력이 서로 힘을 합치지 못하면 쓰디쓴 실패를 맛볼 수밖
에 없다는 소중한 교훈을 얻을 수 있습니다.

다시는 재현할 수 없는 고려청자 |
고려의 문화와 종교

우리 민족이 슬기롭다는 것은 돌 문화와 흙 문화만 봐도 잘 알 수 있습니다. 지금은 도기와 자기를 구분하지 않고 도자기라고 하지만 예전에는 도토, 즉 붉은 진흙을 낮은 온도에서 구운 질그릇을 도기라 하고, 진흙에 자토를 섞어 높은 온도에서 구운 사기를 자기라 했어요. 고조선 이래로 계승된 질그릇의 전통이 고려에 이르러 독창적인 자기 문화로 탄생한 것입니다. 비색 자기는 비취옥처럼 푸른 자기라는 뜻인데 우리나라의 맑은 하늘빛을 닮았고, 우리 민족의 깨끗한 심성과 정서를 잘 드러내지요. 상감 청자는 그릇 표면에 나타내고자 하는 문양이나 글자 등을 파낸 뒤, 그 홈을 회색의 청자 바탕흙 또는 백토나 자토로 메우고 표면을 고른 후 청자 유약을 발라 구운 자기예요. 청자 외에 건축과 조각, 글씨와 그림 등에서도 고려 귀족 문화의 특성을 엿볼 수 있습니다.

- **11세기**(예종, 인종 때) 맑은 하늘빛을 띤 비색 자기(순청자)가 만들어지다.
- **12세기 중엽**(의종 때) 상감 기법으로 무늬를 넣은 상감 청자가 만들어지다.
- **1089년** 의천이 선종을 통합하기 위해 국청사를 창건하고 천태종을 창시하다.
- **1204년** 지눌이 독경과 선 수행, 노동에 고루 힘쓰자는 개혁 운동인 수선사 결사를 제창하다.

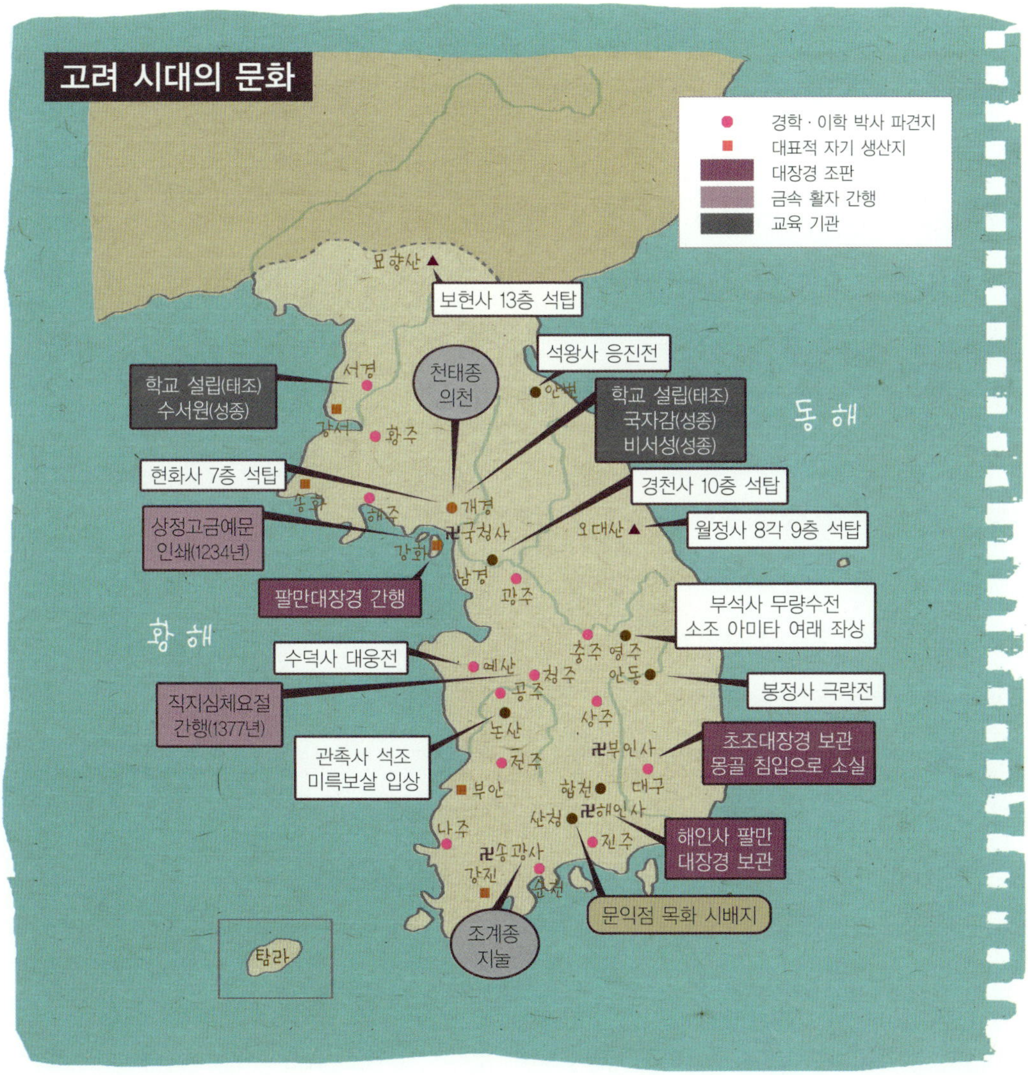

흔해 빠진 흙이 보물이 되다

한 민족이 얼마나 번영했는가를 평가하는 기준이 영토 확장이나 강력한 군사력에만 있는 것은 아닙니다. 일상적인 삶 속에서도 민족의 위상을 충분히 엿볼 수 있지요.

우리 민족의 지혜와 슬기는 돌 문화와 흙 문화에서 잘 드러납니다. 한반도에 밀집된 고인돌은 세계 문화유산으로 등재됐고, 고려청자는 세계 최고의 자기로 인정받고 있지요.

고인돌이나 석탑, 고려청자 등의 원료는 돌과 흙입니다. 주위에서 흔하게 볼 수 있는 평범한 소재로 세계적인 수준의 예술품을 창조하는 것은 뛰어난 예술적 감수성이 없이는 불가능한 일이에요. 예술품을 만들 때는 재료를 그대로 사용하지 않고 일정한 형태로 가공하거나 정제하므로 재료 자체보다는 재료를 어떻게 다루느냐에 더 큰 의미를 부여하지요. 여기에 재료를 대하는 자세가 예술품의 가치를 결정짓는 잣대가 될 것입니다.

우리 민족이 돌과 흙 등 하찮은 재료를 가지고 예술품을 창조한 사실은 창조적 능력은 물론, 삶을 대하는 낙천적인 성격을 잘 보여 줍니다. 특히 고려자기의 경우가 그러합니다.

'도(陶)' 자는 좌변에 '언덕 부(阜)' 자, 우변에 '안을 포(抱)' 자와 '흙 항아리 부(缶)' 자가 결합돼 만들어진 글자입니다. 즉, 가마 안에 질그릇을 쌓아 놓은 모습을 형상화한 것이라고 할 수 있지요. 따라서 질그릇은 우리말이고 도기는 한자라는 점만 다를 뿐 의미는 비슷합니다.

토기라는 말은 20세기 들어 일본에서 처음 사용했으므로 신라 토기, 고려 토기 등은 신라 도기, 고려 도기 등으로 써야 올바른 표현이에요. 약 500~600도에서 구워진 것을 토기, 1,000도 이상에서 구워진 것을 도기라고 부르기도 하고, 유약을 입히지 않은 것을 토기, 유약을 입힌 것을 도기라 부르기도 하는데 이는 정확한 구분이 아닙니다.

도기와 자기는 흙의 원료부터 다릅니다. 도기는 도토(陶土), 즉 찰흙이라고도 하는 붉은색 흙으로 만들고, 자기는 자토(瓷土), 즉 돌가루가 섞여 있는 흙으로 만들어요. 대개 도토는 가마 온도가 1,200도가 넘으면 흐물흐물하게 녹아 버리고, 자토는 1,300도 이상에서 완성된다고 합니다. 따라서 도토만으로는 자기를 만들 수 없었어요. 그래서 우리나라에서는 사토를 섞어서 만들었기 때문에 사기라고 불렀습니다. 백자를 백사기, 청자를 청사기, 일본 자기를 왜사기, 중국 자기를 당사기라고 했어요. 자기를 만드는 사람은 사기장이, 자기를 만들던 장소나 마을은 사기소, 사기 마을이라고 했습니다.

토기와 도기를 대신해 질그릇이라는 말을 사용하는 것이 도자기의 발달사를 이해하는 데 보다 합리적이라는 주장도 있습니다. 질그릇을 만들다가 다양한 기술을 습득하면서 자기를 만드는 단계로 나아갔으니까요. 단군 조선 이래로 사용해 왔던 질그릇의 전통을 이어받아 고려 시대에 독창적인 고려자기를 만들게 된 것입니다.

민족의 심성이 고려청자에 스며들다

도기 중에는 떡시루처럼 물을 흡수하는 연질 도기가 있는가 하면 술항아리 같은 경질 도기도 있습니다. 유약을 바른 것도 있고 그렇지 않은 것도 있지요. 녹색 유약을 바른 것은 녹유 도기, 잿물을 바른 것은 회유 도기, 색을 칠한 것은 가채 도기라고 합니다. 이 모든 과정에서 얻어 낸 결과물을 새로운 단계로 발전시켜 탄생한 것이 바로 고려자기예요.

그러므로 고려자기에는 실용성과 예술성이 결합돼 있습니다. 이 점은 고려자기의 색과 모양, 문양에서도 잘 드러나지요. 고려자기의 모양은 찬, 병, 사발, 접시, 주전자, 단지, 화분, 향로, 연적, 벼루, 붓꽂 등 다양하고 무늬 역시 동식물이나 인물, 자연, 추상적 무늬, 글자 무늬 등 매우 다양합니다.

고려자기에는 흰 자기도 있고 푸른 자기도 있어요. 그 가운데 푸른 자기, 즉 비색 자기인 청자가 단연 으뜸입니다. 선인들은 비색 청자를 보고 맑은 가을 하늘의 푸른색과 비 온 뒤의 하늘색, 깊은 산중에 흐르는 푸른 물색, 금강산에 흐르는 맑은 물색 등을 연상했어요.

송의 서긍(徐兢)은 "청자의 색을 비색(翡色)이라고 하는데 그 형태가 중국과 달리 독창적이다."라고 했으며, 도자기 전문가인 윌리엄 하니는 "고려 도자기는 독창적일 뿐만 아니라 세상에서 지금까지 만들어진 것 가운데 가장 우아하고 꾸밈새가 없다."라고 극찬했어요. 대영박물관과 프랑스의 기메박물관, 미국의 메트로폴리탄박물관과 보스턴박물관에도 고려청자가 소장돼 있지요.

고려자기의 가치는 은은한 비취색에만 있는 것이 아닙니다. 고려인들은 그릇 표면에 나타내고자 하는 문양이나 글자 등을 파낸 뒤, 백토나 자토로 메우고 표면을 고른 후 청자 유약을 발라 구워 상감 청자를 만들었어요.

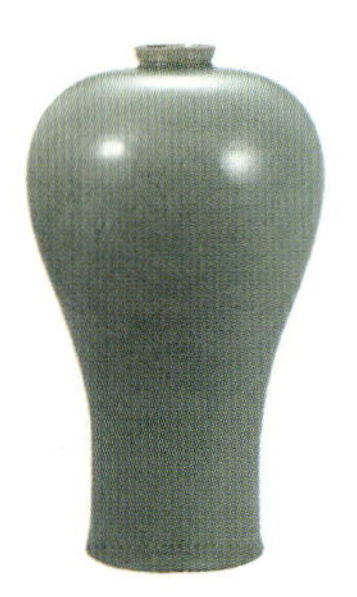

상감 그 자체는 신비로운 것이 아니지만 도자기에 상감 기법을 이용했다는 사실에서 고려인의 뛰어난 발상을 엿볼 수 있지요.

후기 신라 말에 나타난 흰 상감 질그릇 수법을 발전시킨 것이 상감 기법이라는 의견도 있습니다. 상감 청자는 강화도에 도읍한 13세기 중엽까지 주류를 이루었지만 원 간섭기 이후에는 퇴조해 갔어요.

고려청자는 자기를 만들 수 있는 흙이 생산되고 연료가 풍부한 지역에서 구워졌는데, 전라도 강진과 부안이 유명했습니다. 특히 강진에서는 최고급 청자를 만들어 중앙에 공급하기도 했지요.

고려청자에는 고려 귀족들의 사치스러운 생활상이 담겨 있지만 고려인의 세계관이 담겨 있기도 합니다. 게다가 뛰어난 예술 작품이지요. 하지만 안타까운 점은 우리보다 외국인이 먼저 고려청자의 문화적 가치에 주목했다는 것입니다.

고려청자가 세상에 알려진 시기는 1880년대 제국주의 열강의 침략이 이루어지면서 철도와 도로가 설치됐을 때였어요. 개성 근처의 무덤을 발굴하는 과정에서 고려청자가 많이 출토됐지요. 고려청자의 우수성을 알아본 외국인들은 수많은 무덤을 파헤치기 시작했습니다. 그 결과 1880~1920년대까지 고려청자는 도굴되는 운명에서 벗어나지 못했어요. 이 사건을 통해 선조들이 이룩해 놓은 우수한 문화를 우리가 얼마나 허술하게 관리했는지 반성하게 됩니다.

맛과 향을 담다 – 병

고려청자는 매병, 주전자, 꽃병, 향로 등 다양한 용도로 쓰였지만 높은 가격과 예술성 때문에 장식용이나 부장품으로 주로 사용됐다.

청자음각연화당초문매병(국보 제97호, 국립중앙박물관)

고려 시대에 만들어진 청자 매병이다. 작고 조금 얕은 듯하지만 야무진 아가리와 풍만한 어깨, 잘록한 허리, 아래 부분이 밖으로 약간 벌어진 곡선이 조화를 이룬다.

청자버드나무무늬병(국보 제113호, 국립중앙박물관)

긴 원통형의 몸체를 지닌 특이한 형태의 병 중 하나다. 전체적으로 단순한 형태이나 어깨 부분을 깎은 모양과 밖으로 벌어진 아가리의 모양이 단조로움을 덜어 준다.

청자소문과형병(국보 제94호, 국립중앙박물관)
고려 인종의 능에서 '황통(皇統) 6년(1146년)'이라는
연도가 표기된 책과 함께 발견된 화병이다. 긴
목과 여인의 치맛주름 모양의 밑부분이 귀족적인
분위기를 풍긴다. 참외 모양의 화병 중 가장
아름다운 작품으로 평가된다.

청자상감모란국화문과형병(국보 제114호, 국립중앙박물관)
몸체는 참외 모양이고 아가리는 나팔처럼 벌어진 참외 꽃 모양이다. 목의 중간부에
는 두 줄의 가로줄이 백토로 상감되어 있다. 당에서 온 양식이지만 고려 시대에는
주체적으로 수용되었다.

맛을 따르다 – 주자(주전자)

고려청자 주자는 술을 담는 용도로 만들어졌다. 고려인은 주전자 하나를 만드는 데도 인간이 상
상할 수 있는 가장 이상적인 조형미를 창출했다.

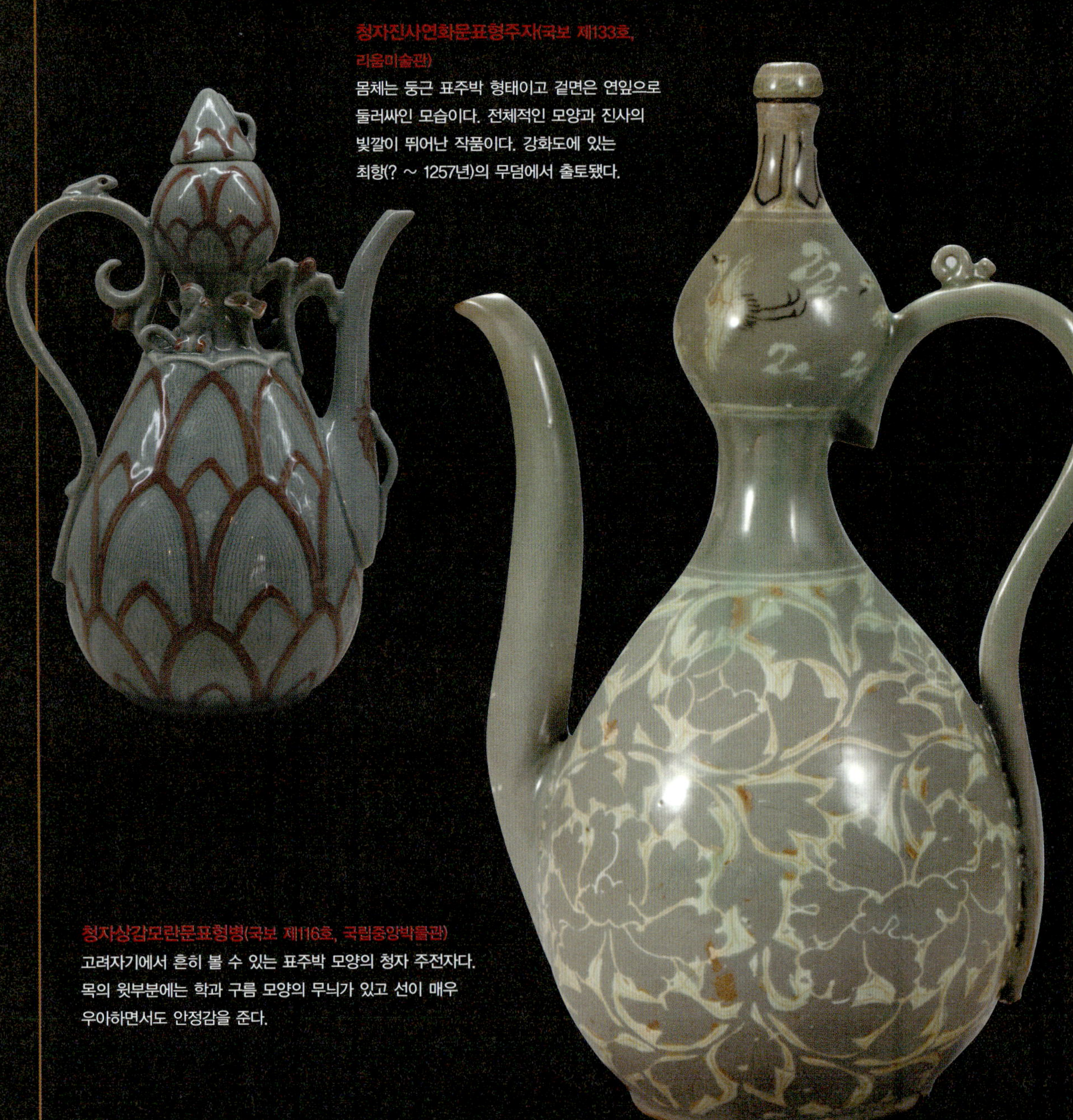

청자진사연화문표형주자(국보 제133호, 리움미술관)
몸체는 둥근 표주박 형태이고 겉면은 연잎으로
둘러싸인 모습이다. 전체적인 모양과 진사의
빛깔이 뛰어난 작품이다. 강화도에 있는
최항(? ~ 1257년)의 무덤에서 출토됐다.

청자상감모란문표형병(국보 제116호, 국립중앙박물관)
고려자기에서 흔히 볼 수 있는 표주박 모양의 청자 주전자.
목의 윗부분에는 학과 구름 모양의 무늬가 있고 선이 매우
우아하면서도 안정감을 준다.

모자를 쓰고 도포를 입은 사람이 복숭아를 얹은 쟁반을 들고 있는
모습을 본떠 만든 고려 시대 청자 주전자다. 도교적인 색채를 띠고
있고 1971년 대구시 교외의 한 과수원에서 발견됐다.

12세기경에 만들어진 청자 주전자로 연꽃 위에 앉아 있는 거북을 형상화했다. 거북
의 모습은 정교하게 표현됐으며 전체적으로 은은한 아름다움이 풍기는 작품이다.

용의 머리와 물고기의 몸을 가진 동물을 형상화한 기발한 작품이다.
이런 물고기 모양은 예전부터 화재를 예방하기 위한 상징적인 의미
로 건축물에 많이 장식됐다.

청자 항아리는 음식을 담는 용도로 사용했다. 청자상감모란문항에서 알 수 있듯이 꽃과 잎의 대비나 손잡이의 조형미는 생활을 예술로 승화시켰다.

12세기경에 만들어졌고 개성 부근에서 출토된 청자 항아리다. 몸체의 앞뒤에는 흑백의 대비를 이루는 모란과 잎이 표현되어 시원한 느낌을 준다.

맛을 음미하다 – 찻잔과 접시

청자 대접을 감상하다 보면 음식을 담아서 먹었다는 것이 불경스럽게까지 느껴진다. 청자상감당초문완의 휘감아 도는 당초 문양은 접시의 원과 어우러져 아찔함을 선사한다.

청자상감당초문완(국보 제115호, 국립중앙박물관)

1159년(고려 의종 13년)에 죽은 문공유의 묘지(墓誌)와 함께 경기도 개풍군에서 출토됐다. 연대를 알 수 있는 상감 청자 가운데 가장 오래된 작품이다.

청자양인각연당초·상감모란문온구대접(국보 제253호, 국립중앙박물관)

12세기 때 제작된 이 청자 대접은 안쪽 면에 연꽃 덩굴무늬가 있고 바깥 면에는 모란의 문양이 있다. 상감 청자가 본격적으로 유행하기 전에 한 면에만 상감 기법을 사용한 순청자와 상감 청자와의 혼합 양식을 보여 준다.

향을 품다 – 향로

고려는 송에서 유행하던 향 문화의 영향을 받아 왕실의 불교 행사나 국가적인 제례에서도 향을
피웠다. 하지만 고려 시대의 청자 향로는 중국에서까지 놀랄 정도로 뛰어난 예술 작품이었다.

청자사자유개향로(국보 제60호, 국립중앙박물관)
12세기경에 만들어진 청자 향로다. 향을 피우는 부분인
몸체와 사자 모양의 뚜껑으로 구성되어 있다. 송 사람들이
극찬을 했던 작품이다.

**청자칠보투각향로(국보 제 95호,
국립중앙박물관)**
몸체 윗부분이 둥근 화로 형태인
이 향로는 다양한 기교를 엿볼 수
있는 작품이다. 섬세한 장식이
많지만 전체적으로 조화와 균형이
잘 잡혀 있다.

외국에 나가다

고려청자는 영국의 대영박물관이나 프랑스의 기메박물관, 미국의 메트로폴리탄박물관과
보스턴박물관 등에 소장되어 있다. 옛 무덤에서 도굴한 작품도 있어 아쉬움을 자아낸다.

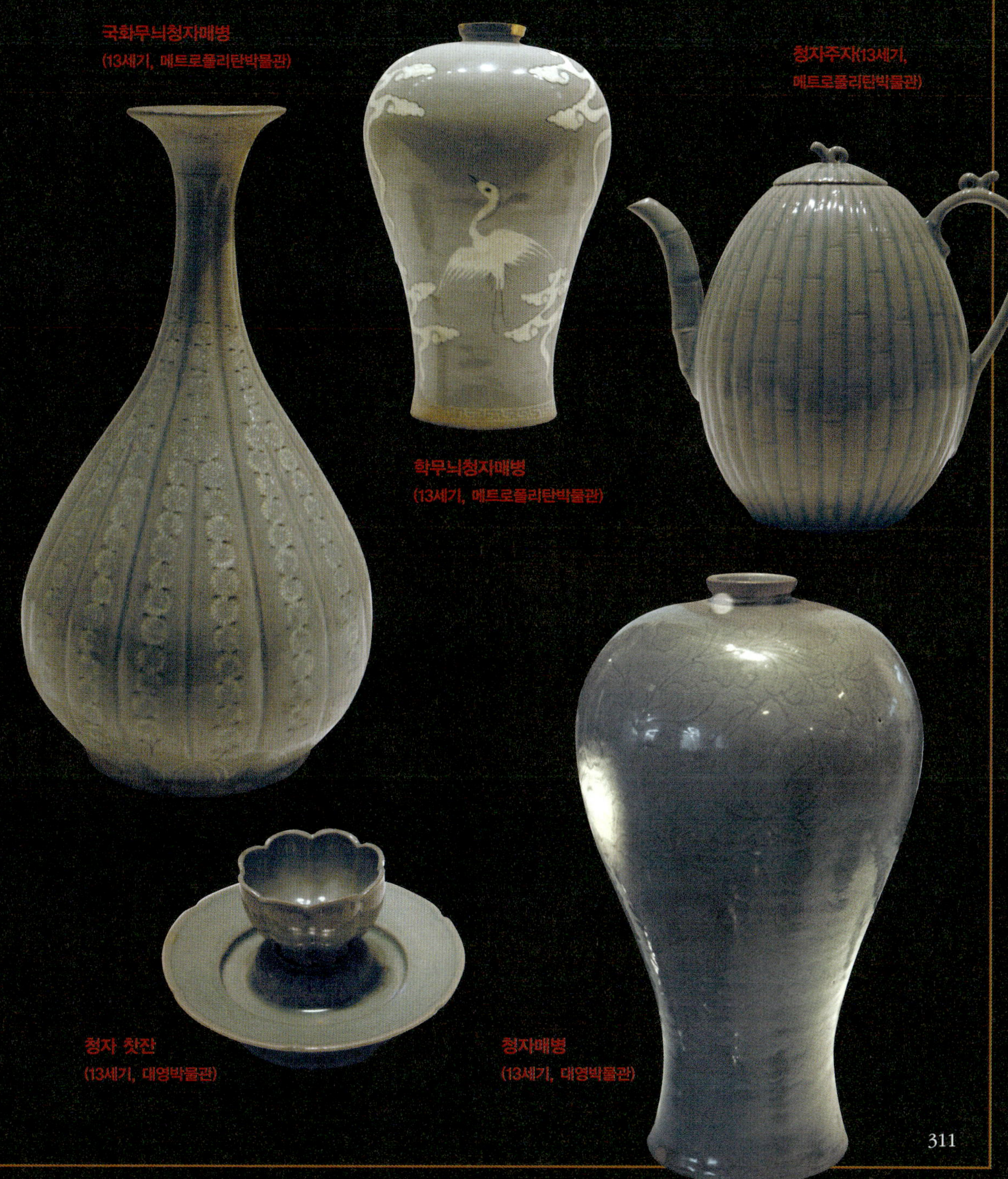

국화무늬청자매병
(13세기, 메트로폴리탄박물관)

청자주자(13세기,
메트로폴리탄박물관)

학무늬청자매병
(13세기, 메트로폴리탄박물관)

청자 찻잔
(13세기, 대영박물관)

청자매병
(13세기, 대영박물관)

고려의 공예, 글씨, 그림

고려의 귀족은 사치스러운 생활을 누리기 위해 다양한 예술 작품을 만들었습니다. 공예는 귀족의 생활 도구와 불교 의식에 사용되는 불구 등을 중심으로 발전했는데, 특히 자기 공예가 뛰어났어요.

금속 공예 역시 불교 도구를 중심으로 크게 발전했습니다. 특히 청동기 표면을 파내고 실처럼 만든 은을 채워 넣어 무늬를 장식한 은입사 기술이 발달했는데, 청동 향로와 버드나무, 동물무늬를 새긴 청동 정병(청동은입사표류수금무늬정병)이 대표작이에요.

옻칠한 바탕에 자개를 붙여 무늬를 장식하는 나전 칠기 공예도 크게 발달했습니다. 불경을 넣는 경함, 화장품 갑, 문방구 등이 남아 있는데, 조선 시대를 거쳐 오늘날까지도 전해지고 있어요.

고려 문화의 귀족적 특징은 서예, 회화, 음악에서도 나타납니다. 고려 전기에는 구양순체가 주류를 이루었는데, 탄연의 글씨가 특히 뛰어났어요. 후기에는 송설체가 유행했고, 이암의 글씨가 뛰어났지요.

그림은 도화원에 소속된 전문 화원의 그림과 문인이나 승려의 문인화로 나눌 수 있습니다. 고려 후기에는 사군자 중심의 문인화가 유행했지만 오늘날에 전하는 것이 없고 다만 공민왕이 그렸다는 천산대렵도가 남아 있어 당시의 그림에 원대의 북화가 영향을 끼쳤음을 알려

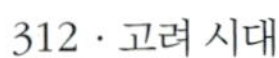

주고 있지요.

고려 후기에는 왕실과 권문세족의 구복적 요구에 따라 불화가 많이 그려졌는데, 극락왕생을 기원하는 아미타불도와 지장보살도 및 관음보살도가 많았어요. 이 중 일본에 전해 오는 혜허가 그린 관음보살도가 대표적인 작품이에요. 또한 사찰과 고분의 벽화가 일부 남아 있는데, 부석사 조사당 벽화의 사천왕상과 보살상이 대표적입니다.

고려 시대의 음악은 크게 아악과 향악으로 구분됩니다. 아악은 송에서 수입된 대성악이 궁중 음악으로 발전한 것인데, 오늘날까지도 격조 높은 전통 음악으로 연주되고 있어요. 속악으로도 불리는 향악은 우리 고유의 음악이 당악의 영향을 받아 발달한 것입니다. 당시 유행한 민중의 속요와 어울려 동동, 한림별곡, 대동강 등 수많은 곡을 남겼지요.

고려의 공예와 회화

고려의 금속 공예는 귀족의 생활 도구와 불교 도구를 중심으로 크게 발전했다. 특히 청동기 표면을 파내고 실처럼 만든 은을 채워 넣어 무늬를 장식하는 은입사 기술이 발달했다. 고려의 귀족들은 생활 속에서 예술을 즐기고자 한 것이다.

청동 은입사 포류수금무늬 정병(국보 제92호, 높이 37.5㎝, 국립중앙박물관)
정병은 맑은 물을 담아 두는 병인데 이 정병은 표면의 풍광에 홈을 파서 은 선을 두드려 박는 은입사 기법으로 장식됐다. 청동제의 병에 은 상감을 한 기법은 고려청자에도 통용됐다.

귀면청동로(국보 제145호, 높이 12.9㎝, 국립중앙박물관)
도깨비의 얼굴을 형상화한 솥 모양의 몸체를 받침부가 받치고 있는 청동로다. 향로와 비슷한 모양이지만 몸체에 통풍구를 뚫어 놓은 것으로 보아 풍로나 다로로 사용된 것으로 추정된다. 외형은 거의 완전한 상태로 남아 있으나 몸체 양 측면에 붙어 있는 고리의 손잡이 장식이 현재에는 남아 있지 않다. 솥 안쪽에 불덩이를 받쳤던 불 받침판도 없는 상태다.

수월관음도(일본 가가미진자)

관음보살은 여러 가지 모습으로 변해 중생
앞에 나타나 자비를 베푼다는 의미를 지니고
있는 보살이다. 이 수월관음도에는 관음보살이
사는 화려한 정토(淨土)의 모습이 잘 나타나
있다. 고려 불화는 전 세계에 80여 점이 남아
있다고 하는데 우리나라에는 4~5점만이
전한다. 종교적인 아름다움과 격식을 지니고
있어 고려 불화의 특징을 잘 보여 준다.

부석사 조사당 벽화(국보 제46호)
부석사 조사당(국보 제19호) 안쪽 벽면에 사천왕과 제석천, 범천을 여섯 폭으로
나누어 그린 벽화다. 고려 우왕 3년(1377년)에 조사당을 세웠으므로 벽화도 이
시기에 그린 것으로 추정된다. 현재 우리나라에 남아 있는 벽화 가운데 가장
오래된 작품이다. 사진은 부석사 조사당 벽에 복제한 것을 붙여 놓았고 진품은
벽면 전체를 떼어 유리 상자에 담아 보관 중이다.

"불법을 빙자해 이익을 도모하지 마라"

고려 초기부터 불교는 태조 왕건의 뜻에 따라 국가의 지원을 받으며 발전했습니다. 태조는 훈요십조에서 아예 불교 숭상을 국시로 못 박았지요. 귀족들은 불교에 큰 관심을 보였는데 이들은 정치 이념으로 삼았던 유교와 신앙인 불교를 배치되는 것으로 생각하지 않았어요. 일반 백성들도 현세적인 기복 신앙으로 불교를 널리 신봉했습니다. 지방의 신앙 공동체인 향도에는 불교와 풍수지리설이 융합된 모습도 보이지요.

고려 초기에는 화엄 사상을 정비하고 보살의 실천행(實踐行)을 폈던 균여의 화엄종이 성행했고, 선종에 대한 관심도 높았습니다. 개경에는 흥왕사나 현화사같이 왕실과 귀족의 지원을 받는 큰 사원이 세워졌어요.

불교는 11세기에 이미 종파적 분열을 보였는데 문종의 왕자로 승려가 된 의천은 교단 통합 운동을 펼쳤어요. 그는 흥왕사를 근거지로 삼아 화엄종을 중심으로 교종을 통합하려 했고, 선종을 통합하기 위해 국청사를 창건해 천태종을 창시했습니다. 의천은 이를 사상적으로 뒷받침하기 위해 이론과 실천을 함께 강조하는 교관겸수를 제창했어요. 하지만 의천의 이러한 노력에도 불구하고 불교의 폐단을 적극적으로 시정하려는 움직임은 뒤따르지 않았지요. 결국 의천이 죽은 뒤 교단은 다시 분열되고 귀족 중심의 불교가 지속됐어요.

무신 집권 이후 불교계에서는 본연의 자세 확립을 주창하는 결사 운동이 일어납니다. 귀족 불교를 정면으로 비판한 지눌은 수련하는 사람들이 절(寺)이 아닌 신앙 단체(社)를 결성해서 누구나 자신의 마음이 부처임을 깨닫자고 결의했어요.

지눌은 1182년에 승과에 합격한 후 개경의 보제사 법회에 참석했습니다. 그는 이곳에서 10여 명의 승려들과 뜻을 모아 신앙 결사를 시작했어요. 이후 지눌은 수행에 전념하다가 1190년 공산 거조사(경상북도 영천)에서 정혜사를 결성하고 '정(定)과 혜(慧)를 닦을 것을 권하며 결사하는 글(권수정혜결사문)'을 발표했습니다.

우리들이 아침저녁으로 하는 행적을 보니, 불법을 빙자해 자신을 꾸며서 남과 구별하고는 이익을 도모하거나 먼지 같은 세상일에 골몰한다. 도덕을 닦지 않고 옷과 음식만 허비하고 있으니 비록 출가했다고 하나 무슨 덕을 쌓을 수 있으리오!

정혜사에 많은 사람들이 몰려들자 지눌은 1200년(신종 3년) 송광산 길상사(나중에 송광사로 개칭)로 근거지를 옮겼어요. 그리고 1204년(신종 7년) 최충헌의 지원으로 수선사라는 절 이름을 사액받았지요. 수선

사를 중심으로 한 지눌의 결사 운동은 정혜쌍수(定慧雙修)와 돈오점수(頓悟漸修)의 선법에 기초하면서 선종 중심의 교종 통합이라는 사상적 경향을 보였어요.

정혜쌍수는 선과 교학을 나란히 수행하되 선을 중심으로 교학을 포용하자는 선교일치 사상입니다. 그리고 돈오점수는 단번에 깨닫고 꾸준히 실천하자는 이론이에요. '돈오'는 인간의 마음이 곧 부처의 마음이라는 것을 깨닫는 것을 의미하고, '점수'는 깨달은 뒤에도 꾸준히 수행해야 해탈에 이를 수 있다는 것을 의미하지요. 지눌은 돈오를 지향하면서 깨달음의 꾸준한 실천이 필요하다는 입장이었습니다.

지눌은 명리에 집착하는 당시 불교계의 타락을 비판했어요. 그러면서 승려 본연의 자세로 돌아가 독경과 선 수행, 노동에 고루 힘쓰자는 개혁 운동인 수선사 결사를 제창했습니다. 송광사에 중심을 둔 수선사 결사 운동은 개혁적인 승려들과 지방민의 적극적인 호응을 얻어 활발하게 전개됐어요. 지눌이 수선사를 열면서부터 조계종이 매우 융성했고, 고려 후기에는 불교계의 중심적인 종파가 되었지요.

혜심은 유불일치설을 주장하며 심성의 도야를 강조해 장차 성리학을 수용할 수 있는 사상적 토대를 마련했습니다. 비슷한 시기에 요세는 강진 만덕사(백련사)에서 백련 결사를 제창했어요. 자신의 행동을 참회하는 법화 신앙에 중점을 둔 백련 결사는 지방민의 호응을 얻었고, 수선사와 양립하며 고려 후기 불교계를 이끌었습니다.

원 간섭기에 이르러 개혁 운동의 의지가 퇴색됐어요. 불교는 귀족 세력과 연결되면서 다시 폐단을 드러냈지요. 사원은 막대한 토지를 소유하고 심지어 상업에도 관여했습니다. 보우는 교단을 통합·정리하는 것이 불교계의 폐단을 바로잡는 길이라고 생각했어요. 하지만 교단과 정치적 상황이 얽혀 성과를 거두지는 못했습니다. 성리학을 배경으로 등장한 신진 사대부는 이 같은 불교계의 폐단을 크게 비판했지요.

고려 시대에는 유교, 불교와 함께 도교도 성행했어요. 불로장생과 현세의 구복을 추구하는 도교는 재앙을 물리치고 복을 빌며 나라의 안녕과 왕실의 번영을 기원했습니다. 궁중에서는 하늘에 제사를 지내는 초제가 성행했지요. 하지만 도교는 불교적인 요소와 도참사상이 섞여 일관된 체계를 갖지 못했고, 교단조차 성립하지 못했습니다.

풍수지리설은 미래의 길흉화복을 예언하는 도참사상이 더해져 고려 시대에 크게 유행했어요. 개경과 서경이 명당이라는 풍수지리설은 태조 왕건의 북진 정책과 묘청의 서경 천도 운동의 이론적 근거가 됐지요. 문종을 전후한 시기에는 북진 정책이 퇴조하면서 한양 명당설이 대두해 한양을 남경으로 승격하고 궁궐을 지어 왕이 머물기도 했습니다.

고려의 건축과 불교 미술

고려 시대의 건축은 궁궐과 사원이 중심이었어요. 하지만 아쉽게도 궁궐 건축은 남아 있는 것이 거의 없습니다. 다만 개성 만월대 터를 통해 당시의 궁궐 건축을 짐작할 수 있어요. 경사진 면에 축대를 높이 쌓고 건물을 계단식으로 배치했기

춘궁리 철조 석가여래 좌상
(보물 제332호, 10세기, 높이 2.88m, 국립중앙박물관)
당당한 어깨와 두드러진 가슴 등을 통해 석굴암 본존불과 같은 8세기 불상의 계통을 따르고 있음을 알 수 있다. 경기도 광주군 하사창리의 절터에서 발견됐다. 후기 신라 불상 양식을 충실하게 따른 고려 초의 전형적인 작품이다.

때문에 건물이 층을 이룬 웅장한 모습이었을 것입니다.

고려 전기에는 주심포 양식이 유행했어요. 안동 봉정사 극락전이 가장 오래된 목조 건물로 알려져 있고, 영주 부석사 무량수전과 예산 수덕사 대웅전은 균형 잡힌 외관과 각 부분의 치밀한 배치로 단아하면서도 세련된 모습을 보여 줍니다. 고려 후기에 등장한 다포식 건물은 조선 시대 건축에까지 큰 영향을 끼쳤습니다. 다포식 건물로는 황해도 사리원의 성불사 응진전이 유명하지요.

고려 시대의 석탑에는 다각 다층탑이 많았고, 안정감은 부족하지만 자연스러운 모습을 띠었어요. 오대산 월정사 8각 9층 석탑과 개성 불일사 5층 석탑이 유명합니다. 고려 후기의 경천사 10층 석탑은 원의

석탑을 모방한 것인데 조선 시대로 이어졌지요.

승탑은 고려 시대에도 중요한 부분을 차지했습니다. 고달사지 승탑처럼 신라 후기 승탑의 전형적인 형태인 팔각 원당형을 계승한 것이 많고, 법천사 지광 국사 현묘탑처럼 특이한 형태를 띠면서 뛰어난 조형미를 보여 주는 것도 있지요.

고려 시대의 불상은 지역에 따라 독특한 모습을 보입니다. 초기에는 광주 춘궁리 철불 같은 대형 철불이 많이 조성됐어요. 논산 관촉사 석조 미륵보살 입상처럼 지역색이 잘 드러난 거대한 불상도 만들어졌지요. 영주 부석사 소조 아미타 여래 좌상처럼 신라 시대의 양식을 계승한 걸작도 있습니다.

봉정사 극락전(국보 제15호)
경상북도 안동 천등산 기슭에 있는 봉정사의 극락전은 후기 신라 시대 건축 양식을 본받은 것이다.

고려의 석탑

익산 왕궁리 5층 석탑(국보 제289호)

마한 시대의 도읍지인 익산 왕궁면에서 남쪽으로 2km 떨어진 언덕에 자리한 고려 전기의 석탑이다. 해체 복원 시(1965년 11월~1966년 5월)
1층 옥개석 중앙과 기단부에서 발견된 사리 장엄구들은 일괄 국보로 지정되었다. 이 탑에서 발견된 사리 장엄구는 사리병, 19매의 금제
금강경판, 광배, 대좌를 갖춘 금동 여래 입상, 청동령, 향류 등이다. 국립전주박물관 소장

금강경판(일괄 국보 제123호)

사리병 금제합
(일괄 국보 제123호)

사리병
(일괄 국보 제123호)

금동 여래 입상
(일괄 국보 제123호)

경천사 10층 석탑
(국보 제86호, 높이 13.5m, 국립중앙박물관)
경기도 개풍군의 부소산 경천사 터에 있던
이 석탑은 일제 강점기에 일본인들이 반출한 것을
되돌려 받아 1960년에 경복궁에 옮겨 세웠는데
현재는 국립중앙박물관에 있다. 홀수 층으로 세우는
우리나라의 석탑 양식과는 달리 원의 영향을 받아
짝수 층으로 세운 석탑이다.

월정사 8각 9층 석탑(국보 제48호, 높이 15.2m)
강원도 평창군 월정사 경내에 있는 이 석탑은
고려 시대에 북쪽 지방에서 주로 유행한 다각 다층탑의 하나
다. 살짝 들린 옥개석의 모서리나 8각의 다양한 변화를 통해
당시 불교문화의 화려하고 귀족적인 특성을 잘 보여 준다.
또한 청동으로 만들어진 풍경과 금동으로 만들어진
머리 장식을 통해 고려 금속 공예의 뛰어난
기술을 엿볼 수 있다.

법천사 지광 국사 현묘탑
(국보 제101호, 높이 6.1m)
후기 신라 이후의 탑은 8각의
기본형으로 만들어졌지만 이 탑은
4각의 평면을 기본으로 하고 있다.
이렇듯 새로운 형식으로 제작됐지만
정교한 잔식이 돋보이는 고려
승탑의 걸작이다.

4-10 고려의 문화와 종교

1 고려청자와 공예

· **도자기** 도기는 도토, 즉 붉은 진흙으로 만들고 자기는 자토로 만듦. 지금은 도기(질그릇과 토기 포함)와 자기를 합쳐서 도자기라고 부름

· **비색 자기**(순청자, 11세기) 신라와 발해의 전통과 기술에 송의 자기 기술을 더해 독자적인 경지 개척. 비색은 우리나라 가을 하늘의 맑은 하늘빛을 상징함

· **상감 청자**(12세기 중엽~13세기 중엽) 바탕흙으로 그릇 모양을 만들고 그 표면에 문양이나 글자를 파낸 뒤 회색의 청자 바탕흙 또는 다른 백토나 자토로 메우고 유약을 입혀 구운 청자

· **공예** 금속 공예 → 은입사 기술 발달, 나전 칠기 공예 등 유행

2 불교의 융성

· **의천**(1055~1101년) 흥왕사를 근거지로 삼아 화엄종을 중심으로 교종을 통합. 교종 중심으로 선종을 통합하기 위해 국청사를 창건하고 천태종 창시

· **지눌**(1158~1210년) 독경과 선 수행, 노동에 고루 힘쓰자는 수선사 결사를 제창. 선과 교학은 둘이 아니라는 정혜쌍수와 깨달은 후에도 수행이 필요하다는 돈오점수를 주장. 조계종이 고려 후기의 중심 종파가 됨

· **혜심**(1178~1234년) 유불일치설을 주장, 성리학 수용의 사상적 토대 마련

· **요세**(1163~1245년) 법화 신앙에 중점을 둔 백련 결사 제창

3 고려의 예술

· **건축** 주심포 양식(공포가 기둥 위에만 짜여져 있는 양식 → 안동 봉정사 극락전, 영주 부석사 무량수전, 예산 수덕사 대웅전), 다포식 양식(공포가 기둥과 기둥 사이에도 짜여져 있는 양식 → 사리원 성불사 응진전)

· **석탑** 다각 다층탑 유행. 오대산 월정사 8각 9층 석탑, 경천사 10층 석탑(원의 석탑 모방)

· **승탑** 고달사지 승탑(신라의 팔각 원당형 계승), 법천사 지광 국사 현묘탑

· **불상** 대형 철불 조성, 조형미 퇴화. 광주 춘궁리 철불, 논산 관촉사 미륵보살 입상

· **그림** 공민왕의 천산대렵도(원대 북화의 영향을 받음), 혜허의 관음보살도, 부석사 조사당 벽화의 사천왕상과 보살상

· **글씨** 초기에는 탄연의 구양순체, 후기에는 이암의 송설체 유행

· **음악** 아악(궁중 음악), 향악(동동, 한림별곡, 대동강)

외국으로 반출된 약탈 문화재는
온전한 반환이 가능할까요?

고려자기와 인쇄술은 고려 문화의 우수성을 알리는 위대한 유산입니다. 불국사 석가탑에서 발견된 무구 정광 대다라니경은 현존하는 목판본 가운데 세계 최초의 활자본으로 알려져 있어요. 고려는 인쇄술을 더욱 발전시켜 금속 활자를 개발했습니다. 12세기 문헌인 『상정고금예문』은 최초의 금속 활자본으로 인쇄됐는데, 아직 발견되지는 않았어요. 현존하는 세계 최초의 금속 활자본은 1377년에 인쇄된 『백운화상 초록 불조 직지심체요절』입니다. 흔히 줄여서 『직지심경』 또는 『직지심체요절』이라고 하는데, 독일의 구텐베르크 활자보다 78년이나 앞섰지요.

그런데 이들 문헌은 현재 프랑스 국립도서관에 보관되어 있습니다. 우리의 국보급 유물을 외국에서 소장하고 있는 것은 참으로 안타까운 일이에요. 대부분 약탈 문화재이기 때문에 반드시 돌려받아야 하는데 말입니다. 이런 문화재들은 어떻게 돌려받을 수 있을까요?

1887년 프랑스 대리 공사로 서울에 근무했던 콜랭 드 플랑시는 다른 장서와 함께 수집한 『직지심체요절』을 본국으로 가지고 가서 파리의 골동품 수집가에게 팔아넘겼어요. 그런데 수집가가 사망하자 상속인이 1950년에 프랑스 국립도서관에 기증했지요. 표면적으로는 올바른 절차를 밟아 기증한 것처럼 보이지만, 당시의 시대적인 상황을 감안한다면 실제로 합법적이었는지는 알 수 없습니다.

1866년 병인양요 때 프랑스가 약탈해 간 외규장각 도서는 145년 만에 돌아왔습니다. 문제는 반환 방식이 갱신 대여 방식이라는 점입니다. 5년마다 갱신되는 시점에 프랑스로 잠시 돌아가는 외규장각 도서를 다시 돌려받을 수 있다는 조항은 없습니다. 자동 갱신 여부는 프랑스에 달린 셈이지요. 우리로서는 반쪽짜리 반환이라는 성과에 만족할 수밖에 없는 상황입니다.

반출 절차가 의문시되는 『직지심체요절』은 아예 돌려받을 길이 없는 것처럼 보입니다. 고려 말 백운화상 경한이 75세가 되던 1372년에 저술한 이 책은 1377년 6월 흥덕사에서 금속 활자로 인쇄됐어요. 『직지심체요절』은 1972년 파리에서 개최된

세계 도서의 해 기념 전시회에서 세상에 처음 공개됐습니다. 이때 프랑스 국립도서관이 출품한 이 책이 1377년 인쇄된 금속 활자본인 것으로 밝혀져 세계의 학계가 깜짝 놀랐지요. 『직지심체요절』은 2001년 9월 유네스코가 선정한 세계 기록 유산으로 등재됐고, 2004년에는 유네스코에서 직지심경의 이름을 딴 '직지상'을 제정했습니다.

문화재에 대한 우리의 마음가짐을 새롭게 하기 위해서도 우리 문화재가 다른 나라에 얼마나 반출되어 있는지 철저히 파악할 필요가 있어요. 아울러 우리 문화재에 대해 긍지와 자부심을 가질 수 있도록 역사 교육을 실시하면서, 외국으로 반출된 문화재를 돌려받기 위한 노력을 지속적으로 전개해야 합니다.